中国式教育现代化进路论丛

School of Educational Science, Anhui Normal University

基础教育现代化的筑础进路

阮成武◎著

本丛书系国家重大人才工程项目、安徽省高等学校高峰学科教育学、安徽省高等学校科学研究项目『安徽省教育治理现代化科研创新团队』研究成果

安徽师范大学出版社

ANHUI NORMAL UNIVERSITY PRESS

·芜湖·

图书在版编目(CIP)数据

基础教育现代化的筑础进路 / 阮成武著. -- 芜湖：
安徽师范大学出版社, 2024. 10. -- (中国式教育现代化
进路论丛). -- ISBN 978-7-5676-7078-5

Ⅰ. G639.2

中国国家版本馆CIP数据核字第20244L9F01号

基础教育现代化的筑础进路

JICHU JIAOYU XIANDAIHUA DE ZHUCHU JINLU

阮成武◎著

责任编辑：孔令清　　　　　责任校对：何章艳

装帧设计：王晴晴　　　　　责任印制：桑国磊

出版发行：安徽师范大学出版社

　　　　　芜湖市北京中路2号安徽师范大学赭山校区　　邮政编码：241000

网　　　址：http://www.ahnupress.com

发 行 部：0553-3883578　5910327　5910310(传真)

印　　　刷：江苏凤凰数码印务有限公司

版　　　次：2024年10月第1版

印　　　次：2024年10月第1次印刷

规　　　格：787 mm × 1092 mm　　　1/16

印　　　张：17.25　　插页：2

字　　　数：285千字

书　　　号：978-7-5676-7078-5

定　　　价：108.00元

凡发现图书有质量问题,请与我社联系(联系电话:0553-5910315)

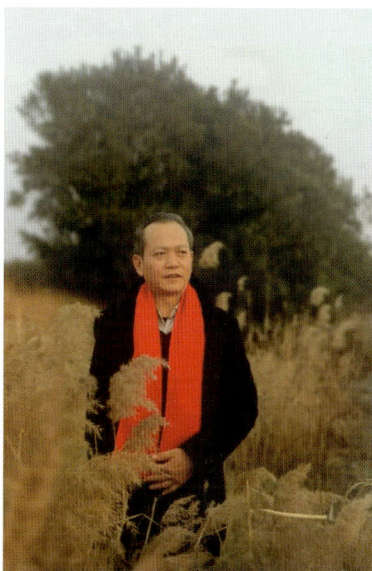

阮成武，安徽师范大学教育科学学院教授，博士生导师，教育部长江学者特聘教授，国家"万人计划"教学名师，享受国务院特殊津贴专家，荣获全国五一劳动奖章，安徽省学术和技术带头人，安徽师范大学首批学科领军人才。兼任中国教育学会初等教育学学术委员会副理事长，国家社科基金评审专家。主持完成国家社科基金多项，出版学术专著5部，资政报告被教育部、安徽省委宣传部、全国教育科学规划《教育政策要报》采纳10余项。获国家级教学成果奖一等奖、二等奖各1项，安徽省社会科学奖一等奖、全国教育科学研究优秀成果奖二等奖。

内容简介

　　道路与进路是相辅相成的。道路是方向性、原则性和根本性的，具有长远的历史性影响和深刻的全局性意义。道路决定之后，进路就成了道路实现及其成败的关键，是道路得到切实有效贯彻落实的过程保障。中国式教育现代化既要解决道路问题，也要解决进路问题。丛书以中国式教育现代化为论域，分别从战略定位、基础教育、高等教育和教师队伍四个关键性领域，进行理论探讨和问题研究，四卷既具有各自主题和逻辑，又相互支撑和关联。

　　丛书的出版不仅有利于促进中国教育学的学科体系、学术体系和话语体系建设，更有利于在学理层面加强中国式教育现代化理论建设，增强中国式教育现代化的理论自信、制度自信和价值自信。

　　本卷主要内容包括基础教育现代化目标研究、基础教育治理现代化研究、基础教育改革研究、义务教育专题研究、基础教育现代化理论研究等五章，从事理、治理和学理三个视角，探讨基础教育现代化的目标模式和制度架构、质量提升和结构优化、质量体系和治理能力、理论支撑和学科建设等。意在促进义务教育优质均衡发展和城乡一体化，增强义务教育的普惠性与公益性，构建教育科学通向基础教育实践的桥梁，促进基础教育高质量发展。

总　序①

　　道路与进路是相辅相成的。如果说道路是战略问题，那么，进路则是战术和策略问题。道路是方向性、原则性和根本性的，具有长远的历史性影响和深刻的全局性意义。道路决定之后，进路就成了道路实现及其成败的关键，是道路得到切实有效的贯彻落实的过程保障。中国式教育现代化既要解决道路问题，也要解决进路问题。与"道路"相比较，"进路"作为一个悠远而弥新的古汉语词汇，一直以来人们较少关注和讨论。屈原《怀沙》有"进路北次兮，日昧昧其将暮"之句。梁启超也在《清代学术概论》中说："凡文化发展之国，其国民于一时期中，因环境之变迁，与夫心理之感召，不期而思想之进路，同趋于一方向，于是相与呼应汹涌，如潮然。"②对于"进路"一词，金开诚先生校注为"前进的道路"，胡念贻先生则释为"向前赶路"之义。

　　概言之，进路作为前行的路径，概指事物发展演进的方向和途径，具有形而下的具体实在性。进路重在解决从出发地到目的地过程通畅、安全到达，形成通向目的地的循环链条和保障机制。而且，通向目的地的进路往往是多条线路和多个站点。从实践看，中国式教育现代化的顶层设计在下行落实过程中，可能会出现"政策规定有十分，落实到位不充分"，有损耗、衰减甚至梗阻的现象，难以打通政策落地见效的"最后一公里"。为此，需要解决"出发地"和"目的地"的关系问题，锚定通向目的地的方向和路径，突破堵点、卡点和断点，加强对"站点"和"时程"的过程管理和监控，使中国式教育现代化道路转化为教育理念、体系、制度、内容、方法、治理现代化的具体进路。这种由

---

① 总序部分内容原载于《教育发展研究》2023年第21期，题为《中国式教育现代化：道路与进路的辅成》。

② 梁启超.清代学术概论[M].上海：上海古籍出版社，2019：1.

道路向进路的转化，将大大拓宽教育现代化研究的问题域。

诚然，"现代化"在中国的最初出场，就作为一种"救国之道"，并作为一个学术词汇逐渐融入社会具体领域，其中就包括"教育现代化"[①]。与之相应，教育现代化作为一个学术概念的提出及教育发展的未来图景，从一开始就置身并发生于国家政治、经济、文化和社会情境之中，与其他社会系统相掣互动。在中华民族图强复兴的道路上，教育同国家的命运改变紧紧联系在一起，经历从教育救国、教育兴国再到教育强国的跃迁，并伴随着教育现代化道路和进路的跌宕改变，以此支撑国家现代化，推动中华民族由"站起来""富起来"到"强起来"的历史新飞跃。在此历程中，强国建设和民族复兴进程也驱动着教育现代化，不断提升教育现代化内涵和水平。中国式教育现代化研究既是由中国式现代化的宏观语境演绎形成的问题域，也是教育现代化在中国国情和制度下必须解决的理论、政策和实践课题。它既需要遵循现代化的一般规律和共同特征，也要充分体现教育现代化的中国元素和特质。如何以中国式教育现代化支撑强国建设和民族复兴，不仅需要研究教育现代化的共同趋势和一般规律，结合中国国情实际和制度本质，研究确立教育现代化的中国道路，而且需要探索形成中国式教育现代化更加明晰和可操作的理论、政策和实践进路。

具言之，中国教育现代化道路和进路探索已然历经百年有余。早期教育现代化探索在洋务运动、维新运动及辛亥革命之际就已开始。五四运动后，"教育现代化"概念初步形成和得到使用，且多以"西化""欧化"的教育思想、制度、课程体系和教学模式为范本，以"西化""欧化"为其进路。在此之下，早期的教育现代化试图通过培养人的现代精神来促进社会改良而不触及社会政治制度和经济基础的"救国"之路，终究成为一场幻梦，无法实现教育救国的理想。中华人民共和国（以下简称"新中国"）成立以来，经历从全面"苏化"到独立探索社会主义教育现代化的历史变迁。前者，一方面以批判民国时期各种"西化"的现代教育思想和理论为进路，另一方面则以全盘引入苏联教育模

[①] 1933年，《申报月刊》围绕中国的现代化问题刊发了数篇文章，其中延展出"生产现代化""实业现代化""工业现代化""农业现代化""文化现代化""教育现代化""生活现代化"等多个建设话语主题，分别从不同领域具体详细地讨论了进行综合改革以实现中国的现代化。详见:陈红娟,姚新宇.出场、演变与形塑:现代化的概念史考察[J].社会科学,2024(4):77-86,108.

式作为教育现代化的进路。后者则更多是以教育革命、思想改造和政治斗争为进路，导致教育现代化进程一度中断。在经历与世界教育现代化潮流相隔断的特定历史阶段之后，改革开放翻开历史新的一页，社会主义现代化建设进入新时期。邓小平在提出"中国式的现代化"的同时，指出"教育要面向现代化，面向世界，面向未来"。1985年，教育与社会主义现代化建设的关系被提到"两个必须"战略高度。1993年，中共中央、国务院发布《中国教育改革和发展纲要》，将"实现教育的现代化"作为战略目标确立下来，教育在服务现代化建设的同时，必须实现自身现代化，把教育摆在优先发展的战略地位，努力提高全民族的思想道德水平和科学文化水平，作为社会主义现代化建设的"根本大计"。此后，国家提出实施科教兴国战略，教育现代化开始走向"兴国"的发展道路。相应地，以提高劳动者素质和培养人才为进路，主要为经济建设服务，大力发展生产力。然而，与之伴随的是横亘在人才培养和提高劳动者素质之间的招生考试制度，以考试分数实现教育分流和社会成层，由此带来以升学及以"跳龙门""改变人生命运"为目标的片面应试教育。同时，现代化带来的城乡、区域和阶层分化，也使教育现代化面临教育公平的现实挑战。随后，党和国家在以经济建设为中心的同时，进一步重视文化建设、社会建设，构建"五位一体"总体布局，推进社会全面进步和人的全面发展。2010年，中共中央、国务院颁布的《国家中长期教育改革和发展规划纲要（2010—2020年）》（本书以下简称《教育规划纲要》）提出：到2020年基本实现教育现代化，基本形成学习型社会，进入人力资源强国行列。相应地，全面实施素质教育、促进教育公平、保障和改善教育民生，办好人民满意的教育，成为教育现代化的新进路。

进入新时代以来，党和国家开启全面建设中国特色社会主义强国新征程，以中国式现代化推进中华民族伟大复兴，教育现代化随之走向"强国"的新历史阶段。《中国教育现代化2035》在坚持中国特色社会主义教育发展道路根本前提下，充分发挥我国制度优势，立足国情、面向世界，扎根中国、融通中外，以培养社会主义建设者和接班人作为根本目的，擘画中国式教育现代化的目标图景和战略进路。坚持教育优先发展，加快实现教育现代化，建设教育强国，培养担当民族复兴大任的时代新人；坚持以人民为中心发展教育，办好人民满意的教育。党的二十大报告提出以中国式现代化推进中华民族伟大复兴，回答了跨越"卡夫丁峡谷"的现代化问题，成为马克思主义基本原理与中国实践相结合的伟大创造。中国式现代化道路作为人类历史发展进程中社会文明新形态的重大转换，以教育、科技、人才作为基础性、战略性支撑，深入实施科教兴国战略、人才强国战略、创新驱动发展战略，开辟发展新领域新赛道，不断塑造发展新动能新优势。在此语境下，中国式教育现代化既是中国式现代化的重要构成部分，也是中国式现代化的战略先导。习近平总书记指出："现代化的本质是人的现代化"，"加快推进教育现代化，以教育之力厚植人民幸福之本，以教育之强夯实国家富强之基，为全面推进中华民族伟大复兴提供有力支撑。"[1]自不待言，没有教育现代化，就没有人的现代化；没有人的现代化，就没有国家和社会的现代化。

教育现代化作为国家现代化的重要部分，既有着超越不同国家和社会情境而殊途同归的趋同性一面，又表现出对国家发展和社会主体结构的依附性一面。换言之，教育现代化置身并发生在不同国家的政治、经济、文化和社会情境之中，又有着自身的内在结构和发展逻辑。如何在这种趋同性与依附性、外在制约性与内在规定性之间寻找一种张力平衡，形成中国教育现代化的理论、支撑和实践进路，扎实而全面实践中国式教育现代化发展道路，办出具有中国特色、世界水平的现代教育，是新中国成立以来特别是改革开放40多年来中国教育积极探索的重大理论和实践问题。诚然，开展中国式教育现代化进路的学术研究，进一步明确教育现代化的全局定位、制度逻辑、价值旨向、体系建构，这不仅有利于在学理上加强中国式教育现代化理论建设，积极回应人们对教育现代化的中国之问、时代之问、人民之问，增强中国式教育现代化的理论自信、制度自信和价值自信，也有利于促进中国教育学的学科体系、学术体系和话语体系建设。

正是基于以上认识，本丛书以中国式教育现代化为论域，力图对中国式教育现代化进路进行理论探讨和问题研究，从四个具有各自主题又相互支撑和关联的视角出发，即从战略定位、基础教育、高等教育和教师队伍等四个关键性领域进行学术探讨，开展中国式教育现代化进路的系列研究。

第一卷《中国式教育现代化定位进路》，包括历史研究、理论研究、政策研究和实践研究四个部分。历史研究通过新中国成立以来教育从部门性定位（服

---

[1]习近平.用新时代中国特色社会主义思想铸魂育人 贯彻党的教育方针落实立德树人根本任务[EB/OL].(2019-03-19)[2024-02-05].http://jhsjk.people.cn/article/30982234.

务于政治或经济、或文化、或民生）到党的二十大确立的教育、科技、人才为全面建设社会主义现代化国家提供基础性、战略性支撑的全局性定位发展历程，论述中国式教育现代化的战略布局形成进路。理论研究在学理上探讨中国式教育现代化的路向、路径和路基问题，服务国家发展与服务民生的关系问题，以及如何落实以人民为中心发展教育，构建人生出彩的教育机会共享机制等问题。政策研究深入到中国式教育现代化的具体问题域，研究教育利益定位、政府职能定位等问题。三者逐步递进深入，从顶层设计通向中国式教育现代化的底层逻辑。实践研究则进一步进入教育领域内部，深入研究如何通过教育利益的分化与整合，将利益实现与价值导向相结合、教育发展动力激发与压力纾解相结合，形成国家富强和人人享有出彩人生的中国式教育现代化之路。

第二卷《基础教育现代化的筑础进路》，包括基础教育现代化目标研究、基础教育治理现代化研究、基础教育改革研究、义务教育专题研究、基础教育现代化理论研究五个部分。基础教育现代化目标研究从现代国民教育体系的宏观视角，探讨新时代基础教育的培养目标、制度框架和服务属性，将利益共享、民生为要落实和贯彻到基础教育具体实践。基础教育治理现代化研究主要探讨中国式基础教育现代化治理体系和治理结构等理论和政策问题，着重探讨现阶段基础教育如何依据人民群众从"有学上"到"上好学"的期望跃迁，促进义务教育优质均衡发展和城乡一体化，保障和增强义务教育的普惠性与公益性。基础教育改革研究系统回顾改革开放以来基础教育顶层设计的演进历程，聚焦新时代基础教育改革顶层设计的实施路径，探讨如何从基本制度实现基础教育改革的根本性突破。义务教育专题研究通过理论研究、历史研究和实证研究，展现义务教育的发展历程和现状，着力于推动义务教育优质均衡发展和城乡一体化。基础教育现代化理论研究进行相关问题的学理性探讨，旨在回应基础教育现代化提供一些理论启示。

第三卷是《高等教育现代化的挺膺进路》。高等教育作为一个国家发展水平和发展潜力的重要标志，是中国式教育现代化的龙头引领。中国式教育现代化是复杂而庞大的系统工程，需要高等教育的挺膺担当。中国式高等教育现代化发展道路是历史的选择，也是实践主体的价值选择，是道路实践及其理论自觉的互动生成物。本卷主要论及中国式高等教育现代化道路、高等教育现代化与大学生发展、高校教师队伍建设、高等教育治理现代化、教师教育变革等理论和实践问题。高等教育在中国式教育现代化中的挺膺担当，需要对中国特色高等教育发展规律、规则、理想和信念进行理论概括，彰显新时代高等教育发展道路自觉。在此基础上，对高等教育与大学生发展、高校教师队伍建设、高等教育治理现代化进行了专题研究。最后，聚焦高等教育的一个具体领域——教师教育，探讨中国特色教师教育体系建设如何服务农村教育、如何实现人才培养模式协同创新，以及专业结构调整等实践问题。

第四卷是《教师队伍现代化的理实进路》。著名现代化研究学者英格尔斯提出，现代化须先化人后化物。俄罗斯教育科学院院士弗·鲍利辛柯夫指出："教师的现代化始终是教育现代化的关键。因此，消除普通学校教师的职业培训中所存在的一系列严重问题当属重中之重。"[①]教师专业化既是教育现代化的重要特征之一，也是实现教育现代化重要途径之一。我国教育现代化正由物质层面、制度层面深入到精神文化层面，并将期待的眼光投向教育现代化的重要主体——教师。本卷以中国式教育现代化为目标，从历史和比较入手，形成教师队伍现代化特别是与之因应的教师形象的理论认识；从政策进路、伦理进路和专业进路三重视角，对教师队伍现代化的实践推进相关论题进行探究，旨在通过理实互构的进路对教师队伍现代化这一时代课题进行学理回应。

丛书是作者这些年来开展教育现代化相关研究所取得一些初步成果的整理与集成，多数是此前公开发表过的，也有一部分系本书首度发表，其中有些内容是与团队成员或研究生学生合作完成的成果。它们在各自篇章中都有自己的逻辑，整理过程中根据主题的相关性进行分卷，并在各卷中根据内容关联性聚焦形成若干个问题领域，构建一定的体系逻辑和整体样貌。相关研究的整理与集成，旨在促进中国式教育现代化的知识供给、话语建设和学术传播，增进中国式教育现代化的社会认知和社会支持。作者深知，中国式教育现代化是时代凸显的教育理论与实践的宏大课题，本丛书所呈现的研究思路和初步成果还存在局限，敬请方家批评指正。

阮成武

2024 年 5 月 5 日于江城芜湖

---

① 鲍利辛柯夫.时代挑战与教育科学的迫切任务[J].张男星,译.教育研究,2004(9):43-47.

目　录

第一章　基础教育现代化目标研究

基础教育是现代国民教育体系的筑础，教育现代化首先要充分实现基础教育的现代化。我国有着悠久的传统蒙学体系，但在科举制下，蒙学教育也有被扭曲和功利化的问题。近一个世纪，特别是新中国成立以来，我国基础教育在实现现代化上取得了巨大进展，但无论从学理层面、制度层面，抑或是实践层面，也存在诸多问题和矛盾。中国式教育现代化，必须要进一步探讨基础教育现代化的筑础进路。

学有所教：现代国民教育体系更加完善的目标意涵[①]

国民教育体系确立了一个国家教育发展的基本指标，是现代国家教育发展水平的综合反映。现代国民教育体系不同于传统的国民教育体系，它达到了一定的标准要求并具有较高发展水平，在更大程度上反映了现代社会发展和人的发展需要，体现了教育发展的更高水平和更高价值。党的十六大报告提出"形成比较完善的现代国民教育体系"[②]的教育发展目标。党的十七大报告在"实现全面建设小康社会奋斗目标的新要求"中进一步提出，现代国民教育体系更加完善，终身教育体系基本形成，全民受教育程度和创新人才培养水平明显提高；在"加快推进以改善民生为重点的社会建设"中明确指出，必须在经济发展的

[①] 本节原载于《皖西学院学报》2008年第3期。

[②] 本书引用的党的历次全国代表大会报告的内容，均见"共产党员网"（http://.12371.cn/special/leddh），后文不再标注。

基础上，更加注重社会建设，着力保障和改善民生，推进社会体制改革，扩大公共服务，完善社会管理，促进社会公平正义，努力使全体人民学有所教、劳有所得、病有所医、老有所养、住有所居，推动建设和谐社会。其中，"努力使全体人民学有所教"将党的十六大报告提出的"形成比较完善的现代国民教育体系"目标和内涵提升到了一个新的水平和高度。全面、准确地理解和把握现代国民教育体系建设从"比较完善"到"更加完善"的目标意涵，是实现"全体人民学有所教"教育发展目标的理论基础和行动指南。

一、全民性——现代国民教育体系更加完善的规模和结构目标

国民教育体系是指国家通过法律和制度确立的，为本国国民提供的一种由不同层次、不同形态和不同类型教育服务构成的组织体系或系统，包括由各级各类学校及教育机构构成的教育系统以及与之相关的学制、学历、学位、考试和资格证书制度等。传统的国民教育体系以一定年龄阶段的儿童、少年为对象，以普通教育为主体，形成以知识学习为本位、以考试选拔为机制的学校教育体系。但这一教育体系内部的各个层次、类型相互阻滞、冲突，受教育者迟早会被淘汰出局，而不能使"全体人民学有所教"。正如《学会生存：教育世界的今天和明天》所揭示的，在这种教育体系中，"学校担负着一种筛子的任务，从小学各年级开始，一直进行到以后各个教育阶段，为挑选未来的杰出人才而进行筛滤"[①]。因此，这种教育是一种"人才教育"而非"国民教育"。同时，这一教育体系与经济社会发展严重脱节，不能适应社会对人才需求的发展变化，学生的学业与未来就业是割裂的，毕业后要么缺乏就业能力，要么面临结构性失业问题；而学生一旦离开学校，要重新获得学习和接受教育的机会，又十分艰难。

党的十七大报告在十六大报告的基础上，以优化教育结构为抓手，努力使现代国民教育体系为全体国民所享有，这是现代社会发展和国际竞争的必然要求。2007年6月19日世界银行发表的报告《发展终身学习，提高中国竞争力》

---

① 联合国教科文组织.学会生存：教育世界的今天和明天[M].北京：教育科学出版社，1996：87.

指出，面对今天高度竞争的全球经济环境，中国应该构建一个更为有效的终身学习体系，作为保障竞争力和促进社会和谐安宁的手段。这是基于以下一系列的艰巨挑战来说的。

（1）竞争压力：中国是当今世界十大经济体之一。贸易占国民生产总值的70%，容易受到全球体系的巨大竞争压力的冲击。

（2）大经济体：中国是一个拥有十几亿人口的大国。从幼儿园到高等教育，接受学校教育的人口大约有2.6亿，还有7.7亿劳动力需要更新技能。（见图1）

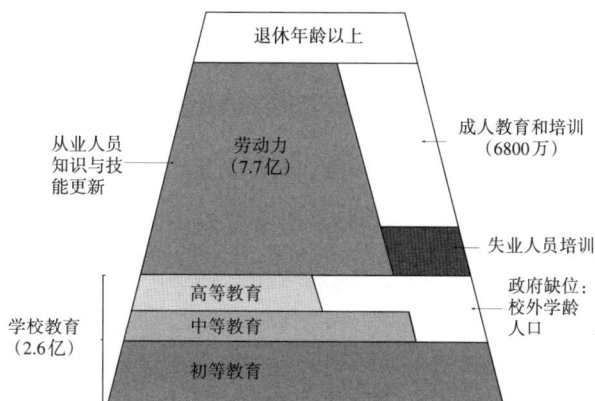

图1　劳动技能更新情况

（3）教育水平较低：平均受教育年限7年，与经合组织国家12年相比，差距是很明显的。

（4）区域、收入和教育发展很不平衡：中国的发展很不平衡，沿海省份和西部省份差距很大，教育的差距也在日趋扩大。

（5）市场经济转型：中国正在经历从计划经济向市场经济的转型。与劳动力市场相连接的技能，不仅需要传授给学生，而且需要传授给社会从业人员。

（6）大规模结构调整和失业增长：连续25年9%的年均增长率，中国经济正在经历着从农业向工业和服务业的巨大结构调整。据估计每年有1000万—1500万农村劳动力转移到城市（如果算上他们的家庭人员，有2000万—3000万）。数以千万计的农村转移劳动力需要培训才能从事工业和服务业。另外，每年有1000万—1500万国有企业下岗工人需要接受再就业培训。

（7）教育和培训体系相互隔离：像大多数国家一样，中国的教育和培训体系也相互隔离，一些部门之间缺乏协调配合，导致资源浪费。

（8）政府对终身学习投入不足：中国财政金融资源正在扩大对教育培训及其改善质量的投入，其所需要的投入额度远远高于政府能够承担的水平。因此，政府必须审视哪些必须由政府承担，哪些需要鼓励私人部门承担，而且必须制定必要的规章制度才能使教育培训体系有效地运转。

为此，党的十七大报告提出，要建设全民学习、终身学习的学习型社会。这就需要扩展学前教育，普及小学教育，增强中等教育，促进高等教育多元化，增加更多的学习机会，扩大教育与劳动力培训市场。就我国教育实际和未来发展需要而言，现代国民教育体系要使全体人民学有所教，应当从以下方面加以统筹与协调：

（1）在教育的纵向结构上，加强不同层次和阶段教育之间的统筹与协调。即，以义务教育均衡发展为基点，向两头延伸，一头是重视学前教育，关心特殊教育，以促进教育的起点平等和公平；一头是加快普及高中阶段教育、提高高等教育质量，以促进教育的过程平等和结果平等。同时，通过更新教育观念、深化教学内容和方式、考试招生制度、质量评价制度等改革，减轻中小学生课业负担，提高学生综合素质，以打破不同教育阶段的制度障碍，使整个教育体系的不同阶段之间衔接更加协调，为不同类型教育需要的学习者创造更加适合的、多样化的学习途径和机会。

（2）在教育的横向结构上，加强不同类型教育和不同教育需要之间的统筹与协调。根据《国际教育标准分类》，现代社会的人才分为"知识型"（A型）人才、"知识—技能型"（B型）人才、"技能—知识型"（C型）人才、"技能型"（D型）人才四种基本类型。现代国民教育体系中应当形成与之相应的四类人才的培养体系和考试选拔机制，包括A型教育体系（普通中小学和普通高等教育）、B型教育体系（中等专业教育和高等职业教育）、C型教育体系（技工教育和培养"双高"人才的高等技术教育）、D型教育体系（以培养艺术、表演、体育、竞技等特殊人才为目标的技能教育）。具体言之，在义务教育基础上，根据社会需要和社会成员自身发展需要，在高中阶段及高等教育阶段合理分流，形成涵盖各地区、各个产业、各个行业、各个专业领域和各种职业的多样化教育体系，使从事各种职业和行业的社会成员，都能够享受到国家所赋予的教育权利，形成与自身利益相关的就业和创业能力。因而，教育不再是面向少数学生，成为他们升学考试的"独木桥"，而是面向这个年龄段的大多数公民，成为他们走向与社会需要相连通的个人发展的"立交桥"。

（3）在教育体系结构上，实现现代国民教育体系与终身教育体系的统筹与协调。传统的国民教育体系存在一次性、终结性的局限，故又称为启蒙教育或成长教育。党的十七大报告提出，要"发展远程教育和继续教育，建设全民学习、终身学习的学习型社会"。远程教育和继续教育在空间与时间两个不同层面为全民学习、终身学习以及学习型社会建设，提供了物质条件、技术支持和机制保障。它使全体人民在自己成长和发展的各个阶段，打破场所和地点局限，通过一定时间的课程衔接和学制转换，进入高一层或其他类型教育中学习。正如联合国教科文组织在《教育：财富蕴藏其中》一书中指出："以新面孔出现的继续教育被认为大大超出通常的范围……它应为满足所有人的各种不同需要而提供教育机会，或是提供第二次或第三次机会，或是满足求知、爱美或超越自我的欲望，或是进修和扩充与职业生活的要求密切有关的知识。"[①] 诚然，现代国民教育体系与终身教育体系相沟通，为"全体人民学有所教"创造更加开放、灵活和便利的途径与条件。

二、民生性——现代国民教育体系更加完善的价值和效益目标

传统的国民教育体系在价值取向和利益关系上，一直是以国家利益至上，或以国家利益为本位的，国民的个人利益处于从属地位。例如，20世纪90年代以前，我国的高等教育是服从于计划经济体制、由国家垄断支配的一种稀缺资源。大学生一方面被誉为"天之骄子"，同时完全服从于国家需要，即"人人像块砖，哪里需要哪里搬"。现代国民教育体系是由国家通过制度或法律的形式来制定的，为全体国民提供的公共教育和公共服务。这不仅因为教育事业攸关国家发展和社会文明进步，而且攸关每个社会成员的个人素质和生活质量，以及就业和收入等切身利益。或者说，人们接受教育的程度、质量不同，不仅直接影响着公民个人素质，而且直接或间接影响着社会成员就业、收入以及社会地位等利益的实现。这是驱动当代社会教育发展以及教育竞争特别是助长难以克

---

① 联合国教科文组织.教育：财富蕴藏其中［M］.北京：教育科学出版社,1996：102.

服的应试教育倾向的根本的社会原因。根据广州市荔湾区统计局的调查，2005年该区就业人口中，收入与受教育程度呈现正相关的关系，受教育程度越高，平均收入水平也越高：小学以下受教育程度就业者的平均月收入只有627.38元，而研究生学历就业者的平均月收入达到4074.36元，后者的收入是前者的6.5倍。（见表1）

表1　2005广州市年荔湾区不同受教育程度就业者的平均月收入情况

受教育程度	平均月收入／ （元·人⁻¹）	标准差	变异系数
小学以下	627.38	413.78	0.66
小学	887.34	769.58	0.88
初中	1143.07	1071.59	0.94
高中	1531.22	1481.22	0.97
大专	2222.37	1321.56	0.59
本科	2918.86	2382.19	0.82
研究生	4074.36	1488.43	0.37
合计	1501.86	1461.91	0.97

教育差距及由此带来的利益差距和失衡，已经成为社会民生关注的一个热点。零点调查与指标数据公司于2005年岁末进行的居民生活质量指数调查结果显示：就业、社会保障和住房成为城镇居民的心头大石，而农村居民开始关注与自身生存和发展密切相关的农业政策、教育问题和权益维护问题。（见图2）

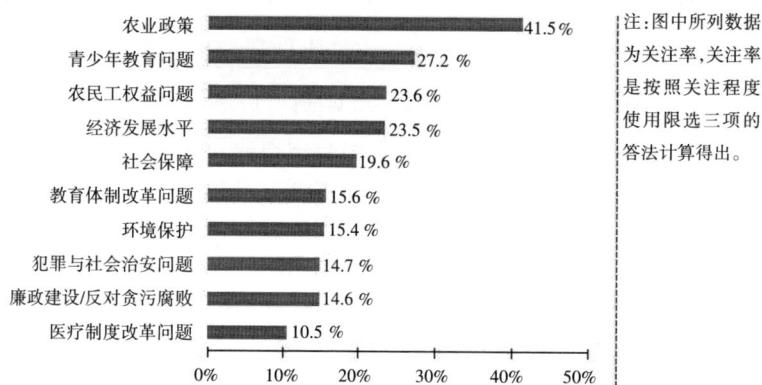

图2　2005年城镇居民关注的国内社会热点问题排序（前10位）

党的十七大报告在总结成绩的同时，清醒认识到当前的工作与人民的期待还有不小差距，在劳动就业、社会保障、收入分配、教育卫生、居民住房、安全生产、司法和社会治安等方面关系群众切身利益的问题仍然较多。就教育而言，既表现为人民群众日益增长的教育需求与教育资源总量不足之间的矛盾，也表现为人民群众对良好教育的迫切需求与优质教育资源分配的结构失衡和体制障碍之间的矛盾。党的十七大报告第一次把教育作为以改善民生为重点的社会建设，提出要"坚持育人为本、德育为先，实施素质教育，提高教育现代化水平，培养德智体美全面发展的社会主义建设者和接班人，办好人民满意的教育"。这也是我党第一次明确将"人民满意"列入教育方针和宗旨，把教育由过去定位于政治领域或经济领域，转移到社会领域。这集中反映了新时期新阶段教育的服务方向和利益取向实现了重大转变，即由过去单纯从集体利益、整体利益、长远利益出发，转向个人利益和集体利益、局部利益和整体利益、当前利益和长远利益的统筹，使教育既作为全体人民实现民生利益的重要目标和内容，也是实现就业、提高收入和改善社会地位的重要手段与途径。

这是基于现代社会发展以及市民社会理论的兴起与发展，国家（政治）与经济、社会之间的关系被重新理解和界定。德国思想家哈贝马斯于20世纪60年代提出所谓"公共领域"的理论，把社会分为"公共领域、经济、国家"。美国学者柯亨和阿拉托在《市民社会和政治理论》一书中进一步发展了哈贝马斯"公共领域"的思想，将国家与经济之间的由私人领域（家庭）、志愿结社领域、社会运动以及各种公共交往形式所构成社会互动领域，称为市民社会，并形成"市民社会—经济—国家"三元社会结构。美国学者塞拉蒙则用"非营利部门—营利部门—政府部门"的三元结构理论，与哈贝马斯、柯亨和阿雷托的观点相对应，其中，非营利部门作为与政府、企业相区别的"第三部门"[①]。根据刘复兴的研究，国际上四种比较全面的关于社会部门分类的典型标准体系（联合国国际标准产业分类体系，简称ISIC；欧共体经济活动产业分类体系，简称NACE；美国慈善统计中心免税团体分类体系，简称NTEE；非营利组织国际分类体系，简称ICNPO），都普遍将教育定位于"非营利部门"[②]。这种基于社会"三元结构"的教育性质与职能的定位，使教育挣脱传统的"二元结构"窠臼，

---

① 李文良.中国政府职能转变问题报告[M].北京:中国发展出版社,2003:161-162.
② 刘复兴.教育政策的价值分析[M].北京:教育科学出版社,2003:61.

即要么把教育定位于上层建筑，属于政府机构或附依于政府，要么把其列为经济部门，交由市场调节，进入公民社会领域。教育作为社会建设的核心问题，应当通过事业发展和制度变革，在确保教育公益性的同时，努力满足人民群众合理、合法的教育利益诉求，并协调好公民社会个体的私益诉求与国家、政府的公益诉求之间的矛盾，让全体人民能够学有所得、学有所益。为此，应当改变长期以来国家、政府充当教育权益唯一合法的表达者和判断者角色，避免用国家需求替代多样化、个性化的社会需求和个体需求……国家教育政策与法律应当将受教育者个体接受义务教育的私益诉求纳入法律和政策安排之中[①]。即，不仅应当尊重受教育者在受教育权利、机会以及教育资源享用等方面的合理、合法的利益诉求，而且应为他们由此而提高收入、实现就业和改善社会地位，提供公平、有效的制度环境和实现途径，着力解决人民最关心、最直接、最现实的教育利益问题，实现好、维护好、发展好最广大人民的教育利益。

三、公平性——现代国民教育体系更加完善的结果和水平目标

《中华人民共和国宪法》从法律层面赋予全体人民"平等的受教育权"，但在具体实践中教育平等仍带有很大的局限性。"全体人民学有所教"的一个基本目标，是让社会成员都能实际享受到一定程度的教育，这意味着"公平"应作为更加完善的现代国民教育体系的一个基本指标。从历史上看，教育公平是一种随着社会变迁而具有不同内涵和价值取向的相对的、发展的概念。逻辑上，在不同教育阶段及不同内涵的国民教育体系下，教育公平的目标及相应的政策措施也是不同的。"努力使全体人民学有所教"，既是促进教育公平的重要进展，同时又有可能造成一种新的教育不公平。一方面，它能够为那些因种种原因而未能完成学业或因学业失败而离开教育系统的人提供新的学习机会；另一方面，又应当看到，人们继续教育和学习的愿望往往是在启蒙教育或成长教育阶段养成的，如果这种学习愿望在启蒙或成长阶段缺乏良好的教育，又会严重影响到终身教育的继续进行。因此，如果没有启蒙教育或成长教育阶段的教育公平，而期望通过后续的继续教育来实现教育公平是很困难的。所以，在选择促进启

---

① 阮成武.义务教育的私益性及其私事化倾向的遏制[J].教育发展研究,2007(11):15.

蒙教育或成长教育阶段的教育公平路径时，补偿策略应当优先考虑。21世纪初开始，我国积极推进义务教育经费保障新机制，通过政府财政转移支付，加强对经济欠发达地区尤其是广大中西部地区农村义务教育的支持力度，义务教育由过去农民办、地方办为主，转向政府办为主，确保"让所有孩子都能上得起学，都能上好学"。党的十七大报告提出，要"坚持教育公益性质，加大财政对教育投入，规范教育收费，扶持贫困地区、民族地区教育，健全学生资助制度，保障经济困难家庭、进城务工人员子女平等接受义务教育"。这些政策的价值取向，正是要实现义务教育阶段的教育公平。

同时，"上好学"的一个"好"字，既是义务教育本义所在，也反映了党和政府及社会各界对教育公平更高水平的追求，表明义务教育由过去"有学上"——普及与巩固，向"都能上得起学，上好学"——提高质量与均衡化发展的历史跨越。国家应为义务教育的机会均等提供一系列必要的内在条件，使全体儿童获得一种过程公平的教育，达到一种"同质的平等"。然而，让"全体人民学有所教"，因此就将"同质的平等"作为教育公平的目标是不合适的。现代国民教育体系已经并将进一步发展成为包括义务教育、非义务教育以及继续教育和培训的开放、多元的教育体系，是一种全民教育，是社会成员共享的一种非共同的教育。这种教育的公平显然不同于前者，它具有一定的选拔性，是"一种具有争取性的平等与公正"，即在一定程度上需要个人的努力以及通过这些努力而达到的某种水平或具备的某种能力，而不全是政府给予和保障的。对此，政府的作用不是单纯的提供者，也不是替代市场或通过补偿策略来维护教育公平（尽管这一点非常不可缺少），而是积极转变政府教育职能，通过市场调节、市场弥补和市场引导，发动各种非政府的和社会力量积极参与，通过政府、市场和社会的共同参与，建立更加庞大、开放、多样和灵活的国民教育体系，来维护和实现这种差异的教育公平。政府的责任是，制定规章制度，提供质量标准和质量保障过程，加强督导评估；采用奖（助）学金、教育培训券和税收激励等措施，帮助弱势人群和特殊群体接受良好教育与培训；建立有效的信息市场，满足教育培训需求，提供各种各样学习者的情况，发展金融市场，满足扩大教育规模和提高教育质量的需要。

总之，现代国民教育体系从"比较完善"到"更加完善"，不仅是程度的提高，也是价值取向的转换和质量、品质的提升。其中，国民性可以理解为教育机会的扩大，民生性是国民的教育利益分享，而公平性则是国民获得教育机会与教育利益的一种公正、公平程度，三者共同构成现代国民教育体系更加完善的目标意涵。

基础教育培养目标多元整合论[①]

无论在理论还是实践上，我国基础教育在培养公民、升学预备和就业准备三者的功能定位和目标取向上，一直处于矛盾和冲突的状态之中。由此而产生基础教育培养目标的"双重任务论""人才培养论""素质教育论"和"就业准备论"。培养目标的歧义，既反映人们对基础教育认识上的模糊，也造成基础教育在实践过程中的两难和尴尬。彭泽平先生发表在《教育理论与实践》（2002年第7期）上的《培养公民还是人才：对我国基础教育培养目标定位的思考》一文（简称"彭文"），对基础教育培养目标的"人才培养论"进行了深刻的现象透析和理论批判，提出"基础教育培养目标不是人才，而是培养人，使每一个'成人'、学会'做人'、成为……的合格公民"[②]。本人觉得这一观点在强调公民素质的同时，排斥基础教育对"培养各级各类人才"的基础性作用，似有偏颇之处。本节试图立足我国现代国民教育体系的建立，以及公民素质、人才培养和就业准备的内在关系，提出基础教育培养目标的"多元整合论"。

一、由分流走向综合：基础教育培养目标多元整合的历史进程

"彭文"从国际教育机构权威文献关于基础教育性质和任务的表述和界定中，得出"基础教育本质是为了每一个人在社会中生存和继续学习所需要的最基本的教育，基础性是它最本质的特征"[③]，以此揭示"人才培养论"的偏颇。然而，我们不难发现，"彭文"引用的国际教育机构权威文献所指称的"基础教育"与我国有关教育文件及日常使用的"基础教育"，其内涵和外延是明显不

[①] 本节原载于《教育理论与实践》2005年第5期。

[②] 彭泽平.培养公民还是人才：对我国基础教育培养目标定位的思考[J].教育理论与实践，2002（7）：15.

[③] 彭泽平.培养公民还是人才：对我国基础教育培养目标定位的思考[J].教育理论与实践，2002（7）：14.

同的。

18—19世纪，在科技发展和产业革命的推动下，西方工业化国家的庶民学校相继兴起并逐步国家化、制度化，初等教育成为义务教育而得到普及和发展。但此时的初等教育是双轨制的，从儿童接受教育开始就进行分流，分别以培养"人才"和"劳动者"为培养目标。20世纪上半叶，随着教育民主化和社会的发展，义务教育上延至初中阶段，之前两种性质的初等教育逐步走向并轨，成为全体少年儿童接受的国民基础教育。此后，基础教育的内涵和外延不断发展。联合国教科文组织1972年在《学会生存：教育世界的今天和明天》中提出，基础教育是为"所有的儿童"普及完全的、全日制及其他形式的初等教育。这一点应放到70年代教育政策的头等优先地位①。20世纪90年代，全民教育的兴起，《世界全民教育宣言》提出"扩大并不断重新确定基础教育的范围"，包括早期的幼儿看护和初始教育、普及的初等教育、满足青年和成人学习需要的多种传授系统等，以满足全民的基本学习需要②。《教育：财富蕴藏其中》进一步勾画了"从基础教育到大学"各级教育改革和发展的目标任务，指出基础教育应成为每个人"走向生活的通行证"，包括儿童基础教育和成人基础教育，应当"普遍提供一种适合于所有人的教育，它既能使人们为今后的学习打下坚实的基础，也能使人们获得积极参加社会生活的基本能力"③。"儿童的基础教育可以确定为（正规或非正规的）启蒙教育。这一教育原则上从孩子3岁开始，一直到至少12岁。"④

在我国，基础教育反映了人们对于被纳入其中的这部分教育之于社会发展和个体发展意义和价值的一种理解和判断，以及它与其他各级各类教育的一种关系，它的范围和程度是不断扩大和提升的。顾明远主编的《教育大辞典》定义基础教育（basic education）"亦称'国民基础教育'，是对国民实施基本的普通文化知识的教育，是培养公民基本素质的教育，是也为继续升学或就业打好

---

① 联合国教科文组织.学会生存：教育世界的今天和明天[M].北京：教育科学出版社：1996：235.

② 赵中建.教育的使命：面向二十一世纪的教育宣言和行动纲领[M].北京：教育科学出版社，1996：18.

③ 联合国教科文组织.教育：财富蕴藏其中[M].北京：教育科学出版社，1996：110.

④ 联合国教科文组织.教育：财富蕴藏其中[M].北京：教育科学出版社，1996：109.

基础的教育。一般指小学教育，有的包括初中教育"①。2001年《国务院关于基础教育改革和发展的决定》中指称的基础教育，进一步扩展为学前教育、义务教育和普通高中教育。

发达国家和国际教育机构使用的"基础教育"是一个特定概念，主要包括学前教育和初等教育，不存在选拔淘汰、升学与就业的分流。基础教育是终身学习和人类发展的基础，各国可以在这一基础上系统地建立其他层次其他类型的教育和培训。而我国基础教育是相对于高等教育、职业技术教育和成人教育而言的，并与它们形成多向接口。尤其是在基础教育中学阶段（初中和高中）要进行多次就业和升学的分流，作为高等教育、职业技术教育、成人教育以及就业的基础。这使得我国基础教育的性质、职能和培养目标具有自身的特殊性。我们不应用发达国家对于基础教育的性质职能来确立我国基础教育培养目标。我国基础教育还包括初中教育和普通高中教育，在培养目标的确立上既体现了国际上关于"基础教育"的基本性质职能，又充分重视了发达国家中等教育培养目标由分流向综合方向发展的普遍趋势。

具言之，随着20世纪以来欧洲国家初中教育的普及，双轨制由初等教育上移至初中阶段。各国初中教育的学校类型多种多样，带有精英型与大众型的双轨色彩。二战以后，社会发展对人才及劳动者的素质的要求进一步提高，以及在教育民主化运动的推动下，传统的双轨制受到严峻挑战。英、法、德等国纷纷打破原来存在于文法中学、技术中学和现代中学之间的界限，取消或合并培养目标各异的中等教育机构，建立综合中学（初中），在一所学校同时开设普通性、学术性和职业性课程，将人才培养与就业准备两重目标整合起来。1960年之后，欧洲对综合的学校教育的认识有了巨大的变化。在此基础上，升学与就业的分流进一步推延至高中阶段。进入20世纪80年代，由于科学技术和经济发展的需要，同时在高等教育大众化的推动下，欧洲高中教育迅猛发展，并走向了并轨的道路。以英国为代表的欧洲国家于20世纪80年代迅速实现高中教育的综合化。1980年，英国综合中学学生已占全国中学生的80%。苏联于1984年的教育改革中，决定在中学阶段同时进行职业技术教育。这样，原本不同类型的高中教育及整个中学阶段实现了培养目标的多元整合。

---

① 顾明远.教育大辞典(第一卷)[M].上海:上海教育出版社,1990:71.

与欧洲双轨制不同，美国较早地建立了综合中学（Comprehensive High School），面向国内所有年轻人，进行学术科、职业科和普通科的分组教学，兼负大学预备和职业预备的双重职能。20世纪60年代，在科南特等人的建议下，美国的综合中学拓展为三大目标和职能：为所有的未来公民提供普通教育，为那些想在毕业后立即就业的学生开设职业技术选修课程，为准备进入大学和学院深造的学生开设令人满意的文理课程[①]。学生通过能力分组、选课计划完成高中学业。20世纪80年代初，美国选择职业准备课程、学术准备课程和普通教育课程的高中生比例为27∶38∶36[②]。

综观以上，"彭文"立足于发达国家和国际教育机构"基础教育"的内涵和外延，以此提出我国基础教育培养目标就是"培养公民"[③]，而忽略我国基础教育包含中学阶段这一概念上的差异。尤其是，"彭文"忽略发达国家中等教育综合化这一发展趋势，排斥了基础教育尤其中学阶段在人才培养和就业准备上的基础性作用。

二、由矛盾走向统一：基础教育培养目标多元整合的理论基础

我国"基础教育"概念的宽泛性决定了基础教育具有两个方面的功能和价值。一方面，我国基础教育自身的本体功能和独立价值即培养公民素质，为提高全民族素质奠定基础。它的对象和着眼点是全体人民，而不是一部分人，更不是少数人；它的任务是基本素质的培养，而不是专业或某些专门人才的培养。另一方面，我国基础教育与高等教育以及学生的毕业和就业直接相连，不可避免要为学生升学或就业培训打好基础，具有一种服务功能和工具价值。这使我国的基础教育担负着太多的社会期待，也面临更多的压力和矛盾冲突。本人赞同"彭文"所持基础教育"培养公民、为提高整个民族（国民）素质'奠

---

① 科南特.科南特教育论著选[M].陈友松,主译.北京:人民教育出版社,1988:41.

② 周满生.世界教育发展的基本特点和规律[M].北京:人民教育出版社,2003:53.

③ 彭泽平.培养公民还是人才:对我国基础教育培养目标定位的思考[J].教育理论与实践,2002:12-16.

基'"①的观点。然而,"彭文"将基础教育"以人才为培养目标"与"为培养人才奠定基础"这两个不同概念混淆,进而把基础教育培养目标窄化为"培养公民",割裂了基础教育与高等教育以及学生毕业后的就业之间的联系。这种培养理想化"公民"的基础教育,不仅理论上难以成立,也不符合历史发展的实际。基础教育只有实现培养目标的多元整合,成为人才培养、就业指导及提高公民素质相综合的"共同的基础教育",才能走向健康发展的正确轨道,发挥在社会主义现代化建设中的全局性、基础性和先导性作用。

(一)我国现代国民教育体系结构的现实要求

新中国成立以来,我国建立了具有中国特色的单轨学制,基础教育培养目标定位在"为高一级学校培养合格的新生和为社会主义建设事业培养劳动后备军"(简称"双重任务论")上。但我国的单轨学制是在现代生产和现代社会生活还未充分发展的条件下建立起来的,高等教育是一种精英教育,职业技术教育又极其薄弱,所以基础教育尤其是中学阶段的分流任务十分艰巨。20世纪80年代中期,随着"普及九年义务教育"的强力推进,基础教育"双重任务"的冲突更加严重,升学预备与就业准备的矛盾更加激烈和显化。1993年,国务院关于《中国教育改革和发展纲要》的实施意见提出,要建立基础教育、高等教育、职业技术教育和成人教育四块结合的教育体系结构。在此背景下,基础教育形成了两种新的培养目标论,即"素质教育论"——实现"应试教育"向素质教育的转轨,提高民族素质、培养合格公民;"就业准备论"——实现教育分流,由"应试教育"转向主要为当地经济建设和社会发展培养合格建设者兼顾升学的轨道上来。然而,实践证明,排斥基础教育在人才培养方面的基础作用,而实现由"应试教育"向素质教育的转轨和向就业准备的转轨,都是难以行得通的。

这是由于,我国基础教育尤其是中学阶段,学生总是不可避免地面临升学与就业的筛选和分流,面临"人生的十字路口"。当下基础教育偏于"人才"培养和选拔的"应试教育",素质教育难以有效实施,正是缘于这种教育体系结构

---

① 彭泽平.培养公民还是人才:对我国基础教育培养目标定位的思考[J].教育理论与实践,2002(7):12-16.

的失调和矛盾。1999年以来，随着我国高等教育的大众化，基础教育与高等教育的接口愈益宽阔。1998年到2001年，我国高中阶段毕业生升学率由40.0%上升为65.5%。与此同时，高中招生的普职比也由1998年的44.9∶55.1调整为2001年的60.6∶39.4。这种结构性改变打破了长期以来基础教育是"应试教育"与素质教育、培养专门人才与提高公民素质的两歧。越来越多的学生能在接受良好的基础教育成为合格公民的基础上，进一步接受高等教育，从而成为各级各类专业（职业）人才。同时，原先主要在中等教育阶段实施的职业技术教育也正在向高等教育层次提升，这对基础教育培养目标起到重要的前摄作用。因为高等教育大众化以及各级各类专业人才的培养，都必须以优质的基础教育为基础。此外，生产和科技发展对于一般职业的要求也不再是单纯的职业技术，还要有良好的普通文化知识水平。1986年第40届世界教育大会提出，各成员国要超越中等教育传统的学术重心，并在一种平衡协调且灵活多元的系统中将普通教育和职业技术教育联系起来，重组中等教育。1989年第41届世界教育大会指出，应在中等教育与中等后教育之间寻求更好的配合和更佳的连续性。这在一些已经实现高等教育大众化的经合组织成员国家露出端倪。在澳大利亚、瑞典、英国、美国和日本，普通、学术和职业教育的课程或取向正趋于一致和综合，形成一种既非升学预备又非就业准备的"新型普通教育"[1]。这使得大众化高等教育"已经与中等教育越来越紧密地联系在一起"[2]。21世纪以来，我国高等教育大众化与基础教育的联系也愈益紧密。基础教育有可能也有必要与高等教育以及职业技术教育重新建立联系，加强不同教育阶段和类型之间的沟通，将培养合格公民、培养专门人才以及提高就业能力的目标整合起来，成为一种综合性的基础教育。

（二）民族素质提高和人才成长规律的要求

为了确证基础教育培养"公民"而非"人才"的观点，"彭文"认为提高民

---

[1] 经济合作与发展组织.重新定义第三级教育[M].谢维和,等编译.北京:高等教育出版社,2002:25.

[2] 经济合作与发展组织.重新定义第三级教育[M].谢维和,等编译.北京:高等教育出版社,2002:25.

族素质的内容和出发点就是提高每个公民的素质，并认为从人才的成长规律看，是先成人后成才，学生学会了做人然后才有可能成才而不是相反①。本人以为，这种观点窄化了"民族素质"，也割裂了"成人"与"成才"之间的共生关系。民族素质是一个复合的概念，民族素质的首要含义就是公民素质。此外，创新是一个民族进步的灵魂，是一个国家兴旺发达的不竭动力。创新能力和人才资源是一个民族最核心、最宝贵的素质。而且，职业技术和实践能力也是民族素质重要的和基本的方面。因此，我们既要做好培养"公民"的基础教育，也要为人才培养和就业准备打好坚实的基础，这样我们的基础教育所打的"基础"就是全面的，我们的民族素质才能真正提高。

　　其实，培养合格公民、培养专门人才以及提高就业能力之间有着内在的联系和依赖关系。无论是培养合格公民，还是培养专门人才和提高就业能力，都不是基础教育、高等教育或职业技术教育能够独自完成的，而是需要几方面的协力配合和共同努力，不能截然分开和相互对立。就前者而言，合格公民的培养是面向全体、覆盖全程的教育系统工程，基础教育要做主要的、奠基的工作，同时也需要高等教育、职业技术教育以及终身教育的积极支持。同样，专门人才培养主要是在高等教育阶段，但中小学基础教育的启蒙、发现、引导和培养呵护是绝对不可或缺和替代的。学生就业能力的培养虽然需要大力发展职业技术教育，但社会发展和科技进步也越来越要求职业技术的学习必须建立在充分的普通教育和良好的基本素质之上。而且，当代社会发展的需要，"多元智能理论"的提出，以及高等教育的大众化、民主化，都在催生新的人才观。即人才不再是一个个体的、少数人的、精英的概念，而已经发展成为一个群体的、多数人的、群众的概念。人才的评判不再是根据单一的认知能力和学术性的标准，而是根据人的多元智能以及社会对于人才的多样化需求，形成的多样化的人才标准。在这种人才观下，每个学生都有才能，每个学生都可以成才，成才路径是多样化的。因此，基础教育既不是专为升学的基础教育，也不是专为就业的

---

　　① 彭泽平.培养公民还是人才:对我国基础教育培养目标定位的思考[J].教育理论与实践，2002(7):12-16.

基础教育，而是共同的基础教育①。进而言之，基础教育的任务和培养目标应当是"培养全体学生的基本素质，为他们学习做人和进一步接受专业（职业）教育打好基础，为提高民族素质打好基础"②。

三、由单一走向多元：基础教育培养目标多元整合的现实取向

《国务院关于基础教育改革与发展的决定》中明确指出："基础教育是科教兴国的奠基工程，对提高中华民族素质、培养各级各类人才，促进社会主义现代化建设具有全局性、基础性和先导性作用。"也就是说，我国新时期的基础教育作为科教兴国的奠基工程，是提高民族素质、培养各级人才、促进现代化建设的共同基础。因此，培养目标的多元整合应当成为我国基础教育改革和发展的必然趋势和现实取向。

（一）基础教育培养目标内涵的多元化和综合化

我国基础教育包括学前教育、义务教育（初等教育和初级中等教育）和普通高中教育三个不同阶段，而基础教育的经济社会基础是极不平衡的。因此，我国基础教育的"基础性"不能是划一的，在培养目标上应当"守一而望多"。"守一"，即不论是哪一类地区，都要把普及九年义务教育（简称"普九"）作为基础教育的"重中之重"，尤其是加大中西部地区"普九"攻坚的力度，努力实现以九年义务教育为重点的基础教育全面、均衡和优质的发展。这是培养合格公民、提高民族素质的主要依托和维护教育公平的迫切需要。所谓"望多"，就是根据不同地区经济社会发展的水平和要求，按《国务院关于基础教育改革与发展的决定》中"积极进取、实事求是、分区规划、分类指导"的原则，确立基础教育多元化、综合化的培养目标。这种多元化和综合化既包括程度和层次上的，也包括内涵和水平上的。例如，对于占全国人口10%的"老、少、边、穷"地区，迫切任务是普及初等义务教育，努力实现基本普及九年义务教育和

---

① 王策三.保证基础教育健康发展:关于由"应试教育"向素质教育转轨提法的讨论[J].北京师范大学学报(人文社会科学版),2001(5):59-84.

② 王道俊,王汉澜.教育学(新编版)[M].北京:人民教育出版社,1989:117.

基本扫除青壮年文盲（简称"两基"），适度发展高中教育和学前教育。基础教育培养目标应当立足于培养公民基本素质，并加强普通教育与职业技术教育的沟通融合，为青少年学生成为合格公民和就业准备打好基础，兼顾人才基础教育。对于已实现"两基"的广大农村地区，基础教育则应重在巩固九年义务教育成果和提高九年义务教育质量，积极发展高中教育和学前教育，努力实现公民素质提升、升学预备和就业指导的初步整合。在培养公民基本素质的同时，发展综合初中，努力为学生接受高一级教育和部分学生的就业打好基础。对于大中城市和经济发达地区，应当高质量、高水平地普及九年义务教育，基本满足社会对高中教育和学前教育的需求。在中学阶段，尤其是在发展和普及高中教育的过程中，积极发展综合高中，实现公民素质提升、升学预备和就业指导的深度整合，成为学生接受高等教育（专业或职业教育）或就业共同的基础。

（二）基础教育学校类型和培养模式的多样化与综合化

基础教育培养目标的多元整合，必须打破现行单一的学校类型和培养模式。《国务院关于基础教育改革与发展的决定》指出，要保持普通高中与中等职业学校的合理比例，鼓励发展普通教育与职业教育沟通的高级中学，普通高中要设置技术类课程。这预示着我国基础教育高中阶段的普及和发展，将通过多样化和综合化的方式来实现。基于此，基础教育应重新研究制定分类标准并对学校进行新的分类，努力建设和发展多种类型的学校。在发展普通高中和职业高中的基础上，注重两者的融合，积极发展综合中学这种新的学校类型。不同类型学校针对学生不同的智能倾向以及社会对人才的多样化需求，建立以学生发展为本位的多样化、综合性和选择性的课程体系、教学方式和评价体系，积极探索各具特色的人才培养模式。目前，我国一些地方已开始进行综合高中的试验。安徽省芜湖市提出普通高中加通用型职业资格证书、普通高中加职业中学毕业证书和职业资格证书、高二后分流、普通高中加实用技术、"三多"（多时空入学、多平台就业、多资格就业）等多种综合高中的办学模式[①]。浙江萧山九中初步形成了"三·三"制综合高中办学模式，即确立升入普通高校、升入高等职校、直接服务社会的"三重目标"，实现多接口升学，宽口径就业；通过高一渗

① 汤可发,葛友华,程邦尧,等.试论高中教育综合化[J].教育发展研究,2001(2):20-24.

透，高二试探，高三选择，实现"三步推进"。实践表明，在此模式下，无论是学校发展还是学生的升学率和就业率都取得了很大的成效[①]。

（三）为基础教育培养目标多元整合创造制度环境和培养条件

诚如联合国教科文组织在《教育：财富蕴藏其中》中指出的，应"对教育的不同阶段重新思考，在它们之间重新建立联系，按照不同于原来的方式对它们重新作出安排，确保它们之间有可能相互转换，并使学习途径多样化。这样就会避开严重困扰教育政策的难题：要么择优，这样做会使学业失败增多和排斥危险增加；要么实行平均主义，传授同样的课程，这样做又会压制个人才能的发挥"[②]。为此，一方面应进一步推进高等教育的多样化、大众化发展，形成与基础教育立体多元的接口，连通学生成才和走向社会生活的"立交桥"。另一方面，要进一步加强基础教育与高等教育的联系。《国务院关于基础教育改革与发展的决定》提出，要按照有助于高等学校选拔人才、有助于中学实施素质教育、有助于扩大高等学校办学自主权的原则，加强对学生能力和素质的考查，改革高等学校招生考试内容，探索多次机会、双向选择、综合评价的考试和选拔方式，推进高等学校招生考试和选拔制度改革。如，在科学研究、发明创造及其他方面有特殊才能并取得突出成绩的学生，免试进入高等学校学习。有条件的普通高中可与高等学校合作，探索创新人才培养的途径。这些政策和措施的落实，将为基础教育培养目标多元整合和办学模式多样化、综合化创造必要的制度环境和体制条件。

---

① 萧玖.发展个性 创造成功：浙江萧山九中综合教育改革纪实[J].教育发展研究,2002(4):74-78.

② 联合国教科文组织.教育:财富蕴藏其中[M].北京:教育科学出版社,1996:105.

高等教育大众化下基础教育培养目标的整合取向①

一般认为，基础教育是对国民实施基本的普通文化知识的教育，是培养基本素质的教育，也是为升学或就业培训打好基础的教育②。但无论在理论还是在实践上，我国基础教育在培养公民、升学预备和就业准备三者的功能定位和目标取向上，一直处于矛盾和冲突的状态中。随着我国高等教育大众化的初步实现，高中教育乃至整个基础教育的发展使更多学生有机会进入高等学校学习深造，成为各级各类专门人才。基础教育在培养和输送专门人才方面比过去有了更大的作为、更强的职能；同时，原来主要在中等教育阶段实施的职业技术教育也正在向高等教育层次提升。因此，基础教育要与高等教育重新建立联系，加强两者的沟通联系，促进培养合格公民、升学预备以及就业准备三方面目标的整合，使基础教育沿着健康轨道高质量发展。

一、高等教育发展与基础教育培养目标的演变

基础教育的性质、职能及培养目标不是固定、静态和孤立的，而是随着社会发展以及学制体系的演变而不断演化发展的。现代教育制度起源于欧洲。中世纪兴起的大学主要培养学术精英和统治阶级接班人。大学作为学制的顶端，由上而下建立中等学校作为其预备教育（即下构型学制）。18、19世纪科技发展和产业革命的推动，使得庶民学校开始兴起并逐步国家化、制度化，发展成为初等义务教育，义务教育逐步发展、延伸到中等教育及职业技术教育，形成大众化学制系统（即上构型学制），以培养合格公民和熟练劳动者为目标的学校系统（精英教育和大众教育）在一些国家双轨并行、相互封闭。随着教育民主

---

① 本节原载于《教育科学研究》2004年第10期。

② 谢维和.教育活动的社会学分析：一种教育社会学的研究[M].北京：教育科学出版社，2000：329.

化和经济社会的发展，义务教育不断上延和普及，大学教育也逐步由精英教育走向大众教育，发展成为多种类别和层次的高等教育体系。在两头的推动下，中等教育获得迅速发展，原来具有不同性质和职能的初等和中等教育体系逐步走向并轨，进而整合成为单轨制学校系统中的基础教育，培养目标、学校体系及课程也实现了综合化、多样化。

新中国成立以来，我国基本上按照单轨制建立学制体系，基础教育培养目标一直定位在"为社会主义建设事业培养劳动后备力量和为高一级学校培养合格的新生"上（简称"双重任务论"）。20世纪80年代中期，随着"普九"目标的确立和强力推进，基础教育的"双重任务"面临严重冲突，升学与就业准备、培养和输送优秀专门人才与提高全体学生素质之间的矛盾愈益激烈。基于此，基础教育出现两种新的培养目标论：一种主张"中小学基础教育是提高民族素质，培养社会主义合格公民的国民基础教育"（简称"素质教育论"）；另一种则认为，基础教育应通过"农科教""经科教"统筹，实现普通教育与职业技术教育的结合，由单纯的"升学教育"转向为当地经济建设服务兼顾升学的轨道上来（简称"就业准备论"）。这些"转轨"的努力在实践中都取得了巨大进展和成就。但多年的实践探索告诉我们，如果将培养和提高公民素质与培养和选拔专门人才隔离和分化开来，基础教育的质量和社会效益就难以得到保障。

《国务院关于基础教育改革和发展的决定》指出：基础教育是科教兴国的奠基工程，对提高中华民族素质、培养各级各类人才，促进社会主义现代化建设具有全局性、基础性和先导性作用。我们可以认同这样的观点：在我国业已形成的面向21世纪的教育体系中，基础教育不再主要是专门人才的预备教育，当然，也不是不准、不能升学的国民教育，而是共同的基础教育，真正现代意义上的国民教育①。简而言之，在现代教育体系中，基础教育既是为高等教育（含普通高等教育和高等职业技术教育）培养和选拔各级各类专门人才的基础教育，也是培养学生从事各种劳动成为合格劳动者的基础教育，更是培养合格公民和提高民族素质的基础教育。它们之间是相互促进、相互沟通和相互建构、整合统一的。

---

① 王策三.保证基础教育健康发展：关于由"应试教育"向素质教育转轨提法的讨论[J].北京师范大学学报(人文社会科学版),2001(5):59-84.

二、高等教育大众化背景下基础教育培养目标整合取向的理论辩护

（一）高等教育大众化发展对基础教育培养目标的整合取向提出要求

新时期我国基础教育先后经由小学后、初中后和高中后三级分流逐步发展到二级分流。近些年随着"两高"（"普高"和"高职"）的大发展，这种分流的重心将进一步提升到高中后阶段。相比之下，以往的精英教育是一种高选择性的教育，而大众化高等教育特别是随着第三级教育参与率的提高和规模的扩大，它已经与中等教育越来越紧密地联系在一起[①]。这是因为，高等教育的发展及各级各类专门人才的培养，必须以优质基础教育尤其是高中的普通教育为基础；同时，生产和科技的发展对一般劳动者的要求也不再是单纯的职业技术，而是要有良好的普通文化知识水平及职业转移能力。第40届世界教育大会提出：各成员国要超越中等教育传统的学术重心，并在一种平衡协调且灵活多元的系统中将普通教育和职业技术教育联系起来，重组中等教育。第41届世界教育大会进一步提出：应在中等教育与中等后教育之间寻求更好的配合和更佳的连续性。这种发展趋势已经在一些经合组织成员国家露出端倪。如澳大利亚、瑞典、英国和日本等国已开始将中等教育的普通、学术和职业教育课程趋于一致和综合。换言之，在高等教育大众化的背景下，教育分流的延迟、中等教育的综合化及综合中学的勃兴，已成为一种世界性趋势。

（二）大众化高等教育的人才观为基础教育培养目标的整合提供支持

长期以来高等教育建立了统一化、标准化的人才评价和选拔制度，信奉一种精英化的人才观，这必然导致一种悲观的学生观，"即学校教育中只有一部分学生在学习上是会成功的，而大部分学生的学习是要失败的，而成功的学生往

---

① 经济合作与发展组织.重新定义第三级教育[M].谢维和,等编译.北京:高等教育出版社,2002:25.

往是那些体现在语言和数理/逻辑智力方面优于他人的学生"[1]。这种人才观和学术观，反过来又影响着基础教育的培养目标、课程设置和教育评价，学校成了一个挑选"人才"的"筛子"，大部分学生由此被排斥在人才培养尤其是高等教育的大门之外。

然而，当代社会发展的需要，加德纳"多元智能理论"的提出以及高等教育的大众化、民主化，都在催生一种新的人才观，即人才不再是一个个体的、少数人的、精英的概念，而已经发展成为一个群体的、多数人的、群众的概念。人才的评判不再是根据单一的认知能力和学术性的标准，而应根据人的多元智能及社会对于人才的多样化需求，形成多元化的人才标准。在这种人才观下，学生成才的路径是多种多样的，评价人才的标准也是多样化的。这反过来为学生多元智能的开发，为培养满足社会及学生发展需要的多样化人才提供了宽阔的平台，即人人都可以在适合的教育下被培养成为具有公民基本素质和独特个性优势的多样化的专门人才。

（三）基础教育培养目标的相互关系要求实现多元的整合统一

基础教育尤其高中阶段是每个学生面临升学和就业的十字路口。各个国家的教育总是要统筹兼顾这两方面的目标。相对而言，基础教育与高等教育、职业技术教育各有分工和侧重，又相互衔接和配合，即基础教育主要以提高基本素质、培养合格公民为目标，职业技术教育主要以培养初、中级技术人才和合格劳动者为目标，高等教育则主要以培养高级专门人才为目标。然而，无论合格公民还是专门人才的培养，抑或就业能力的提高，都不是基础教育、职业技术教育或高等教育能够独自完成的，而有赖于几方面的协力配合和共同努力，这几方面不能截然分开或相互隔离和对立。就前者而言，合格公民的培养是面向全体、覆盖全程的教育系统工程，基础教育要做主要的、奠基的工作，同时也需要高等教育、职业技术教育等的积极支持。专门人才的培养主要是在高等教育阶段，但中小学基础教育的启蒙、发现、引导和培养呵护是绝对不可或缺和替代的。学生就业能力的培养虽然依赖职业技术教育，但社会发展和科技进

---

[1] 钟启泉,崔允漷,张华.为了中华民族的复兴 为了每位学生的发展:基础教育课程改革纲要(试行)解读[M].上海:华东师范大学出版社,2001:236.

步越来越要求职业技术的学习应当建立在充分的普通教育和良好的基本素质之上。因此，要充分重视基础教育的基础性和奠基性作用。

三、高等教育大众化背景下基础教育培养目标的整合策略

（一）实现基础教育独立价值与服务价值的统整

在现代国民教育体系中，基础教育的独立价值在于：第一，基础教育的基本目标在于提高整个中华民族的素质，它的对象和着眼点是全体人民，而不是一部分人，更不是少数人。第二，基础教育的功能是为提高全民族的素质奠基，它强调的是基本素质的培养，而不是专业或职业素质的培养。因此，过于强调基础教育为高等教育服务或是培养学生的就业能力，都有损于、有悖于基础教育的性质和独立价值。然而，基础教育又不是绝对独立的，不可能与其他类型和层次的教育脱节，因为它的独立价值表现在与其他各级各类教育的关系中。1998 年到 2001 年，我国高中阶段毕业生的升学率由 44.0% 上升为 65.5%。与此同时，高中招生的普职比由 1998 年的 44.9 ∶ 55.1 调整为 2001 年的 60.6 ∶ 39.4。这种结构性转变打破了提高素质与培养人才和就业指导之间的隔离和歧化，为基础教育培养目标的整合创造了现实条件。一方面，基础教育应加强普遍性，即面向全体人民，培养和提高现代国民应有的基本素质。这是素质教育的根本要求和基础教育的独立价值所在。随着"普九"的进一步巩固提高和高中教育的逐步普及，基础教育的普遍性将得到进一步加强，以凸显基础教育不同于其他类型和层次教育的独特功能，成为提高民族素质的教育基础。另一方面，应拓宽基础教育的基础性，体现基础教育的服务价值。具言之，基础教育的基础性，应与大众化高等教育形成更为直接而宽阔的连接，在培养合格公民应有的基本素质的同时，应当积极为更多的青少年学生进入普通高校和高等职业学校奠定一种综合和共同的基础。

（二）实现高中阶段学校类型和培养模式的多样化和综合化

基础教育培养目标整合取向的确立，必须打破现行高中阶段学校单一的办

学类型和培养模式，推动实现高中教育多样化发展。《国务院关于基础教育改革和发展的决定》明确提出，不同地区基础教育应遵循"积极进取、实事求是、分区规划、分类指导"的发展原则，规定了不同地区和类型学校的基本任务和目标；保持普通高中与中等职业学校的合理比例，鼓励发展普通教育与职业教育沟通的高级中学；普通高中要设置技术类课程。为此，要改变高中教育结构类型的"普通化"倾向，重新研究制定高中教育分类标准，努力建设和发展多种类型的学校，在普通高中和职业高中的基础上，注重两者的融合，积极发展综合高中。不同类型学校针对学生不同的智能倾向及社会对人才的多样化需求，建立以学生发展为本位的多样化、综合性和可选择性的课程体系、教学方式和评价体系，积极探索适合学生未来发展多样化取向的各具特色的人才培养模式。

（三）为基础教育培养目标的整合取向创造制度和实现通道

基础教育的多样化和综合化发展，有赖于教育体系重构和制度创新，特别是要大力改革高校招生录取制度，积极适应高等教育的多样化、大众化发展，形成连通学生成才和走向社会生活的"立交桥"。《国务院关于基础教育改革和发展的决定》提出，要按照有助于高等学校选拔人才、有助于中学实施素质教育、有助于扩大高等学校办学自主权的原则，加强对学生能力和素质的考查，改革高等学校招生考试内容，探索多次机会、双向选择、综合评价的考试和选拔方式。在人才选拔上，对在科学研究、发明创造及其他方面有特殊才能并取得突出成绩的学生，可以免试进入高等学校学习。这些政策和改革将为基础教育培养目标多元整合进而与高等教育大众化发展更好对接创造必要的制度和实现通道条件。

现代国民教育体系中初等教育的新定位①

20世纪80年代中期以来，我国基础教育的重心由普及初等教育上升到普及初等和初级中等教育。这两个原先作为学制系统中不同教育阶段和层次的概念逐渐被"义务教育""基础教育""中小学教育"等一些上位概念所涵摄。两者更加直接地连贯和衔接，其不同的学制地位、任务、目标渐渐地被人们淡忘了，以致从政府的文件和政策、学者的研究和探索到教育管理和实践工作，都极少以初等教育为单独对象和内容。

世界全民教育大会掀起的"全民教育运动"把普及初等教育的独特意义和价值凸显出来，并作为2000年实现全民教育的主要目标之一。"全民教育运动"与我国的"普九"是根本一致的，我国的"普九"也正是要实现我国政府向世界全民教育大会的庄严承诺。有所区别的是，世界全民教育大会以及"全民教育运动"，更加强调了以普及初等教育为主要目标的全民教育的特殊意义和价值。自不待言，"全民教育"与"终身教育"对于世界教育的未来发展具有同等重要的意义，是现代国民教育体系的重要基础。

本节通过历史研究和比较研究，对现代国民教育体系形成和发展的基本历程进行回顾和钩玄，以把握初等教育性质、价值和任务目标等方面演进的线索，探索我国在全面建设小康社会和形成较为完善的现代国民教育体系过程中，初等教育如何得到重新定位和发展。

一、现代国民教育体系的发展与初等教育的演进

现代国民教育体系是近代工业化和社会发展的产物，最早产生于欧美一些率先实现现代化的国家。随着现代生产发展和社会进步，现代国民教育体系不断调整，以提高教育水平和质量。国民教育体系的发展成为现代社会发展水平

---

① 本节原载于《上海师范大学学报》2003年第3期。

的重要指标，是现代经济和社会发展的重要基础和动力。在现代国民教育体系变革和发展过程中，初等教育作为最为基础的一级和基本组成部分，其性质、形态和水平随之不断改变和演进，并形成自身特有的规律和内在逻辑。

（一）慈善初等教育

17世纪中期以后，随着工业革命的开展和资本主义制度的逐步确立和巩固，与之相应的现代国民教育制度也开始形成并逐步发展。但直到20世纪初以前，西方的国民教育体系一直是双轨制的。初等教育一直作为双轨制的一轨，主要由教会控制，是一种"慈善的事业"，为劳动人民子弟提供一种普及性、终结性的谋生教育，而与双轨学制中的另一轨——精英教育的学校系统（大学及其预备学校——文科中学）相隔离。19世纪上半叶，初等教育开始初步国家化，如法国1833年颁布《基佐法》，英国在宪章运动的推动下颁布《工厂法》，并规定工厂必须为14岁以下的童工开办学校。此时的美国，正处于欧洲殖民时期，在教育体系上也主要是欧洲（特别是英国）双轨制的移植。

总之，这一时期的初等教育是为劳动人民开办的，主要是在教会控制之下的一种慈善性事业，是工业革命的发展与当时社会政治矛盾相互作用的产物。

（二）公共初等教育

19世纪后半叶至20世纪40年代，科技的发展和工业化水平的提高，对各种类型和专业的中、高级专门人才的需求日益增加，传统的大学精英教育规模不断扩大，并开始向下延伸，中等教育得到大力发展。同时，现代生产对劳动者的知识和能力要求也不断提高，成年工人和童工的知识水平、劳动纪律以及教育问题开始成为制约资本主义经济和社会发展的重要问题。

基于此，义务教育由初等教育阶段延伸到中等教育阶段，原先的双轨制学校教育制度已不能适应生产发展和社会结构变化的需要，两种相互隔离的学校体系开始打通壁垒、走向并轨，逐步发展成为由国家主要投资和统一管理、具有同一性质和体系的公共教育制度。在贺拉斯·曼的积极推动下，19世纪30年代开始，美国就兴起了"公共教育运动"，为培养国家公民而广泛设立学校，使人人享有平等的教育权利；通过征收教育税来维持公共教育的经费，实施免费义务教育。美国在南北战争以后，进一步形成了由幼儿教育、初等教育、中等教育、高等教育构成的完备的单轨制国民教育机构和制度体系。英国1870年通过《初等教育法》，又在1944年通过的《巴特勒法案》中正式建立了单一的学校制度。德国于第一次世界大战后在初等教育阶段设立了统一的"基础学校"。法国1881年颁布《费里法案》，规定建立普及义务、免费、世俗化的双轨制国民教育制度。日本自明治维新开始，将教育作为"立国之本"，1972年颁布《学制令》，建立单轨制国民教育体系，实施4年义务教育。俄国十月革命胜利后，苏维埃政府宣布扫除文盲和实施免费义务教育的教育改革方案。原定1934年完成普及8—12岁儿童的初等教育（4年）的目标，于1932年提前完成，为苏联的社会主义建设奠定了十分重要的文化基础。

（三）全民初等教育

第二次世界大战后，随着科学技术的飞速发展及其在经济发展和国际竞争中作用的凸显，人们纷纷重视人才的培养和教育的发展，加大智力投资。1948年《世界人权宣言》主张应当实现小学义务教育，初级和基本教育免费。20世纪60年代后，教育进入大发展、大改革的时期，现代国民教育体系进一步发展和完善。如延长义务教育年限，改革中等教育结构，推动高等教育的大众化，加强成人教育、社会教育等。

20世纪70年代，随着终身教育的兴起和"学习化社会"目标的提出，具有优先发展地位的高水平的现代国民教育体系在发达国家竞相形成。在发达国家掀起终身教育浪潮、建立学习化社会的同时，联合国教科文组织开展全民教育的世界性运动。联合国教科文组织在《学会生存：教育世界的今天和明天》中提出，在向学习化社会前进时教育策略考虑的一个基本问题，是"必须保证所有的儿童有接受基础教育的实际可能性"，并将"根据需要与可能，采用多种多样的形式，进行普及的基础教育"摆到20世纪70年代教育政策的头等优先地位。1985年，亚洲及太平洋地区教育部长和经济计划部长会议首次提出，把扫盲和普及初等教育作为2000年实现全民教育的目标。

1990年，联合国教科文组织和世界银行共同举行"世界全民教育大会"并庄严提出，全民教育的最终目标是"满足全体儿童、青年和成人的基本学习需要"。它的基本目标或中期目标之一是在2000年前，实现包括普及初等教育、成人扫盲和消除男女差异在内的"全民教育"目标。

全民初等教育的重要作用在于：对于个人发展而言，它使每一个社会成员都享有受教育的权利；对于国家和社会而言，初等教育能够提高整个社会的文化水平和国民素质，杜绝新的文盲直至最终消除全部遗留的文盲。这是消除贫困、控制人口增长和促进社会走向富裕、文明、民主、和平及可持续发展的重要前提。

二、现代国民教育体系中初等教育的性质和地位

一般认为，国民教育体系是指国家通过法规确定的，为本国提供教育服务的组织体系，包括各级各类的学校和教育行政机构[①]。在现代国民教育体系的建立和发展中，初等教育具有独特的、不可替代的作用和价值。正如赞可夫在《论小学教学》中指出："造就新人的基础正是在小学里奠定的，进一步掌握知识和技巧的基础，也是在小学里建立的。学生在以后是否能卓有成效地掌握知识和技巧，其发展的速度与质量究竟怎么样，在许多方面都取决于如何安排小学阶段的教学及教育工作。"[②]只有充分普及高质量的初等教育，才能为中等教育、高等教育以及终身教育奠定更为坚实的基础，才能在此基础上更有效地实现教育机会的均等。在现代国民教育体系中，初等教育是十分重要的基础和组成部分。

（一）初等教育的全民性

广义的初等教育是相对于中等教育及高等教育而言的，包括接受中等教育以前的教育阶段，涵盖小学教育和学前教育，既包括适龄儿童的初等教育，也包括青少年、成人的初等教育；狭义的初等教育主要是指对适龄儿童实施的小学教育。与中等教育、高等教育及终身教育相比，初等教育作为全民教育，将

---

① 中华人民共和国教育部.贯彻十六大精神 努力开创教育改革发展新局面：学习十六大报告教育论述辅导读本[M].北京：人民教育出版社，2003：44.

② 赞可夫.论小学教学[M].俞翔辉，译.北京：教育科学出版社，2001：1

教育服务对象扩展为向所有儿童、青少年和成人提供基础教育。这其中，最为紧迫的任务是确保女童和妇女的入学机会，改善教育质量，关注弱势群体以及残疾人的教育，消除教育差异并促进入学机会的平等。要提高初等教育的质量和水平，必须努力抓好小学教育；但初等教育还应注意小学教育与学前教育以及家庭教育的联系，并努力满足青少年、成人的"基本学习需要"，促进教育的全民化。

（二）初等教育的适切性

全民教育下的初等教育应当是一种适合所有人的教育，既能使人们为今后的学习打下坚实的基础，也能使人们获得参与社会生活的基本能力。因此，它在提供基础知识的同时，应满足学习者多样化的学习需求，充分尊重学习者的个性差异，包括适应不同国家、地区、社区、家庭对人的教育的不同需求以及对教育产生的影响。为此，初等教育应扩大教育的手段和范围。其中，"初等学校教育是除了家庭教育外对儿童进行基础教育的主要传授系统。初等教育必须普及以确保所有儿童的基本学习需要得到满足"①。同时，应通过多种传授体系，以及利用通信技术等手段发展非正规初等教育，以满足那些没有或很少接受正规学校教育的儿童以及青少年和成人的基本学习需要。

（三）初等教育的平等性

联合国教科文组织下设的国际21世纪教育委员会在《教育：财富蕴藏其中》报告中指出："在所有国家，甚至在所有儿童都注册进入小学的国家，都有必要进一步把重点放在教育的质量上。"②这是因为，对于个人或社会来说，教育机会的扩大是否具有真正的意义，最终取决于这些教育机会的成果，即是否使受教育者学到了什么，包括有用的知识、推理能力、各种技能以及价值观。为此，初等教育不应单纯注重入学率、学习计划以及获得证书的要求，而必须把重点放在受教育者知识的实际获得上，以促进教育质量的提高以及教育机会的过程

---

① 赵中建.教育的使命：面向二十一世纪的教育宣言和行动纲领[M].北京：教育科学出版社,1996：18.

② 联合国教科文组织.教育：财富蕴藏其中[M].北京：教育科学出版社,1996：12.

和结果的均等，成为每一个人走向生活的必要"通行证"。

（四）初等教育的发展性

首先，初等教育是培养和提高全体社会成员的一般素养、基础学力，为其终身学习和发展奠定最为宽厚而坚实的基础的，而不是一种职业定向教育或是某一方面的专门教育。只有具备一般素养、基础学力，一个人才能在充满变化和不确定性的现代社会赖以生存。同时，由于儿童身心发展具有极大的可塑性和可能性，只有打好全面而扎实的基础，将来才能获得更加充分的发展。

其次，初等教育要实施全面发展教育。全面发展教育是我国各级各类教育应当共同遵循的方针，但它对于初等教育具有更为特殊和重要的意义。这种全面，主要表现在教育内容的综合性而非定向和非专门化。这是由于客观世界本身是一个有机联系的整体，而儿童身心发展也处于未分化阶段。因此，初等教育的教育目标、课程结构以及小学教师的素质结构，都要具有广泛性、综合性和整体性。

最后，初等教育作为一种启蒙教育，着眼于儿童个性的全面和谐发展。换言之，全民教育下的初等教育不仅仅是一个目的，而是终身学习和人类发展的基础。它的主要任务是为儿童一生的发展奠定基础，为各级各类教育及人才的培养奠定基础，为国民素质的整体提高奠定基础。它应当为全人类提供共有的统一因素，让发展中国家和发达国家的所有儿童都能在认知能力等各方面获得最起码的能力，即满足每一个人的"基本学习需要"。这些基本学习需求包括谋求生存、自我发展、有尊严地工作和生活、充分参与发展、改善自己的生活质量、能作出有远见的决策、从事继续学习所需要的基本学习手段和基本学习内容。而其他层次和类型的教育和培训应当是在这一基础上，即在满足所有人"基本学习需要"的基础上建立和开展的。

三、我国现代国民教育体系的完善与初等教育新发展

新中国成立以来，我国在十分薄弱的教育基础上建立起了面向儿童、少年、青年的新的学校体系和教育制度。1985年开始，我国有步骤地实施九年义务教

育，并于 2000 年顺利实现了"两基"目标，走到了世界"全民教育"发展前列。面向 21 世纪，围绕全面建设小康社会的宏伟目标，党的十六大提出要"形成比较完善的现代国民教育体系……人民享有接受良好教育的机会，基本普及高中阶段教育，消除文盲"的战略目标。诚然，"现代国民教育体系则超越了国民教育体系的一般内涵，它指的是达到了一定标准要求或具有较高发展水平的国民教育体系，这集中体现在它较高程度地反映了现代社会发展和人的发展的总体需要，体现在教育的高水平和高效益上"[①]。在我国面向 21 世纪，积极发展学前教育，推动中等教育普及化、高等教育大众化和教育体系终身化，建立比较完善的现代国民教育体系的进程中，初等教育应当在巩固已有成果的基础上完成新的任务，迎接新的发展机遇。

（一）我国现代国民教育体系的完善，要求初等教育优先发展

从国际教育发展的一般情况看，初等教育的社会收益率和个人收益率在所有教育层次中是最高的。正因如此，各国十分重视初等教育的经费投入，"保证所有儿童都有机会接受高质量的初等教育，在教育公共开支方面，各国应绝对优先于这一级教育"[②]。发达国家初等教育、中等教育、高等教育学生的经费比例，日本（1982 年）为 1：1：1.38，法国（1980 年）为 1：1.78：2.67，英国（1982 年）为 1：1.94：6.25，巴西（1983 年）为 1：1.14：7.62，泰国（1983 年）为 1：1.16：1.11。而我国 1995 年小学、中学、大学生均经费比例为 1：1.85：20.48[③]。1985 年教育体制改革以来，基础教育实行"分级办学、分级管理"，极大地调动了地方和社会办学的积极性，推动了基础教育的大发展。但这不仅造成农民负担过重，也加剧了基础教育发展的不均衡，弱化了国家在义务教育方面的责任和调控均衡功能。贯彻党的十六大精神，建立比较完善的国民教育体系，我们应当从最广大人民的根本利益出发，充分认识初等教育在促进教育机会的起点均等和均衡发展、全面提高国家和民族整体素质中的重要作用，将初

---

　　① 中华人民共和国教育部.贯彻十六大精神　努力开创教育改革发展新局面:学习十六大报告教育论述辅导读本[M].北京:人民教育出版社,2002:44.

　　② 联合国教科文组织.教育:财富蕴藏其中[M].北京:教育科学出版社,1996:164.

　　③ 吴志宏.教育行政学[M].北京:人民教育出版社,2000:326.

等教育放在优先发展的战略地位。为此，国家应当通过行政和法律等手段，改革义务教育的经费筹措体制，调整教育经费分配结构，建立起各级财政分级、分类、分地区的教育经费分担机制，确保义务教育经费主要由政府投入，使初等教育作为国民基础教育健康、均衡地发展。

（二）我国现代国民教育体系的完善，要求初等教育高水平发展

新中国成立以来，经过几十年艰苦卓绝的努力，我国的义务教育和全民教育取得了举世瞩目的成就。但与联合国教科文等国际组织制定的《2000年全民教育评估大纲》和《2000年全民教育评估技术指南》所确立的毛入学率、净入学率、师生比、复读率、小学五年保留率等18项核心指标相比，2008年左右我国的初等教育普及水平还只是初步的。如发达国家义务教育年限为9.75年，初等教育毛入学率为102.79%，净入学率为38%，生师比为16.57∶1，小学留级率为0.67%。我国虽然于2000年基本实现了"两基"，但2001年全国尚有90个县未实现普及小学教育，小学的危房比例达6.69%，体育、音乐、美术和数学自然实验仪器设备的配备或达标率分别只有47.4%，36.62%，34.51%和48.55%；小学教师中教师学历合格率为81%，生师比为21.64∶1。同时，全国文盲的绝对数还有8000多万，其中青壮年文盲达2000万。

作为现代国民教育体系的基础，初等教育应当确立新的目标，实现高水平的普及和发展。初等教育的现代化水平指标应当包括：在教育投入指数中涉及财政性教育经费支出占GDP的比例、政府公共教育投入占义务教育投入总额比例、教师工资占教育经费总额的比例、初等教育占教育经费的比例、初等教育生均支出占人均GNP的比例、教师的学历达标比例、师生比；在教育规模指数中，涉及小学校均规模、小学班级规模；在教育成就指数中，涉及特殊儿童入学率、成人识字率、达到新办学条件标准学校比例、特殊群体学习参与率、留级与辍学率、教育信息网络校校通的学校比例、生均计算机数；在教育质量指数中，涉及教学软件的使用、学具的使用、初等教育的巩固率和毕业率等。初等教育发展成为惠及全民、均衡发展、满足基本学习需要的国民基础教育。

（三）我国现代国民教育体系的完善，要求初等教育高质量发展

在现代国民教育体系中，初等教育不再是为处境不利的人群提供劳动和谋生的知识和技能的终结性教育，而是为了满足所有社会成员基本学习需要的国民基础教育。为此，各国的教育改革和发展无不倍加关注初等教育的发展和质量提高。

1994年，美国政府制定的《美国2000年教育战略》提出八项全国教育改革目标，第一条就是学龄儿童都能入学，都能接受所授课程。1997年，克林顿连任后的首次国情咨文，提出全美教育的三大任务中首要的是关于初等教育的，即要使全美8岁儿童学会读写，12岁少年联机上网受到多媒体网络化教育。英国《1988年教育改革法》实行5—16岁接受由政府规定的全国统一课程教育，并在7、11、14、16岁四个阶段（其中有两个是在初等教育阶段）加强对学生的成绩统一考核和评定。日本1996年在第十五届中央教育审议会提交的咨询报告中提出，日本今后的初等教育目的和方向是要培养儿童的"生存能力"，即一种完全人格的整体素质和能力。各国初等教育改革和发展的核心，是实现由数量向质量的转型，建立促进儿童个性全面和谐发展的新型初等教育。

在我国，初等教育由数量型发展向质量型发展的转型，贯穿在20世纪90年代以来实施"普九"和全面推进素质教育的过程之中。随着小学升初中考试的取消，初等教育得以摆脱应试教育的束缚，获得一种相对独立的存在和发展空间。但同时也要注意，在建立和完善我国现代国民教育体系过程中，应当确立初等教育独立的发展目标和质量要求，探索初等教育特有的规律；加强"小学教育"专业建设，促进小学教师的专业化发展，培养高素质的小学教师队伍；建立初等教育的培养目标、课程标准、教学和管理体系以及质量评价和监控机制，努力提高初等教育自身的质量，以发挥初等教育对终身教育和儿童的人生发展，以及对现代国民教育体系所起的特殊作用和功能。

国际初等教育政策的价值取向及对中国的启示①

和谐教育理论和实践探讨包括宏观和微观两个层面。其中，教育体制、教育结构和教育政策的和谐，属于宏观层面。就初等教育而言，和谐、合理的教育政策是维系教育公平、促进初等教育和谐发展的重要保证。综观国际初等教育发展历程，我们可以从以下几个方面来把握初等教育政策的价值选择与定位。这些价值选择与定位的核心，促进初等教育自身及其与整个教育体系的和谐发展，促进人与社会尤其是儿童自身的和谐发展。国际初等教育政策这种"基于和谐"的价值取向，对我国现阶段初等教育政策制定和完善，以及和谐教育理论与实践探索，具有重要启示和借鉴意义。

一、初等教育发展与投入政策的优先取向

从教育现代化历程看，发达国家教育都经历了一个重心逐步上移和后移的发展过程。但无论如何重视和发展中等教育、高等教育以及终身教育，初等教育都一直居于优先发展地位。初等教育的全民性、基础性和平等性，决定了国家在初等教育发展和投入上的优先性。这是促进初等教育自身结构及其与整个教育体系和谐发展的基本前提。例如，以"教育立国"著称的日本，一开始就把初等教育、义务教育放在优先发展的战略地位。早在明治维新初期，日本政府就确立了"抓两头、带中间"的教育发展战略——首先发展初等教育和高等教育。在"抓两头"上，初等教育又被摆在更加重要的位置上。战后日本进一步把教育发展重点放在初等教育上。即使在九年义务教育目标实现后，相应提高其他层次和类型教育投入比例的情况下，日本义务教育经费仍维持在学校教育投资的50%，初等教育经费则占学校教育经费27%以上①。

---

① 本节原载于《比较教育研究》2008年第4期，与肖毅合作。

① 饶从满,等.当代日本小学教育[M].太原:山西教育出版社,1999:51.

就世界各国的整体情况看（见表1），发达国家在20世纪80年代时初等教育、中等教育、高等教育学生的经费比例[①]，法国（1980年）是1∶1.78∶2.67，英国（1982年）是1∶1.94∶6.25，巴西（1983年）是1∶1.14∶7.62，泰国（1983年）是1∶1.16∶1.11。

表1 世界各类型国家和中国三级教育生均教育经费对比（1995年）[②]

国家类型	初等教育	中等教育	高等教育
世界平均	1	2.7	3.0
低收入国家	1	2.7	12.8
中等收入国家	1	1.2	2.9
高收入国家	1	1.5	2.2

注：令小学生生均经费为1。

联合国教科文组织在考察各国教育政策基础上提出，把公共教育投资重点放在基础教育上的发展方针，应作为各国确定教育经费分配先后顺序的良好基础。一般来说，在教育方面，就是要投资到基础教育上。根据世界银行的建议，国际21世纪教育委员会在《教育：财富蕴藏其中》中提出以下政策原则[③]：

（1）实行免费基础教育，包括由当地社区承担部分费用，并向贫苦家庭的孩子提供补助金。

（2）保证所有儿童有机会接受高质量的初等教育，在教育公共开支方面，各国应绝对优先于这一级教育。

（3）在所有儿童均有机会接受高质量的初等教育之后，应把扩大接受普通中等教育（先是初中，尔后是各级中等教育）的机会作为第二位目标。

初等教育政策的这一价值定位，建立在一个重要的结论基础上，即对第一级教育投入的社会回报率常常高于对第二、第三级教育投入的社会回报率。有研究者从20世纪70年代起对32个国家的教育投入的社会回报率进行研究，90年代中期又进一步对78个国家进行研究，发现发展中国家初等教育投入的社会回报率为17.9%—24.3%（根据地区不同），而中等教育和高等教育的社会回报

---

① 吴志宏.教育行政学[M].北京：人民教育出版社，2000：326.

② 云南财贸学院.中国教育财政评论：第1辑[C].北京：中国财政经济出版社，2005：68.

③ 联合国教科文组织.教育：财富蕴藏其中[M].北京：教育科学出版社，1996：163-164.

率分别为12.8%—18.2%和11.2%—12.3%；在经合组织成员国家，这三个层次教育投入的社会回报率分别为14.4%、10.2%和8.7%。以此看来，初等教育的优先发展和优先投入，是促进初等教育自身及整个教育体系和谐发展的重要保证，这在纵向上反映了国际初等教育政策"基于和谐"的价值选择与定位。

我国自改革开放之初，邓小平同志就提出要大力发展科学和教育，并明确要从"从小学抓起"。1980年中共中央国务院发布《关于普及小学教育若干问题的决定》。此后，初等教育取得巨大发展，尤其随着普及九年义务教育的推进，初等教育实现了历史性跨越。但比较而言，我国初等教育与中等教育、高等教育在投资上的比例与国际水平相比差距甚大，初等教育作为公共教育投资的重点、优先发展和优先投入的地位没有得到应有的体现和保障。统计数据表明，2000年，我国三级教育生均经费指数比为1：2：17，而1997年世界上有47个国家的三级教育生均经费指数比例平均为1：1.17：2.45。从世界范围来看，我国基础教育尤其初等教育公共支出水平明显偏低，与国际上优先投入初等教育的政策取向不一致。国家应在落实教育优先发展战略过程中，下大决心把初等教育放在优先发展的地位上。初等教育作为典型的公共产品，是维系教育公平和社会公平的基石；唯有加大公共财政投入，促进初等教育发展，才能实现基本的教育公平和社会公平。

二、初等教育机会与资源配置政策的均衡取向

初等教育不仅是教育体系最基础一级，也是社会体系的重要组成部分，其自身结构和谐发展是整个教育体系和谐发展的基础，也是实现社会和谐发展、促进社会公平的重要起点。这种自身结构的和谐发展，集中体现在教育资源配置和机会分配的均衡化政策上。

双轨制下的初等教育是为劳动人民子弟提供一种普及性、终结性的谋生教育，与双轨学制中另一轨——精英教育的学校系统相隔离。也就是说，虽然不同阶级和阶层的儿童都有接受初等教育的机会，但所接受教育的起点是不平等的。19世纪后半叶至20世纪40年代，义务教育由初等教育阶段上延至中等教育阶段，原先的双轨制学校教育制度已不能适应生产发展和社会结构变化的需要，

两种相互隔离的学校体系开始打破壁垒、走向并轨。法、德等国家纷纷建立"统一学校""基础学校",双轨制下的中小学逐步发展成为国家主要投资和统一管理、同一性质的公共教育制度;美国也取消平民学校,在单轨制体系下建立初等学校,形成国家统一和民主的公共教育体系。由此,初等教育成为整个现代国民教育体系最基础一环,实现了教育机会的起点平等。

20世纪60年代,教育进入大发展、大改革的重要时期,现代国民教育体系进一步发展和完善,促进教育机会均等成为初等教育政策的核心价值。以美国为例,1965年开始实施的《初等和中等教育法案》,主要针对贫穷阶层,为公立与私立学校提供联邦经费,注重初等教育机会的起点均等。这项法案先后历经8次重新认定。如,布什政府1991年颁布《美国2000年教育战略》,正式提出面向21世纪美国教育战略和目标。为保障这些教育战略和目标的具体实施,美国教育部制订了"美国2000年教育计划",提出实施绩效工资制、制订教师证书变通授予办法、延长学年、制定核心学科的国家标准和成绩标准、鼓励家长择校等措施。1994年春,克林顿政府修改《初等和中等教育法案》,通过了《改进美国的学校法案》,进一步改变过去方案实施上的狭隘与单一,加强整个系统内各种资源的协调,鼓励综合、系统的学校改革;提高教师教学水平,促进专业发展,以适应教育的高标准要求;强调绩效责任;协调资源使教育面向全体儿童。小布什上任后再次重新认定《初等和中等教育法案》,将其命名为《不让一个孩子掉队》,确立的四条原则是:提高绩效(例如授权各州实施标准化测验);增强灵活性和地方控制(例如学校预算的灵活性);扩大家长的选择权(例如必要时把孩子送到一所较好的公立学校);改进教师教学,使之更加有效(例如教师专业发展项目)[①]。透过这些法案的重新认定和不断革新的历程,可以清晰地看出,美国初等教育政策的价值目标,越来越趋向于教育过程和结果的机会均等。

同样,联合国教科文组织及其他国际组织的教育政策也是把初等教育发展的均衡化作为核心目标的。1985年,亚洲及太平洋地区教育部长和经济计划部长会议首次提出,把扫盲和普及初等教育作为2000年实现全民教育的目标。1990年世界全民教育大会庄严提出,全民教育的最终目标是"每一个人——儿

---

① 李春黎.美国《初等和中等教育法案》的历史演变与分析[J].外国中小学教育,2006(1):20.

童、青少年和成人——都应获得旨在满足其学习基本需要的受教育机会",要求在2000年前实现包括普及初等教育在内的"全民教育"目标。由此,全民性成为当代初等教育一个最主要、最根本的性质之一。也就是说,初等教育是作为一种由国家保障的、非选择和非淘汰性的全民教育,面向所有儿童,努力满足所有人的"基本学习需要",追求教育过程和结果的平等。教育机会和资源配置的均衡化政策,从横向维度上体现国际初等教育政策"基于和谐"的价值取向,以促进初等教育自身结构的和谐发展。

中国的初等教育从建立现代学制开始就实行了单轨制,但这种单轨制又是建立在经济不发达且极不均衡的社会基础之上,长期以来一直难有大的改变。对近年来初等教育生均经费地区差异的实证分析表明,我国地区间初等教育生均经费的绝对差异逐年拉大,两极分化现象十分严重。1993年全国小学生均经费的省际标准差为134.74元,到2002年达到1049.61元。而且,地区间初等教育生均经费的相对差异增速显著,与国际趋势相悖。1993年我国地区间小学生均经费和人均GDP的离散度均大于0.5;到2002年相应指标都达到了0.95左右,地区间的教育和经济不均衡进一步加剧[①]。表2所示为2004年我国基础教育生均预算内经费支出情况。

表2 2004年基础教育生均预算内经费支出

项目	小学	初中	高中
平均经费／元	1129.11	1224.07	1758.63
*最高省份经费／元	6680.22	6831.40	7158.94
*最低省份经费／元	654.41	763.92	912.87
最高与最低的倍数	10.21	8.94	7.83

※ 包括省、自治区和直辖市。

资料来源:表中数据根据教育部、国家统计局、财政部《2004年全国教育经费执行情况统计表——各级教育生均预算内教育事业费增长情况表》计算得出。

近些年,党和政府已经把促进教育均衡化发展作为教育发展的一项重要政策。我们应当积极顺应国际趋势,在推行教育均衡化发展过程中,进一步促进

①董业军,陈国良.我国初等教育生均经费地区差异实证分析[J].教育发展研究,2004(9):1.

起点平等，把初等教育均衡化作为重中之重，建立初等教育办学条件和质量的国家基准，努力实现初等教育从经费投入到设备、师资、学校绩效、教育质量以及教育机会的均衡化，满足所有儿童和社会成员的"基本学习需要"。这是统筹城乡、地区乃至整个教育及社会和谐发展的底线。

三、初等教育管理与体制政策的民主取向

西方国家初等教育政策最早是由一些教会组织和慈善组织制定的。18、19世纪欧洲各国纷纷爆发革命，确立了资产阶级政权。初等教育逐步实现国家化，初等教育政策进一步通过国家法律形式颁布实施。如，1881年法国颁布著名的《费里案法》，提出国民教育"义务、免费、世俗化"三原则。1899年，英国议会通过法令，第一次实现了国家对初等、中等教育的统一管理。进入20世纪，美国教育家杜威从他的民主主义教育理想出发，对传统上由立法、行政部门、社会团体厘定教育目的的状况提出疑问。他认为："整个社会的某部分人将会发现他们的目的是由外来的命令来决定的；他们的目的并不是从他们自己的经验自由发展而来，他们有名义上的目的，（但这）并不真是他们自己的目的，而只是达到别人比较隐藏的目的的手段。"[①]杜威带有民主主义理想和教育革新色彩的教育目的论，对20世纪初等教育政策主体的多元化和民主化起了很大的促进作用。随着20世纪60年代教育民主化运动的勃兴，初等教育政策逐步由国家最高权力机构自上而下的权威颁布，转向由地方当局、学校、教师、家长和学生共同参与制定的决策分享。

进入20世纪80年代，受新自由主义以及新保守主义思潮的共同影响，公立学校管理权限即学校办学自主权日益扩大。初等教育作为公共教育的基础一级，除去早期的"强制"色彩，更多地突出了国家的保障职能和学生及其家长的民主权利。家长及其他利益相关者也进一步加大对初等教育政策的参与力度，改变由于权力过于集中而造成学校缺乏生气和质量下降的局面，提高学校管理效能和教育质量。如20世纪80年代，美国各州推出的"特许学校""租赁学校""私人承包学校""家庭学校"，通过鼓励家长和学生的自由择校，以及教师组

---

① 约翰·杜威.民主主义与教育[M].王承绪,译.北京:人民教育出版社,1990:10.

织、社区组织的积极参与，促进学校竞争，加强绩效责任。20 世纪 80 年代以后，英国家长择校的权力也逐步扩大。《1980 年教育法》在国家层面上正式确立了家长在公立学校系统内进行选择的权利。《1988 年教育改革法》、《1991 年家长宪章》、《1992 年白皮书》、《1993 年教育法》、1994 年的《家长宪章》、《1996 年教育法》、《1997 年学校教育法》等进一步扩大了家长择校的权利。同时，随着校本管理的兴起，学校作为主要决策主体，进一步确立自己的办学理想和宗旨，以一套共有的期望、信念和价值来指引学校成员的工作方向和教育活动。学校董事会、学校委员会的民主决策和参与机制发挥重要作用。教育管理与体制政策的民主取向，促进了初等教育办学者、管理者与家长、社会等其他方面关系和谐，为初等教育及小学儿童的和谐发展创造了必要的体制环境。

概言之，初等教育管理及体制政策的民主化，主要包括教育平等以及决策参与和选择性的增强。中国 20 世纪 90 年代开始，积极推进全民教育，促进教育平等。联合国驻华机构 2003 年发布的《中国实施千年发展目标进展情况》报告称，中国小学净入学率从 1990 年的 96.3% 升到 2002 年的 98.6%，已超前实现普及初等教育千年目标。这是对世界全民教育的巨大贡献。在普及初等教育，实现基本的教育平等基础上，如何进一步促进初等教育管理体制和政策民主化，也开始迈出步伐。2001 年以来，我国基础教育课程改革建立了三级课程管理体制，增加了地方课程、校本课程，体现了学生、家长、社区等方面对初等教育的决策参与。但如何进一步确立初等教育学习者在义务教育中的主体地位，尊重儿童个性差异，保护并实现其平等的学习权益，促进城乡、区域及不同家庭小学儿童学业成功的机会均等，初等教育政策还有艰巨的路程要走。我国采取"就近免试入学"政策，这与西方发达国家鼓励选择的政策不同。本人赞成我国在现实条件下应审慎对待择校制，至少在若干年内还是应该坚持就近入学政策。我们不能简单套用发达国家的教育政策，而应进一步发挥政府的职责和作用，加大对包括初等教育在内的义务教育的统筹和领导，促进义务教育均衡发展和教育平等。

四、初等教育目标与质量政策的人本取向

初等教育政策的本体价值诉求，是立足于学生潜能开发、素质提高和能力发展，把尊重、服务和发展人作为一切教育教学活动的基本原则，促进人的和谐发展。然而，这一价值取向的确立与实现，历经了漫长的历史进程。

初等教育最初是以培养掌握"3R"的熟练劳动者为目的，主要根据政治、经济和文化等社会因素厘定的各项政策法规，很少考虑人本身的需要和发展规律。例如，英国在初等教育形成的初期，星期天学校或称"主日学校"主要进行宗教和道德教育，结合学习一些粗浅的读写知识。传教士罗伯特·瑞克斯创办"主日学校"的目的在于"在早期形成关于义务和纪律的概念"，以拯救灵魂、保护财产和安息日的社会秩序，以及使劳动阶级养成严守时刻、遵守纪律、诚实、顺从和自制等习性[①]。现代国家建立后，初等教育同样是以政治、经济和文化的需要为出发点。例如，法国1791年制定的宪法中规定，创立公共教育制度，初等教育的目的是使儿童明白新时代国民应尽的义务，个人行为应遵循的准则，并授予初步文化知识，成为有用的公民。

进入20世纪，随着义务教育年限的延长和国民教育体系的不断完善，中等教育发展使初等教育不再是为儿童直接参加社会劳动、成为合格公民而准备，而是成为与中等教育沟通、适龄儿童共同接受的统一的国民基础教育。初等教育不再是一种结业教育，而是成为整个教育系统的基础一级。尤其进入20世纪50年代以来，初等教育成为基础教育的基础，更加着眼于儿童自身发展的全面性和可能性。各国教育不断提升了人自身的价值，注重儿童身心的发展。而且，社会发展和科技进步使人的道德、情感、交往和相互理解遇到越来越多的问题。在此之下，对人自身的关怀成为一个重要的社会课题。终身教育和全民教育的勃兴，使得初等教育也不再只是为高一级教育作准备，而是作为社会发展和人生发展的重要奠基。此时，"为了每一个儿童的教育和为了社会的教育，为了每

---

① 戴本博.外国教育史(中)[M].北京:人民教育出版社,1990:168-169.

一位学生的教育和为国家发展的教育两者存在着协调的可能"①。从英国学者菲里浦·泰勒对世界各国初等教育目标进行的比较和归纳中可以看出，前两项占了79%。（见表3）这表明初等教育促进儿童智力、体力和道德等方面的全面均衡发展，已成为各国初等教育目标的主体任务和取向。

表3　世界各国初等教育的目标类型分析

目标类型	目标占比
基础知识和技能（即读写算）	41%
使儿童的心智、社会性和道德获得发展的普通教育（即儿童发展的全部潜能）	38%
为以后的教育提供基础（即为下一阶段的教育做准备）	20%
其他目标（包括社会融合、就业技能、爱国主义、宗教灌输等）	1%

从实践看，1986年《第一课：关于美国初等教育的报告》在重组读写算和外语课程的同时，改革社会学科，注重培养儿童具有丰富道德品质，激发儿童探索未来的热情，培养儿童民主价值观、尊重他人、成熟正直的品格和鲜明个性。1996年日本第十五届中央教育审议会提交咨询报告《关于面向21世纪我国教育的发展方向：让孩子们都有"生存能力"和"轻松宽裕"》也提出，今后初等教育的目的和方向是要培养儿童的"生存能力"，包括确实可靠的学力、丰富的人性、健康的体力，形成一种完全人格的整体素质和能力。该报告提出建立能"伸展个性，提供多样性选择的学校制度"，在2002年的新课程中，力求留给学生更多自由发展的空间，创设"儿童梦想基金"，发放"心灵笔记"，通过多样的服务体验活动，培育心灵丰富的人。英国2003年公布的《优秀教学和愉快教学：小学教育发展策略》提出，愉快学习是每一个学生与生俱来的权利，在保持语文、数学课程重要性的同时，为学生提供丰富而有趣味的课程，让每一个学生在自愿基础上都能学习一样乐器。同时，小学必须考虑学生的需求和能力，增强教学的针对性，让每一个学生在升学、转学和学年转换过程中实现平稳过渡。法国规定所有小学必须对学习上遇到困难的学生进行个别辅导，打破年级教学组织形式，把初等教育分成三个学习阶段，按学生的发展水平和学习能力进行小组教学。在班级规模方面，倡导小班教学。总之，作为国民教育体系最基础一级，国际初等教育政策越来越注重社会本位与人本位的价值整合，

---

① 王长纯.比较初等教育[M].北京:首都师范大学出版社,2004:100.

重视儿童个性发展，使儿童的精神、道德、文化、心智、身体各方面得到全面、均衡、自由发展。

就我国而言，20世纪60年代小学教育确立了"双重任务"，即为社会主义建设事业培养劳动后备力量和为高一级学校培养合格的新生。20世纪80、90年代，随着初中教育普及，小学教育选拔和分流功能逐步淡化，培养和发展功能进一步强化，小学生毕业可以免试升入初中。1996年《小学管理规程》规定："小学教育要同学前教育和初中阶段教育互相衔接，应在学前教育的基础上，通过实施教育教学活动，使受教育者生动、活泼、主动地发展，为初中阶段教育奠定基础。"这一规定首次明确小学教育由一直以来的"旧双重任务"向"新双重任务"转变，即不再承担就业准备的任务，而是凸显一种本体性功能——使受教育者生动、活泼、主动地发展和为初中阶段教育奠定基础。

为此，国家出台了一系列约束性政策和鼓励性政策，来对小学教育进行导向和调控。如《关于减轻小学生课业负担过重问题的若干规定》《关于减轻义务教育阶段学生过重课业负担，全面提高教育质量的指示》。但在具体执行过程中，小学教育更多的是作为初中教育以及人才培养和选拔的预备，存在政策错位和失真现象，难以实现小学儿童的生动、活泼、主动发展。党的十六大围绕全面建设小康社会的教育目标，提出建立比较完善的现代教育体系和终身教育体系，建立学习化社会，促进人的全面发展等一系列方针政策。这使初等教育成为基础教育的基础，更加着眼于儿童自身发展的全面性和可能性，不断提升人自身的价值，注重儿童身心的发展，成为儿童生命发展的重要奠基。这种政策取向在《基础教育课程改革纲要（试行）》中得到了充分体现和实践。小学教育不再以"双基"训练和书本知识学习为主要任务，不再作为一种升学预备教育，而是要回归生活、回归小学儿童的灿烂童年，促进儿童全面、和谐、自由、创造性地成长，充满对儿童生命成长的理解、尊重与人文关怀，成为培育儿童丰富人性的精神家园。

概言之，优先、均衡、民主、人本，是国际初等教育政策的四大支柱。它是国际初等教育政策"基于和谐"的价值基点和目标，又是实现这一目标的路径与归宿。我国初等教育虽然有了很高的普及率和巩固率，似乎不再存在什么突出的政策问题，但又成为人民群众普遍的"忧"与"愁"。当前，随着教育体制改革和免费义务教育的深入推行，我国应在新的教育体系和政策理念下，进一步改革和完善初等教育政策，促进初等教育自身结构及其与整个教育体系的和谐发展，促进小学儿童自身的和谐发展，使初等教育成为创建和谐教育、构建和谐社会的重要基石。

普通高中学生发展指导制度的基本架构

《国家中长期教育改革和发展规划纲要（2010—2020年）》指出："建立学生发展指导制度，加强对学生的理想、心理、学业等多方面指导"，并要求"为学生提供更多选择"。建立和完善普通高中学生发展指导制度，是《教育规划纲要》提出的今后一个时期里全面提高普通高中学生综合素质的主要政策举措之一。于是，探索在普通高中建立学生发展指导制度，是普通高中在提高学生综合素质方面迈出的重要一步。

一、普通高中究竟对学生意味着什么①

近期关于高中教育定位的热烈讨论，多是从高中教育的性质、地位、任务及其与社会的关系方面展开的，而稀见从受教育者——高中生的成长及其人生意义方面来认识。事实上，与其他人生驿站相比，高中注定是一个需要小心把握和关键抉择的人生十字路口。无论家长还是学子，都普遍将其视为实现纵向社会流动的人生跳板和成功通道，一点也耽误不得。它——充满着探险的执着、奋斗的艰辛、抉择的痛苦、进退的跌宕，忽而小径通桥，忽而穿越沟壑，忽而漫步坦途，忽而冲过关隘，忽而攀越险峰，实可谓希望与失望交加，选择与放弃纠结，梦想与彷徨同在，压力与动力混合，信心与忧虑伴随。也正因为如此，高中又注定与筛选、甄别、竞争、淘汰、分流为伍。

在这人生的十字路口，向前行，向左转，向右转，还是调头转向，由不得一点停顿、迟疑。似乎，"上大学就有了一切，不上大学就一无所有"。于是，在很多高中学校，课标瘦身为考纲，学业变成了考业，学生变成了考生，学业水平变成了冷冰冰的分数和名次。"只要学不死，就往死里学"成为"最励志"

---

① 本部分内容原载于《教育发展研究》2015年第4期，原题为《高中教育对于高中生究竟意味着什么》。

的口号。在很多人心中，高中成了一间争相装填知识考点的学店，一个分数和名次的角斗场，一张机会与利益的兑换券。进而，这个人生的十字路口，便成了一条无可选择、生怕错过的单行道，一座拥挤不堪、生怕摔下的独木桥。在此之下，高中变成了一段缺乏温情的人生遭遇，一片充满功利的精神荒原，一个没有色彩的成长阶段。

高中教育对于高中生究竟意味着什么？联合国教科文组织在《教育：财富蕴藏其中》中指出："中等学校最难如人愿。因此中等教育不但频受批评，也令人深感失望。"[1]该报告呼吁重新考虑并沟通教育的各个阶段以期望建设高质量的教育体系，建议应将重点放在中等教育改革上。如果说初等教育是每个人走向生活的通行证，那么"应将中等教育设想为每个人生活中的十字路口：正是在这里，青年们应根据自己的爱好和能力决定自己的未来；还是在这里，他们能够获得有助于他们成人阶段的生活圆满成功的能力"[2]。

甚至，他们的未来生活往往在校墙之内就开始有了基本雏形。正因为如此，多样化已成为世界各国高中教育改革发展的普遍趋势。《教育规划纲要》也明确提出"推动普通高中多样化发展"，促进办学体制多样化，推进培养模式多样化，鼓励普通高中办出特色，探索综合高中发展模式，采取多种方式为在校生和未升学毕业生提供职业教育，以满足不同潜质学生的发展需要。

多样化发展意味着高中教育是国民基础教育转入专门人才培养的关节点、枢纽站；高中阶段作为人生的十字路口，是高中生深刻认识自我的定位仪，找到适合自我人生价值的坐标系，确定人生方向的导航仪。特别是，我国日臻完善的现代教育制度体系、全面深化改革的考试招生制度，正在这个人生的十字路口架设高中生通向成功与成才的立交桥，连通九省通衢的人生航道。

首先，作为人生的十字路口，高中教育是高中生人生旅程的一次重要际遇。际遇不同于遭遇、境遇，亦不同于机遇、礼遇。它不是那种物-我、他-我、主-客分离的匆匆过客式的人生态度，而是彰显一种物-我、他-我、主-客的共在共生、淬火交融。高中教育应是师与生、教与学、心灵与心灵、生命与生命的相互交融与淬火，相互激励与期待，相互欣赏与感动。这段际遇与母校、良师、

①联合国教科文组织.教育:财富蕴藏其中[M].北京:教育科学出版社,1996:12.
②联合国教科文组织.教育:财富蕴藏其中[M].北京:教育科学出版社,1996:106.

同窗，与校训、校风、校友，与图书馆、林荫道、田径场，在学习、生活、思想和情感上共在共生、淬火交融。唯有这种深度融入、用心体味的人生际遇，才会使高中教育成为高中生一曲富有生命意义的生活交响，一种分享生命意义的心路历程。

其次，作为人生的十字路口，高中教育意味着人生发展目标的多元、选择的自由与空间的拓展。张文质先生这样说道：十字路口意味着多元、多样，意味着选择的自由。十字路口证明了一种属于每一个人的梦想，有差异、有机遇和值得信赖与忠诚的对未来的肯定。由此，高中教育应当引领学生通向梦想中的大海，去发现人生未来的新大陆。从这里出发，通过建立学生发展指导制度，指导学生向着各自选择的人生目标进发，驶向成功的彼岸，共享人生出彩的机会。

最后，作为人生的十字路口，高中教育在其性质、目标和任务的定位上，应当克服非此即彼的二元式思维惯性，以高中生人生发展目标的多元性、选择的自由度与空间的开放性为指向，进行相应的结构调整和路径分流，从而在根本上纾解高中生的学业压力和发展压力，为青少年一代通过教育实现纵向社会流动，实现每个人的人生出彩和教育民生的普遍改善，打通重要的关节和通道。

二、普通高中学生发展指导制度的基本架构①

普通高中的学制地位之特殊，决定了普通高中学生学业成长与人生发展，需要得到教育上的帮助与指导。这种帮助与指导不仅仅是实践层面的开展，而且需要进一步实现制度化，使之得到更加经常的和完善的保障。

一般而言，制度的形成涵括了制度创造、制度市场、制度精神、制度规则和实施机制五个要素，这些要素动态灵活、充满活力地存在于制度系统之中。毋庸讳言，普通高中学生发展指导制度应具有"制度"的一般性特征。本人着力于从制度的构成要素入手，结合我国的现状，对普通高中学生发展指导制度的现实性、可能性和可行性展开分析，进而求索学生发展指导制度的中国化路径。

---

① 本部分内容原载于《教育理论与实践》2011年第11期，与胡健合作。

（一）制度创造：从"仿学借鉴"到"改创融合"的本土化过程

"制度创造"可以理解为一种制度的"创新"，其内涵是"自觉制定"。在教育改革中，制度是"挂帅"的，"制度创造"作为制度的一个能动要素催生了新制度的生成。学生发展指导制度在国外出现之初是为了解决当时的就业矛盾和心理问题，现在已经发展得相对成熟。其内涵和外延在整体向前发展的同时，也形成了各国独具特色的学生指导体系。目前，几乎所有国家都不约而同地将个人生活、学业指导、心理健康教育和职业指导等内容作为学生发展指导的基础内容，只是在实践中侧重点各有不同。例如，美国强调对学生的"服务"，法国偏向于"择业"。可见，国外的指导体系已经臻于完备，因此，我国在构建之初，"仿学借鉴"国外的相关经验和成熟体系是十分必要的。然而，由于教育制度和文化背景的差异性，我国在学习和借鉴欧美国家成功教育经验的同时，应将这些先进的指导理念本土化。

需要指出的是，"学生发展指导制度"在我国并非"零起点"，作为其前身，"职业指导"早在20世纪20年代便传入我国，并在当时成立了中国第一个以职业指导为目的的官方机构——中华职业教育社职业指导部。但由于历史的原因，这些早期的学校职业指导在我国的影响和辐射的范围都十分有限，内容上也未完成从职业指导到全方位指导的转变。2000年以后，我国的普通高中学生发展指导作为普通高中的一项基本教育职能已经零散地分布在高中学生的学习和生活中。比如，在许多高中进行的心理健康辅导、品德与生活指导和选课指导等，都可以归为学生发展指导的范畴。但是，这些指导多数是隐性地依托在日常教学中，缺乏专业性、系统性和针对性，指导内容也过于单一，无法做到对现阶段高中学生实际诉求的全面覆盖。因此，建立普通高中学生发展指导制度，正是为了打破学生发展指导游离于学校常规运作系统之外的现状，促使现有的学生发展指导实现从"无意"到"有意"、从"零散"到"系统"、从"单一"到"多元"的制度化转变。

诚然，在高中建立学生发展指导制度是一项复杂的系统工程，政策引领、法律保障、学校管理体制完善、师资建设等诸多问题，都需要在借鉴国外经验的基础上不断摸索、适应、改进。我国普通高中学生发展指导制度的现实选择应是将视野拓展到国际，在此基础上寻找适合我国的构建路径，进而实现从"仿学借鉴"到"改创融合"的跨越。

（二）制度市场：以教育需求为导向，为学生提供更多"选择"

制度市场一般包含两层含义。首先，制度要在社会中推广就必须得到社会的认可和权威的确定。其次，制度是"社会成员共同遵守的"，但不是每个社会成员都是制度的遵守者。一种新制度建立之初，遵守的社会成员的多少决定了制度市场的大小，影响了制度本身的效能。同样，普通高中学生发展指导制度能否在高中顺利推行，在很大程度上取决于受益学生群体的规模。反之，受益群体的扩大也会推动制度本身的建设与完善。

在高中建立学生发展指导制度，正是体现了国家的意志，反映了百姓的愿望和广大教育工作者的心声。据不完全统计，截至2009年，我国高中在校学生数量已经达到了4624万人。预计到2020年，高中阶段的毛入学率将达到90%，高等教育大众化也将提高到新的水平。在这种情况下，高中生"考大学"将进一步转变为"选大学"。如何选择适合自己的大学及专业，迫切需要普通高中提供必要的指导。可见，普通高中学生发展指导制度的市场前景和需求是广阔而又巨大的。

（三）制度精神：基于"人的和谐全面发展"的价值诉求

制度精神即制度的灵魂和价值取向，它是"潜藏在制度中一种无形的本质要素"，表明了人们对这种制度的理解和态度，为教育的体制性变革提供了合法性的依据。作为一种新的教育制度，明确而又富有理性的哲学基础和人们"共同的信条"是不可或缺的。

"人的和谐全面发展"是中西方哲学家、教育家乃至全社会关注的问题。回望历史，从苏格拉底提出的"认识你自己"到康德"以人为目的"的"完人"教育思想，再到马克思的"人的全面发展"和杨贤江的"全人生指导"理论，不难看出，从古至今的重要教育思想都是围绕"人的发展"这一中心问题展开的。因此，教育的方向应该是基于对"人性"的价值解析。换言之，能否促进"人的整体发展"是衡量一个国家教育体制是否完备、有效的重要指标。我国传统应试教育中存在着一些具有"误导性"的教育价值观，极大地阻碍了素质教育的实施，其弊端在高中阶段尤为突出。究其根源，是高中教育把学生某个阶段的"价值诉求"凌驾于"人的整体发展"这一"本原价值追求"之上。而学生发展指导制度的提出是我国开始对应试教育进行纠偏所迈出的实质性的一步。关注人本发展，关注学生的发展趋势是我国高中教育发展的一个"不变追求"。

（四）制度规则："内外兼修"的约束方能实现"真正融合"

制度本身是具有强制性的，而制度规则就是其强制性的有力保障。新制度经济学派的代表人物诺斯将制度规则划分为两个层次：正式规则和非正式规则。正式规则即"确定生产、交换和分配的基础的一整套政治、社会和法的基本规则"；而与之相对的，来源于所"流传下来的信息"或"意识形态"就是非正式规则。

就学生发展指导制度而言，正式规则可以大体从国家和学校两个层面来阐释：一方面，国家要为学生发展指导制定相关的教育政策法规，即给予"法理"上的保证；另一方面，学校要根据教育法的规定，将其细化到平时学校的教育管理体制中，并建立一系列与此有关的教育教学制度。非正式规则是从教育价值观念的角度来审视学生发展指导制度，即让所有的社会成员对学生发展指导的必要性达到一种"发自内心"的"深度认同"。事实上，非正式规则的"内生性"特点使其往往比正式规则更加根深蒂固、深入人心，社会影响力也更加持久。在我国高中教育以升学为目的的教育价值观在短期内难以得到改善的大环境下，在普通高中推行学生发展指导制度难免会触碰传统教育的"敏感神经"。因此，普通高中学生发展指导制度要想真正实现与普通高中教育体制的融合，需要得到学校、社会和家庭的理解，对其重要性达成"共识"，形成潜移默化的"认同"。

（五）实施机制：机制是学生指导工作顺利开展的基石

一套切实有效的实施机制是确保教育制度中的正式规则和非正式规则贯彻落实的前提，具体包括以下三个方面：

（1）确立主导者的角色定位。教师作为学生发展指导制度的执行者，准确的角色定位颇为重要。学校需要成立由校长直接领导的指导工作委员会，形成以专业指导教师为骨干，全体教师共同参与的工作体制。为了避免因角色混乱和责任模糊所导致的指导功能的缺失，学校内部要建立专业督导长效机制和自我评估机制，定期对指导教师的工作状况和学校整体指导效能进行绩效评估。

此外，可以考虑根据服务对象的数量和类型对辅导教师进行层级、组别的划分，实现指导效果的最优化。例如，可以考虑将指导教师在纵向上分成三个组（高一至高三），根据不同年级的需求进行有针对性的指导，在横向上划归为发展性、介入性和矫正性三个类别。其中"发展性"为早期的预防性指导，由全体教职员工参与；"介入性"和"矫正性"为中后期的干预性指导，主要由专业指导教师负责。

学生发展指导教师除了需要储备专业知识之外，还需要有乐于奉献的服务精神，并善于从事耐心、细致的工作。因此，学校在引进相关专业指导人员的同时，应立足于学校的实际，统筹规划、夯实学生发展指导教师的在职培训工作。为此，社会和学校需要建立一套专兼职指导教师共同参与的教师培训和资格认证体系。同时，学校内部也要形成教师交流机制，定期对学生指导相关内容和教学活动进行研讨和学习。

（2）明确普通高中学生发展指导的内容。首先，普通高中学生发展指导的核心内容应与该阶段学生的实际诉求相"契合"。个体发展、生命教育、学业成长应是当下我国普通高中学生生活的主旋律。普通高中学生发展指导的核心内容也应该围绕发展、生命和学业三个方面来构建：促进学生开展自我探索，了解自己的兴趣和能力，更好地认识和适应社会；引导学生拥有健康的心态，认识和发挥自身的生命意义和价值；帮助学生有效地应对高中学业，提高其学业成绩和综合素质。

其次，正确处理学生指导和基础知识教学的关系。"应试教育"作为我国传统的教育模式，已经"根植"于学校的教育教学过程之中。智育与分数挂钩，而分数与个人、家庭、学校等利益主体的紧密相关的现象表明，改革现有的教育模式需要"步步为营"地展开，不可能"一蹴而就"地实现。学生发展指导只有与学校教育的基本制度以及相关的社会制度相适应、相配合、相协调，才能从根本上调整其所涵摄的利益关系，进而发挥其应有的功能①。

最后，普通高中还应努力将学生发展指导的内容融入学科教学过程之中，注重与每个学生的自身发展相联系，努力消弭二者的张力，实现学生发展指导与基础学科课程的"契合"。

（3）合理选择普通高中学生发展指导的方式。在我国，普通高中学生发展指导应在现有的教育方式基础上，充分借鉴国外先进的指导理念和科学方法，补己之短。一方面，对于我国传统的优秀教育方式，如课外活动陶冶法、生活日记教育法、班队活动法、家庭访问法等，要继续保持和发扬。另一方面，对于在国外学生指导过程中常用到的宣泄法、当事人咨询法、资料数据的收集和处理法以及各种评价和测验量表等，要批判性地借鉴、吸收并合理地运用，让指导方式更加科学、客观、有效。

在学生发展指导体系中，必须整合学校、社会、家庭等多方面的力量和资源。就学校内部的指导而言，要善于利用"全校整合法"，让全体教职人员能在"促进学生发展"这一共同理念的指导下，将学生发展指导工作落实到教育教学的每一个环节中。在校外，要建成包括家庭、学校、科研单位和社会服务机构等要素组成的多方合作机制，实现学生发展指导的提供模式多样化。一言以蔽之，学生发展指导制度唯有通过不同组织的紧密合作、互相协助，彼此形成"合力"，方能成为促进学生健康成长的"催化剂"，使关怀和指导真正充溢于学生成长环境的每一个角落。

---

① 阮成武.基础教育改革如何在基本制度上突破[J].中国教育学刊,2009(12):7-10.

第二章　基础教育治理现代化研究

我国"泛基础教育"制度设计的反思与重建①

新时期以来，我国基础教育进行了一系列持续深入的改革，在很多方面都取得了突出的进展和成就。然而不容忽视的是，这些进展和成就与国家建设人力资源强国的要求相比，与人民群众希望获得更加平等的受教育机会，接受更高质量的教育，切实让子女成人成才的要求相比，还有很大差距。基础教育改革存在或出现的这些问题，有着各种复杂的内部和外部原因，但与基础教育自身的制度设计不无关系。尤其是，现行许多改革是在基础教育的一些次级制度上进行操作，尚未触及基础教育的基本制度层面。

诚然，教育制度是一个国家所确定的教育目的、方针和开展教育活动的各种机构的体系构成和运行规则的总和，具有一定的类型和层次性。其中，一部分制度作为由法律保障实施的基础性制度，即国家实行的教育基本制度，其他各种制度则作为派生的次级制度或辅助性制度。这些基础性制度构成一种既定的制度环境，对次级制度有着直接或间接、显性或隐性的制约作用。《中华人民共和国教育法》（简称《教育法》）规定，我国实行的教育基本制度包括学校教育制度、九年义务教育制度、职业教育制度、成人教育制度、教育考试制度、学业证书制度、学位制度、扫除文盲的教育制度、教育督导和教育评估制度等。问题在于，我国现行的基础教育作为这些教育基本制度派生的一种次级制度，

① 本节原载于《教育发展研究》2009年第8期，原题为《我国"泛基础教育"制度剖析》。

与国家实行的教育基本制度确立的制度框架不相一致。本人2005年在《基础教育培养目标多元整合论》一文中就曾提出，我国基础教育与国际上基础教育的内涵和外延存在差别，不可混同，即我国的基础教育包括了普通高中教育。这种制度设计形成一种横跨义务教育与非义务教育两种类型，纵跨学前教育、初等教育与中等教育三个层次的"泛基础教育"。这种"泛基础教育"制度设计由于缺乏必要的基础性制度作为制度保障，制度运行成本高，成为基础教育改革难以突破的重要"病灶"之一。本节试图进一步对这种"泛基础教育"制度设计进行历史与理论反思，为基础教育改革在基本制度上寻求突破提供新的思路与对策。

一、制度壁垒："泛基础教育"外延泛化造成学制系统的关隘

"基础教育"在国际上是一个特定的概念，世界各国对纳入基础教育的教育阶段和范围都是非常审慎的。1947年，联合国教科文组织建议，基础教育是各成员国对人民实施的最低限度的教育。1997年，联合国教科文组织召开的第29届教育大会批准的《国际教育标准分类法》中，基础教育包括两个阶段，第一级教育——初等教育，作为基础教育第一阶段；第二级教育第一阶段——初级中学教育，作为基础教育第二阶段。显然，这两级教育是由国家保障的每一个公民应当享受且不可放弃的基本权利与义务，一般与义务教育重合。

在我国，"基础教育"是一个相对的概念，反映了人们对于被纳入其中的这部分教育之于社会发展和个体发展意义和价值的一种理解与判断，其范围和程度是不断扩大和提升的，存在外延泛化和功能僭越的可能性。1985年《中共中央关于教育体制改革的决定》所提出的"实行基础教育由地方负责、分级管理的原则"，主要针对的是九年义务教育，并未包括学前教育和普通高中教育。1990年顾明远主编的《教育大辞典》定义基础教育"亦称'国民基础教育'，是对国民实施基本的普通文化知识的教育，是培养公民基本素质的教育，也是为继续升学或就业打好基础的教育。一般指小学教育，有的包括初中教育"[①]。1993年《中国教育改革和发展纲要》提出，"以九年义务教育为基础，大力加强

---

① 顾明远.教育大辞典(第一卷)[M].上海:上海教育出版社,1990:71.

基础教育"，开始将学前教育和普通高中教育纳入基础教育范畴，提出构建基础教育、职业技术教育、成人教育和高等教育四位一体的面向21世纪的教育体系。于是，我国学制系统中的中等教育被分化为两块，一部分归为基础教育——普通高中教育，一部分归为职业技术教育——中等职业技术教育（职业初中和职业高中）。2001年《基础教育课程改革纲要（试行）》明确提出，基础教育"新的课程体系涵盖幼儿教育、义务教育和普通高中教育"。2001年《国务院关于基础教育改革与发展的决定》在坚持以普及九年义务教育和扫除青壮年文盲作为教育工作"重中之重"的同时，提出"大力发展高中阶段教育、促进高中阶段教育协调发展"和"重视发展学前教育"，"泛基础教育"制度设计更进一步确立。

这样一来，我国基础教育的外延在原有基础上被大大扩展和泛化了，成为与职业技术教育、高等教育和成人教育并列的一种"泛基础教育"——横跨义务教育（小学和初中）与非义务教育（幼儿教育、普通高中教育）两种类型，纵跨教育法规定的学制系统中的学前教育、初等教育和中等教育三个层次。看上去，我国基础教育的水准比国际水准甚至比发达国家还要高，但这并不能代表实际水平的高低。值得重视的是，我国1995年颁布的《教育法》通篇没有出现"基础教育"一词，其确立的教育基本制度并未包括基础教育。基础教育改革中出现的种种问题及政策失效的根本原因之一，正是由于基础教育并非一项独立的教育基本制度，而是关涉几种教育基本制度，它们之间既相互联系和牵制，又有相互隔离和分界的地方。这必然导致我国"泛基础教育"制度设计中，不同教育类型和阶段的教育属性与法律保障各不相同，政府及教育主管部门所制定的相关政策措施难以涵盖不同类型和阶段的基础教育，造成制度壁垒。即，针对义务教育制定的相关政策与法律，对非义务性质的基础教育就没有了效力，或难以实施；同样，对基础教育某一阶段有针对性的政策，对另一个教育阶段可能就失去了效用。这就造成基础教育不同类型和阶段之间充满拥塞、关隘，集中表现在"小升初""初升高"考试与选拔的过程中，类似于高速公路网中存在过多的"收费站"和"断头路"。而且，同一个国家的不同区域、不同城乡的儿童青少年，实际享受着不同性质类型和水平层次的基础教育，即大中城市及发达地区中小学生所享受的基础教育已经涵盖以上各个阶段；而一些欠发达地区的孩子却只能接受到基础教育中的九年义务教育（甚至还不完整，有的从初中阶段就进入了职业初中），而难以获得良好的学前教育和普通高中教育。

二、本体回归：基础教育应成为普惠全体人民的国民基础教育

"泛基础教育"制度设计不仅带来理论上和学制系统的混乱，而且造成教育政策理念和制度安排上的错位。实现基础教育改革的突破，需要缩小现行基础教育的外延，把尚不具备条件的学前教育和普通高中教育从基础教育中划出。待国家将来把学前教育和高中教育纳入义务教育范畴，再相机将其纳入基础教育，作为国民基础教育的范畴。在现阶段，将基础教育与现行的九年义务教育制度重合起来，增强基础教育的基础性、同质性和普惠性，消除现行基础教育不同类型、阶段之间的相互掣肘和冲突，拆除基础教育自身存在的制度堡垒。从而使基础教育在学校教育制度和九年义务教育的共同支撑和保障下，逐步摆脱对高一级教育的依附地位，获得自身的独立价值，成为国家对全体人民实施的普惠的国民基础教育。当然，这种本体回归不只是一种理念追求或具体的实践活动（如课程改革、减轻课业负担、进行考试与评价改革等）能够实现的，而是需要通过系统的制度设计与安排。

美国学者特纳将现代社会的教育制度分为赞助性制度和竞争性制度两种①。这种教育制度分类为反思我国"泛基础教育"存在的某些弊端和缺陷提供了新的方法和视角。表面看上去，我国基础教育表现出很明显的竞争性制度特性，但深入分析则不难发现，这种竞争性制度背后有着突出的赞助性制度特性，即学生的家庭背景——户籍、居住地、父母职业及收入状况成了一组重要的赞助性因素，直接制约着学生接受基础教育的机会。与此同时，新中国建立的学制系统在发扬单轨学制传统、保证劳动人民子女受教育的平等权利的同时，又表现出典型的双轨制特性。这就是贯穿在整个学制系统中的学校等级制度——普通学校与职业学校的等级区分，重点学校与非重点学校的等级区分，公立学校与私立学校的等级区分，城市学校与农村学校的等级区分，还有一种基于教育

---

① 拉尔夫·H.特纳.赞助性流动、竞争性流动和学校教育[M]//张人杰.国外教育社会学基本文选.上海：华东师范大学出版社,1989:91.

中的地方保护主义的地区性分割①。这种严密的学校等级制度与学生家庭背景——户籍、居住地、父母职业及收入状况等赞助性因素捆绑在一起，使学生在接受教育的起点和入口处就被体制性分化了——主要由赞助性因素（户籍、居住地、父母职业及收入状况等）把他们分化到普通学校和职业学校、重点学校和非重点学校、公立学校和私立学校、城市学校和农村学校。学生从小学入学到升初中，本应当是无障碍的"直通车"——免试入学、免收学杂费，但由于不同学校在办学条件和质量上的巨大差异而导致家长们选择的困惑，"小升初综合征""择校热"现象有增无减。由此，作为基础教育的义务教育阶段，本应成为共享性、非排他性的公共物品——免试、免费，却变成竞争激烈的拥挤性、排他性物品了。在初中升高中的关口上，在考试分数发挥作用的同时，那些拥有权力和金钱的家长则可能通过赞助性因素为孩子争取到重点高中扩招和借读的机会。

由"泛基础教育"向"国民基础教育"的本体回归，旨在祛除基础教育制度设计中的赞助性特性，增强基础教育的公平性与普惠性，使之成为全体人民普遍享受、不可放弃的一项基本权利。有学者将基础教育的这种基本权利概括为两点：第一，平等地接受基础教育，是每个人都具有的基本权利；第二，这种权利不能是依靠个人的行为或其他资源，通过"交换"而获得的，它必须是通过政府的行为来实现的②。作为"国民基础教育"，基础教育应由国家在九年义务教育的法律和制度保障下，改变目前的学校等级制度所造成的学制系统中的制度性差别，为每一位公民提供平等的教育机会，真正实现全体人民"学有所教"的民生目标。

在将基础教育定性为国家为全体人民提供的普惠性的教育服务之后，我们应当重新思考基础教育作为"国民基础教育"的目标定位。联合国教科文组织在《教育：财富蕴藏其中》中勾画了"从基础教育到大学"的目标任务，指出基础教育作为每个人"走向生活的通行证"，任务是"每一个人（无论他是儿童、青少年还是成人）都应当获益于旨在满足基本学习需要的受教育机会。基

---

① 康永久.教育制度的生成与变革：新制度教育学论纲[M].北京：教育科学出版社，2003：345.

② 谢维和.简论基础教育的价值和学校的责任[J].教育研究，1997(5)：50.

本学习需要包括人们为生存下去，为充分发展自己的才能，为有尊严地生活和工作，为充分参与发展，为改善自己的生活质量，为做出有见识的决策，以及为继续学习所需的基本学习手段（如识字、口头表达、演算和解题）和基本学习内容（如知识、技能、价值观念和态度）"。这种教育就是"普遍提供一种适合于所有人的教育，它既能使人们为今后的学习打下坚实的基础，也能使人们获得积极参加社会生活的基本能力"[①]。

我国的"泛基础教育"一直承担着既定的"双重任务"——为高一级学校输送合格人才，为社会输送合格劳动者。这使基础教育从小学、初中到高中，都充满着选拔性，一部分学生获得继续升学的机会，另一部分则被淘汰而加入劳动后备大军。这样，基础教育被捆绑在精英教育体系上，成为一种旨在以升学为核心的"人才教育"，难以成为"国民基础教育"。学校担负着一种筛子的任务，从小学各年级开始，一直进行到以后各个教育阶段，为挑选未来的杰出人才而进行筛滤[②]。20世纪80年代中期，随着"普九"目标的确立与强力推进，基础教育的"双重任务"面临培养人才、就业准备与提高全体学生素质的激烈冲突。与此同时，社会发展和进步对全体国民的基本素质要求也越来越高。在此之下，基础教育出现两种新的培养目标论：一种主张"中小学基础教育是提高民族素质，培养社会主义合格公民的国民基础教育"（简称"素质教育论"），进而发展成为影响深广的"由'应试教育'向素质教育转轨"的素质教育政策的确立与推行；另一种则认为，基础教育（尤其是农村基础教育）应通过"农科教""经科教"统筹，实现普通教育与职业技术教育的结合，由单纯的"升学教育"转向为当地经济建设服务兼顾升学的轨道上来（简称"就业准备论"）。这两种培养目标论的价值取向虽然不同，但共同点都是要通过"转轨"来缓解升学竞争的巨大压力。然而，无论哪一种"转轨"——"素质教育论"抑或"就业准备论"，都难以实现其"转轨"的目的。其根本原因在于"泛基础教育"制度设计造成基础教育培养目标和功能的僭越。

因此，回归本体的"基础教育"不再像现行"泛基础教育"，需要进行多次

① 联合国教科文组织.教育：财富蕴藏其中［M］.北京：教育科学出版社，1996：109-110.
② 联合国教科文组织.学会生存：教育世界的今天和明天［M］.北京：教育科学出版社，1996：87.

的选拔淘汰、升学与就业的分流，而应承担单一的任务——培养合格公民，成为"国民基础教育"，而不是一种人才教育。事实上，教育部2008年将原先的基础教育司分化为基础教育一司和二司，前者专司义务教育的管理，后者专司高中教育和学前教育的管理，这已经露出"泛基础教育"制度重建的端倪。

三、畅通接口：建立和完善基础教育灵活开放的分流机制

"泛基础教育"制度设计的弊端和缺陷，还表现在教育分流机制比较单一，相互之间隔离，学生被挤压在一个封闭而拥塞的出口处——统一的中考与高考，如"春运"高峰般的景象有过之而无不及。所不同的是，"春运"阻滞的只是旅途的行程或归期，而中考、高考所把持的是千百万学生向上流动的阶梯与道口。因此，克服"泛基础教育"制度设计的弊端，不仅需要从基础教育自身制度方面进行调整与完善，而且应对基础教育相关的整个学制系统进行"疏浚"，尤其是建立基础教育后的多元化分流机制，为疏通基础教育与其他教育阶段的接口创造制度环境。

（一）确立高中阶段教育独立的学制地位并促进学校类型的多样化

在教育现代化水平比较高的国家和地区，在基础教育完成后，学校类型、培养目标及学生的选择与分化是多样灵活的。1997年联合国教科文组织通过的《国际教育标准分类法》规定，第二级教育第二阶段即高中教育，从横向上按其各自不同的课程计划划分为A、B、C三种教育类型；从2A到3A是纯为升学准备的普通学科型；从2C到3C是为进入劳动力市场准备的直接就业型；从2B到3B则是介于A、C两类之间的中间型。学生分别经由"2A—3A—5A—6B""2A—3B—5B""2B—3C—4B"再进入劳动力市场，或经由"3B、3C"进入"4B"进入劳动力市场，或由"2C"直接进入劳动力市场。这5种不同路径之间既分化又相互衔接。与之相应的是，基础教育完成后的中等教育在办学定位及学校类型上是多样化的，考虑的是如何更好地适应学生多样化的发展需要。与此同时，学生学习或就业的选择也比较灵活，机会较多，压力较小。

改变我国"泛基础教育"的制度设计，应将现行的普通高中教育从基础教

育中独立出来，并与中等职业教育统筹整合，发展成为高中阶段教育。为此，国家应在法律和政策上确立高中阶段教育独立的学制地位，并进行系统的制度设计与安排，促进高中阶段教育的多样化。这样，不仅使基础教育实施素质教育有了高中阶段作为"缓冲伐"，而且也使学生在基础教育后有了合理分流的"路由器"。具体言之，在现有的普通高中和职业高中基础上进一步发展综合高中。学生在基础教育之后，可以通过普通高中与职业高中进行一次分流，综合高中阶段进行二次分流。同时，还应建立普通高中、职业高中与综合高中一定范围的学分互认及转学机制，使学生有较为灵活的三次选择和分流机会。这样，学生就有了多种发展路径和选择机会，高中阶段教育由拥塞不堪的"瓶颈"，转变为与各级各类教育及劳动力市场接口的"路由器"。

（二）改革教育考试和人才选拔制度，为学生成才就业和人力资源合理配置创造制度条件

根据《国际教育标准分类法》，现代社会的人才分为"知识型"（A型）人才、"知识—技能型"（B型）人才、"技能—知识型"（C型）人才、"技能型"（D型）人才四种基本类型。现代国民教育体系中应当形成与之相应的四类人才培养体系和考试选拔机制，包括A型教育体系（普通中小学教育和普通高等教育）、B型教育体系（中等专业教育和高等职业教育）、C型教育体系（技工教育和培养"双高"人才的高等技术教育）、D型教育体系（以培养艺术、表演、体育、竞技等特殊人才为目标的技能教育）。具体言之，基础教育完成后，在设置普通高考的同时，设置多种类型和标准的高等学校入学考试，根据社会需要和社会成员自身需要，在高中阶段以及高等教育阶段加强合理分流，形成涵盖各地区，各个产业、行业、专业领域和各种职业的教育考试和人才选拔制度，使从事各种职业和行业的社会成员，都能够享受到国家所赋予的教育权利，形成与自身利益相关的就业和创业能力。由此，教育不再是面向少数学生，成为他们升学考试的"独木桥"，而是他们与社会需要相连通的成才就业的"立交桥"。

（三）实行学业证书与职业证书并重制度，完善以能力本位和职业资格本位的用人制度

一方面，消除学历歧视现象，按照《教育法》确立的学业证书制度，无论

普通教育还是职业教育、成人教育，同一层次的学历应该赋予等值和等价性；另一方面，通过相关法律规定，纠正用人过程中的院校歧视、第一学历歧视现象，进一步完善以能力为本位的人才录用和干部选拔制度。同时，在各行各业劳动用工中，建立统一的技术资格制度，在全社会实行学业证书与职业资格证书并重的制度。从业者无论接受的是普通教育还是职业教育，只有具备相应的技术资格，才能享受相应的工资待遇。这些基本制度的建立与完善，将从根本上缓解基础教育阶段的压力和负担，为基础教育改革和学生健康发展提供合宜的制度环境。

由冲突到分享：素质教育政策新视角①

马克思指出："人们奋斗所争取的一切，都同他们的利益有关。"②"'思想'一旦离开'利益'就一定会出自己的丑。"③应试教育及其自发形成的运作体系，正是基于私益诉求为主导的利益导向和驱动。素质教育政策自确立以来，一直是围绕"为了什么"即"什么素质最有价值"开展政策活动，形成"由'应试教育'向素质教育转轨"的政策目标及技术路径。而作为一项纲领性教育政策，它却忽视"为了谁"这样一个核心问题——即"为了国家和社会，还是为了家庭和个人"的利益关系处理与协调，追求公共利益而疏于对学习者及其家庭的教育利益的关注。这使得素质教育政策目标和技术路径倾向于公共利益，而实践过程和结果却在应试教育驱动下偏向学习者及其家庭的私益诉求一方，造成公共利益危机。诚然，国家制定和实施教育政策的根本目的，是对不同主体的教育利益进行调整和分配④。面对社会转型及由此产生的利益转型，素质教育政策必须进行国家利益、社会利益和个人利益的重新配置，实现教育利益由冲突走向各种教育主体的利益分享。

一、利益转型：素质教育政策面临的现实挑战

计划经济向社会主义市场经济的转型，推动了我国政治、经济、社会、文化、教育领域的深化改革。转型的一切问题说到底都是围绕利益展开的，转型其实就是利益的转型，所谓改革就是利益的重新调整与分配。当代中国学校教育改革的推进和政策制定，正是为了实现更大的公共利益，满足更多人的利益

---

① 本节原载于《中国教育学刊》2008年第3期。
② 马克思，恩格斯.马克思恩格斯全集：第一卷[M].北京：人民出版社，1995：82.
③ 马克思，恩格斯.马克思恩格斯全集：第二卷[M].北京：人民出版社，1957：103.
④ 刘复兴.教育政策的价值分析[M].北京：教育科学出版社，2003：38.

需要①。社会转型和教育转型的实质，正是基于教育政策和制度变迁的利益转型，促进教育利益在不同利益群体之间的重新分化和组合。

（一）素质教育的国家和政府利益立场

国家和政府实施素质教育，是要最大程度地实现教育的公共利益，实现全体学生的全面发展和民族素质的整体提高。其中，无论是培养合格公民、提高民族整体素质的大众取向的素质教育，还是培养具有创新精神和能力的优秀人才的精英取向的素质教育，都是国家利益和社会利益的需要。国家和政府有责任进行一种"制度整合"，防止出现"公地的悲剧"。然而，这种公共利益不一定在各个社会群体、组织、阶层和个体之间平均分配。政府往往采取一种非均衡化政策，旨在实现重点突破和优先发展。这固然满足了国家利益、社会利益，也满足了特定个体和群体的教育利益，但在一定程度上却影响了另一些群体、阶层和个体的教育利益。

（二）素质教育的学习者及其家庭利益立场

学习者及其家庭的教育利益诉求通常是以私益为主导的。学习者通过接受相应的教育，形成特定的素质和能力，为未来取得一定的成就、收入、财富和地位，实现社会流动和分层。家长更是希望孩子通过读书升学获得更高的文化资本和社会资本，取得就业和发展的竞争优势。就现实而言，经济结构的转型促进产业结构调整和技术改造，下岗和待业人群增加，就业机会稀缺，生存竞争日趋激烈；而招工用人、人事调动、职称评比、人才引进等方面，大多又是以"学历"而非"素质"作为衡量标准。这就强化人们对文凭、分数、升学率及优质教育资源的追求，而不是素质的提高。

（三）素质教育的学校和教师利益立场

学校和教师一方面代表和实现国家意志，维护教育正义和教育公平，肩负着公共使命；另一方面，无论公办还是民办，义务教育还是非义务教育，学校

---

① 李家成.学校教育是一个利益场："利益"视角下的学校教育[J].安徽教育学院学报，2003(2):3.

和教师又面临市场竞争和实现自身利益的挑战，以求自身的生存和发展。由此，学校和教师在维护和实现公共利益的同时，又必须尽力满足"顾客"——学习者及其家庭的教育利益诉求。而学习者及其家庭通常是把所选择的学校和教师能否带来其私人利益最大化作为杠杆的。由此形成学校的部门利益和教师的个体利益诉求与其担负的公共使命之间的矛盾和冲突，造成教育公共性的问题。

总之，教育转型正在使不同利益群体之间的教育利益，经由平衡状态转向矛盾、冲突再走向新的分化和再分配的过程。素质教育政策正面临这种利益关系的转型，以及由此带来利益主体之间利益冲突的挑战。如何合理建立新的教育利益关系，形成新的教育利益格局，是新时期素质教育政策要解决的核心问题。

二、利益冲突：素质教育政策失灵的根本原因

教育政策对不同政策主体的教育利益分配，主要包括教育权利、教育机会、教育资源分配与安排，以及个体或群体发展水平与资格的认定与赋予。这些往往成为学习者实现社会流动和成层，获得一定成就、财富和地位的社会资本和文化资本。现行素质教育政策在国家、社会利益方面以及促进全体学生的和谐、全面、公平发展方面，提出了一整套政策目标和措施，而在涉及学生个人利益的入学、考试、升学、就业的权利和机会等政策安排上，往往显得空泛而笼统，缺乏有效性。例如《中共中央 国务院关于深化教育改革全面推进素质教育的决定》提出，受教育者要"坚持实现自身价值与服务祖国人民的统一"，素质教育要"坚持面向全体学生，为学生的全面发展创造相应的条件，依法保障适龄儿童和青少年学习的基本权利，尊重学生身心发展特点和教育规律，使学生生动活泼、积极主动地得到发展"。但整个政策文本四大部分26条中，绝大多数是教育目标、内容和过程如何改革，以扩大素质教育的公共利益。显然，这些政策措施不能满足学习者及其家庭对私益的诉求，他们不会放弃私益诉求而去接受旨在满足公共利益的素质教育，而更愿意在应试教育的苦苦奋争中，达到私益诉求的最大满足。所谓应试教育与素质教育之争，实质是公共利益与私人利益的博弈与冲突。

（一）教育目的取向的利益冲突

素质教育政策在培养目标上要求面向全体学生，实现学生全面发展，培养一大批拔尖创新人才、数以千万计的高级专门人才和数以亿计的高素质劳动者。为此，国家采用精英取向和大众取向两种素质教育。一方面，高等教育实施"211 工程""985 工程"，基础教育实行"重点校""示范校"政策，以集中优质教育资源和优秀生源，为国家培养和选拔优秀人才。与此同时，大力普及九年义务教育，调整中等教育结构，发展中等和高等职业教育，培养数以亿计的高素质劳动者和一大批高技能人才。这两种不同取向的素质教育对不同教育组织、家庭和个体来讲，其私益的实现程度是不均衡的。于是，很多学校把国家对培养合格公民所提出的素质要求和评价标准放在一边，当成软性指标，而在部门利益驱动和竞争压力下更多地追求学习者个人发展目标的实现。很多家庭则把精力和财力花在孩子的知识学习和升学应试上，期望孩子学习好，上名牌大学、上重点大学。这种过于功利化的"精英—私益"的目的取向，导致教育公共性弱化。

（二）教育机会选择的利益冲突

当下，无论基础教育还是高等教育的入学机会，都比以往有了巨大增加。1977 年高考报考人数为 570 万人，录取 27 万人，录取比例为 29 : 1；经过 30 年的发展，2007 年高校计划招生就达到 567 万人，录取比例为 2 : 1。部分省份应届高中毕业生 70% — 80% 都能进入高校学习。然而，在"精英—私益"目的取向驱使下，很多家长并不满足于国家所提供的"非竞争性和非排他性"的教育机会，而是通过志愿机制，高薪为孩子聘请"家教"，不惜巨资择校、上"班"，使孩子接受理想中的"优质"教育。在高等教育机会选择上，学习者及其家长普遍存在一种精英情结，甚至非名牌、非重点不入。

（三）教育实践过程的利益冲突

《中共中央　国务院关于深化教育改革全面推进素质教育的决定》规定，素质教育"必须把德育、智育、体育、美育等有机地统一在教育活动的各个环节中"，"使诸方面教育相互渗透、协调发展，促进学生的全面发展，健康成长"。然而，很多学校、学习者及其家长越过这种政策要求，而对国家规定的课程标准和教育内容进行一种轻重主次的排列和取舍。例如，国家要求德育为先，促进学生全面发展，很多学校和家庭则施以分数为目的的"应试教育"，放松甚至放弃德、体、美方面的培养和要求。在教育内容上，往往注入一种功利化和个人主义价值精神。例如，素质教育重视培养学生爱国主义、集体主义精神和社会主义信念，形成社会责任感；而在实际过程中，很多学校和家长给学生灌输的却是个人奋斗的"竞争技巧"，上特长班、兴趣班，不是从培养审美情趣和素质出发，而是为孩子未来成为"家""星"做投资。

（四）教育服务关系的利益冲突

在素质教育政策下，学校和教师代表一种公共使命和公共理性，即所谓"社会代表者"，接受国家和教育主管部门的委托和授权，贯彻国家教育方针，促进学生的全面发展和个性发展。而学习者及其家长则把能否带来其私人利益最大化作为选择学校和教师的唯一杠杆。甚至，一些家长联合发起盲目的集体行为，要求学校多布置作业、节假日补课、集体上晚自修、加大考试难度、延长学习时间等，否则就以退学或转学相胁迫。面对公共使命与学习者及其家长利益诉求的冲突，一些学校和教师往往进行变通和妥协，上演所谓"素质教育轰轰烈烈，应试教育扎扎实实"的双簧戏。

三、利益分享：素质教育中利益关系的制度变革

素质教育政策忽视"为了谁"———"为了国家和社会，还是为了家庭和个人"之间的利益关系及转型，所进行的种种改革举措都难以彻底撼动应试教育大厦。由应试教育向素质教育"转轨"难以落实，症结就在于素质教育政策上的公共利益至上和利益主体单一化，没有适应社会转型形成的教育利益主体多元化的利益格局。基于此，素质教育政策的核心问题是要通过制度性变革，实现教育利益由公共利益至上走向多种教育利益主体之间的利益分享。

（一）消弭公共利益与个人利益的隔离与对立，实现素质教育的公利私益

传统上，公益与私益一直处于对立状态。而在现代宪法保障基本权利的理念下，无条件地牺牲人民基本权利以满足公益的绝对性已面临挑战。新制度经济学认为，个人为了自己的私利而行动是人类行为的一个基本前提[①]。人性中的利己因素驱使人们自爱、自重，寻求自我发展和自我价值的实现。从制度分析的角度而言，一种社会形态具有更强的生命力，就在于这种社会形态的制度能够更好地协调个人私利与公共利益的关系，能够将个人追求私利之行为最终导向在使个人私利实现的同时亦增进社会公共利益[②]。基于此，新制度教育学提出，教育制度归根到底来源于个人的利益追求及其过程中的成本—收益计算（理性计算／估算）。任何教育制度都是以个人利益为根基的[③]。素质教育政策作为一种制度设计，应当将学习者及其家庭的私益诉求公开化、合法化，通过制度安排使之与其他利益关系取得一种协调，实现公利私益。即在政策安排上，容纳、承载学习者及其家庭的教育利益诉求，不断扩展这种利益空间，将公共利益转化为学习者及其家庭私益诉求的实现。为此，在制度设计上，素质教育政策应改变政府与公民（学习者及其家长）之间的强制性关系，建立一种"委托—代理"的教育服务关系，使学习者由"受教育者"成为追求和实现自身教育利益的利益主体；转变学习者与学校之间的规制性关系，建立彼此双向的责权主体关系，确保学习者对教育内容、方式的选择权和自主权；改变政府、学校对教育的垄断地位，确立家庭及家长在教育机会上的选择权和教育过程的参与权。

素质教育政策的制度变革，包括"增量改革"和"存量改革"[④]。前者如增加教育经费投入，普及高中教育和促进高等教育的大众化，大力发展民办教育等，为素质教育创造良好的制度环境和资源条件。而更加实质性的变革是后者，

①柯武刚,史漫飞.制度经济学:社会秩序与公共政策[M].韩朝华,译.北京:商务印书馆,2000:21.

②高兆明.制度公正论[M].上海:上海文艺出版社,2001:119.

③康永久.教育制度的生成与变革:新制度教育学论纲[M].北京:教育科学出版社,2003:129-130.

④康永久.教育制度的生成与变革:新制度教育学论纲[M].北京:教育科学出版社,2003:46.

即对现有教育利益关系格局进行调整和再分配。长期以来，普通学校与职业学校的等级区分，重点学校与非重点学校的等级区分，公立学校与私立学校的等级区分，城市学校与农村学校的等级区分，以及基于地方保护主义的区域性分割，构成学校体系的一种等级制度①。这种由制度形成的学校等级局面，不仅与素质教育"面向全体学生，促进全面发展"目标相冲突，也导致素质教育的外部收益（公共利益）优先，而内部收益（个人利益）动力不足。因此，素质教育政策应对这种等级区分的双轨体制进行结构性变革，促进各级各类学校的均衡化、多样化和综合化发展。由此，学习者才能共享平等的基本教育机会，并通过公平竞争和志愿选择，获得优质教育和特色教育机会，促进公益向学习者及其家庭的私益转化。

（二）对学习者及其家庭教育利益活动进行引导和规制，实现素质教育的私利公益

学习者及其家庭对教育的私益诉求，主要包括就业机会、福利待遇、学习条件等经济利益，身份、地位、理想、信条、名誉、权利、资格等政治—文化利益，以及能力、成就欲望、自信心、内在平静等内在精神利益②。其中一部分具有自利性和独占性，他人无法分享；一部分与国家、社会等公共利益交叉一致，实现私益的同时也实现公益；一部分则由个人创造而流入集体或社会之中，成为溢出部分；还有一部分存在着有悖甚至损害他人、集体和社会利益的可能性。诚然，"以往的素质教育在实践中重视和强调公共取向和公共利益上是不够的。在某些地方和学校基础教育的改革与发展中，素质教育的个体取向存在着被放大、甚至绝对化的现象和问题"③。

为此，国家和政府应通过制定法律与政策，建立一种体现国家意志和公共利益的"公共性框架"，对学习者及其家庭的个性化、选择性利益诉求进行一定的引导与规制，不任其扩张膨胀，误入私事化的泥沼。具言之，在教育目的、内容及质量评价等方面，对学校、教师、学习者及其家长进行引导，切实贯彻

① 康永久.教育制度的生成与变革：新制度教育学论纲[M].北京：教育科学出版社，2003：345.

② 康永久.教育制度的生成与变革：新制度教育学论纲[M].北京：教育科学出版社，2003：133.

③ 谢维和.素质教育的两种取向及其选择[J].中国教师，2006(1)：5-6.

国家教育方针，遵守公共价值观念和社会行为规范，实施国家课程标准，培养公民基本素质；进而使学习者在实现私益的同时，也肩负起公共使命与社会责任感，自觉关注、维护和实现国家利益和社会利益。因为"只有为社会提供了某种服务，满足了社会上的某种需求，才能使自己的私利得到满足，才能得到别人提供的服务，从而每个人利己的动机都能在客观上起到利他的效果，为私的行为能达到增进公益的目的"[①]。

（三）素质教育的利益分享，应通过教育制度创新得以实现

所谓利益分配，是政府及教育主管部门确立一定"标准"进行切割与配置，形成明显的利益差别。利益分享则试图限制这种利益差别，既坚持效率优先的绩效原则，也体现利益均衡的公平原则，以实现多种利益主体的利益互惠与共赢。在制度建设上，利益分享需要在政府主导下加强不同利益主体之间的交流与互动，促进政府、学校、社会、学习者及其家长的对话与协商，扩大社会、学习者及家长对教育利益配置的知情权、选择权、自主权和监督权；建立群体和个体教育利益诉求和表达机制，促进教育利益配置公开化、民主化；建立教育利益循环和再分配机制，如通过国家财政转移支付，扩大教育利益总量，为社会成员尤其弱势地区、群体和个体提供助益，建立优质学校经费收入与薄弱学校分享机制，以推动教育利益循环流动，促进教育公平和社会公平。

---

① 樊纲.经济人生[M].广州：广东经济出版社，1999：136-137.

素质教育政策制定和推行的利益冲突与协调①

　　2010年前后，为进一步推进素质教育，各地纷纷出台规范办学行为的"素质教育新规"，如教育部的"三严、一减"，四川省人民政府办公厅的"六规、五禁、十三严"，江苏省委、省政府办公厅的"五严"②，成都市的"五项禁令"，等等。据人民网报道，2009年10月，成都市教育局出台《关于进一步规范办学行为 深入推进素质教育 促进中小学生健康成长的若干规定》（简称"五项禁令"），除"封杀"奥数外，还囊括了清理中考加分、严禁违规补课、规范招生行为等众多相关规定。一天之后，教育局开通的五部热线电话，全部爆满；仅仅在成都市教育局网站上，该新闻的点击率就达到13万；据工作人员统计，来自各方面的反对意见达到了2700条之多。其实，成都市"五项禁令"不过是教育部、四川省人民政府办公厅、四川省教育厅相关文件的具体贯彻和落实。然而，这些看似作为规范办学行为的"素质教育新规"，触动的却是众多个体、群体和部门的敏感神经——利益。

　　其实，列宁早就说过，利益是"人民生活中最敏感的神经"。胡锦涛在全国教育工作会议上指出：要切实保障人民群众对教育的知情权、参与权、表达权、监督权，建立和完善群众利益表达渠道和对教育建言献策的平台，积极利用社会力量监督和评价教育、参与教育管理。在教育成为一种普遍的民生诉求和一种重要的利益对象，并与各种社会利益关系密切的当今社会，上述"素质教育新规"实质是对一些混乱和歧变的教育利益关系进行的必要调整。如何认识这种利益调整的合理性与复杂性，立足和谐社会建设目标与要求，改进教育政策决策模式，建立和完善教育利益协调机制，使利益调整成为实施素质教育的内

---

　　① 本节原载于《教育研究》2011年第6期，原题为《"素质教育新规"触动谁的敏感神经》。

　　② 江苏省委办公厅、省政府办公厅转发省教育厅等部门《关于进一步规范中小学办学行为 深入实施素质教育的意见》的通知[EB/OL].(2009-06-24)[2010-08-10].http://ljgjzx.jnjy.net.cn/NewShow_834.aspx.

源动力和制度资源，是本节通过案例研究所企望解决的。

一、文本解读："素质教育新规"的要素分析

为了研究的方便，本节选取成都市"五项禁令"为样本作政策的文本分析。该文件系成都市教育局2009年10月出台，全称为《关于进一步规范办学行为 深入推进素质教育 促进中小学生健康成长的若干规定》。文件制定的依据是《教育部关于当前加强中小学管理规范办学行为的指导意见》《四川省人民政府办公厅关于规范办学行为深入推进素质教育的意见》和四川省教育厅贯彻省政府意见的实施意见；目的是"进一步规范中小学办学行为，深入实施素质教育，促进中小学生健康成长"。该规定共5项20条。下面对政策文本进行要素分析：

（一）规范主体

"五项禁令"制定、执行和监督的主体，是政府及教育主管部门、教育督导部门、督查组；同时，设立举报电话，接受群众和媒体监督。这反映出规范办学行为、促进学生健康成长，主要体现了政府部门的一种教育管理职能，也发挥了群众监督和媒体监督的作用。

（二）规范对象

"五项禁令"涉及的对象范围包括教育系统内和教育系统外两大部分，教育系统内包括教育行政部门、教研培训机构、教育学会、中小学（含义务教育阶段学校和高中）、在职教师、学生等；教育系统外包括家长（含家长委员会），文化部门管辖的青少年宫、青少年活动中心，社会举办的各类收费培训和补习班等相关部门、团体和个人等。

（三）规范内容

"五项禁令"内容主要包括：教学行为（严格执行课程计划、严格控制课外作业量、严格作息时间）、教师行为（禁止在职教师举办或参与社会举办的各类收费培训和补习班，严禁教师私自在校外有偿兼课、兼职）、学科培训和竞赛行

为（禁止包括"奥数"在内的所有学科培训和竞赛、禁止各种与入学挂钩的选拔性考试和测试、禁止将"奥数"等学科竞赛成绩与"小升初"挂钩）、招生行为（严禁提前招生和接收学生就读、严禁向社会宣传学校中考和高考排列名次或竞赛成绩、炒作升学率和状元）、考试评价行为（严格控制考试次数、改革考试评价方法、禁止下达升学指标、清理整顿加分项目）等。这些行为直接指向教育系统内的学校、教师及教育主管部门，但也间接涉及教育系统外的诸多利益相关者，如家长，还有各类培训、考试和竞赛的组织者，各级各类招生学校，以及教材及教辅资料的出版发行者等。

（四）规范类型

具体来说，"五项禁令"包括20条政策规定，可区分为限制性规范、禁止性规范、倡导性规范、处罚性规范四类。限制性规范4条：严格控制课外作业量；严格作息时间；严格控制考试次数；清理整顿加分项目。禁止性规范11项：违规补课，包括"奥数"在内的所有学科培训和竞赛；与入学挂钩的选拔性考试和测试；将"奥数"等学科竞赛成绩与"小升初"挂钩；利用公共教育资源为"奥数"等各类有偿补习班和培训班提供教学设施或场地；在职教师举办或参与社会举办的各类收费培训和补习班，教师私自在校外有偿兼课、兼职；在小学、初中毕业生学业考试结束前进行招生；将未完成九年义务教育的初三学生提前送到高一级学校就读；以任何形式向社会宣传本校考试排列名次或任何竞赛成绩；利用新闻媒体、悬挂横幅、校园网站等各种形式宣传炒作升学率和考试状元；下达升学指标；以考试成绩和升学率为主要标准对学校和教师进行评价和考核奖惩，公布学生考试成绩和按考试成绩给学生排名次、座次。倡导性规范共1项：小学考试实行无分数评价，采取等级和评语评价办法，初中学业成绩鼓励采用等级评定方法。其余4条为处罚性规范。

（五）规范机制与手段

"五项禁令"按照"属地管理"和"谁主管、谁负责"的原则，建立了简洁而有力的运行机制与手段：明确教育主管部门和学校的第一责任人和直接责任人；成立巡视督查组，不定期进行明查暗访；设立举报电话，发现1起，查处1

起，接受群众和媒体监督。

（六）违规问责

"五项禁令"制定了4条处罚性规范，教育行政部门违规的，由上级教育行政部门给予警告、通报批评、取消评优评先资格、撤销荣誉称号等处分并限期整改；中小学校违规的，由教育行政主管部门给予警告、通报批评、取消评优评先资格、撤销荣誉称号并限期整改；民办学校违规的，由审批机关责令限期整改并给予警告，情节严重的，依法责令停止招生、吊销办学许可证；个人违规的由所在学校、单位或教育行政主管部门视情节轻重，给予通报批评、取消评优评先资格，直至行政处分，对情节严重的，按照相关规定和程序，是教师的解除聘任合同，是局长、校长的撤销行政职务。

由此可见，"五项禁令"涉及的不仅是教育主管部门及其下辖的有关事业单位、学校、教师、学生及相关的办学行为、教学行为和管理行为，而且关涉千万学生的家庭、文化部门下辖的青少年宫、各种社会教育机构、出版部门等；不仅涉及教育组织和个人的教育活动，还涉及教育机会的分配与获得、教育资源的配置与享用、教育权利的划分与行使、教育时间精力及经费的投入与收益等。因而，这些看似是对教育部门和单位办学行为的规范，从而使中小学办学回到素质教育的正确轨道上来，而实际上涉及众多教育利益相关者及其之间利益关系的重新调整和配置。其中，有的利益得到了加强和保障，有的利益得到了均衡和协调，而有的利益受到了限制、禁止、取消，甚至处罚。因而，"五项禁令"颁布与实施不再是不关痛痒的口号，而是伤筋动骨的利益调整，势必引起广大社会的普遍关注，利益冲突产生的反对声自然就在所难免了。

二、原因探析："素质教育新规"的利益冲突

相比之下，成都市"五项禁令"改变过去以倡导性规范为主，提出一系列有针对性和操作性的限制性、禁止性规范，以期对办学行为、推进素质教育起到切实有效的规范和引领作用。这对于中小学实施素质教育，促进学生和谐健康发展，回归教育的公平性和公益性，纯化教育行业的风气，无疑是十分有益

的。但这些新规在协调和缓解原先一些利益矛盾的同时，又产生一些新的利益矛盾，使一些潜隐的利益矛盾显化为一种利益冲突。

（一）公共利益与私人利益的冲突

"五项禁令"的禁止性规范，是对一些单位、群体和个体的部门利益和私人利益，进行一定的限制、禁止与取消，以维护和彰显教育的公共利益。如，禁止教育行政部门、教研培训机构、教育学会、义务教育阶段学校，举办、协办以及组织学生参加包括"奥数"在内的所有学科培训和竞赛；禁止利用公共教育资源（中小学校、教育学会、教研培训机构以及教育部门管辖的青少年宫、青少年活动中心等）为"奥数"等各类有偿补习班、培训班提供教学设施或场地；禁止在职教师举办或参与社会举办的各类收费培训和补习班，严禁教师私自在校外有偿兼课、兼职。显然，这些规定的宗旨是贯彻教育部、四川省政府办公厅、四川省教育厅的有关文件精神，进一步全面贯彻党的教育方针，切实加强中小学管理，规范办学行为，科学安排作息时间，切实减轻学生过重课业负担，严格执行课程计划，提高教育教学质量，大力推进素质教育，集中力量解决好人民群众普遍关心、社会反响强烈的热点难点问题。这些宗旨及相应的政策规定，强化了公共利益，有利于教育事业和谐发展和青少年健康成长，办好人民群众满意的教育。然而，它对不同部门、群体和个体带来的私人利益却是不同的，使许多既得利益者的利益受到影响。例如，它触及那些包括"奥数"在内的各类学科培训和竞赛的举办者、参与者，以及协助或为其提供教学设施或场地而从中谋取利益的教育行政部门、教研培训机构、教育学会、青少年宫、青少年活动中心、学校的有关人员的利益，也割断了那些举办或参与社会举办的各类收费培训、补习班或私自在校外有偿兼课、兼职的在职教师获取"外快"的财源。当然，也限制或取消了一部分学生及其家长试图通过"奥数"和艺体、科技等培训参加竞赛以获得证书，求得比别人更加优先入学、择校、加分等教育利益。

（二）目的性利益与手段性利益的冲突

"五项禁令"的限制性规范和倡导性规范，旨在为学生创造宽松、公平、积极的教育环境，保护和维护的是学生的目的性利益，即学生身心的健康和谐快乐成长，达到素质教育的终极目的。然而，这与学生及其家长所要获得的手段性利益产生了冲突。如，为切实减轻学生过重课业负担，文件要求严格控制课外作业量，严格作息时间，严禁违规补课，严格控制考试次数，改革考试评价方法，禁止下达升学指标，清理整顿加分项目。显然，这些规定能够使学生有更多时间去探究学习、自主学习、发展兴趣，从事体育锻炼、享受应有的休息权利，减轻心理压力和学习负担。这对于学生的健康成长、和谐发展、公平享受教育机会，是一种很好的保障和促进。如成都市教育局一位负责人说，这是"为青少年的成长做一件好事"。但事实上，这件"好事"却往往面临受益者冷遇的尴尬，如成都市一位家长说：如果不学了，将来娃娃吃了亏，又该怎么办？因此，一些学生和家长还是想方设法参加各种学科竞赛、学科培训以及体育、艺术、科技特长培训，以求得一定的"特长"，获得一定的"证书"，作为"小升初""中升高"录取加分和进入优质学校的"优惠券"和"通行证"。这种实用、管用的手段性利益，往往成为学生及其家长的现实目标和行为尺度，而那些尚不构成现实需要和实际功用的目的性利益则被遗弃了。正所谓，现在很多家长看到孩子近视了，并不在意；但看到孩子成绩从100分变成了98分，就着急上火。

（三）整体利益与局部利益的冲突

"五项禁令"的一个核心问题，是治理愈演愈烈的"择校"和五花八门的"择生"现象，以及由此带来的教育秩序混乱、办学行为失范问题，"还成都教育一个安静的办学环境"。这可以解决好人民群众普遍关心、社会反响强烈的热点难点问题，加强和改善教育管理，避免学校之间恶性竞争，改变利益链条造成"成都教育的问题让家长、孩子整日诚惶诚恐，坐卧不安"的状况。显然，这些新规的出台，对于保护成都市教育行业、成都市中小学学生及其家长的整体利益，是十分有利的，即所谓大家都"重回同一起跑线"上。然而，整体利益的维护与保障，必然会触及一些单位、群体的局部利益，因为造成整体利益受损的真正原因，正是一些单位和群体的局部利益竞争与膨胀。例如，一些学校将"奥数"等学科竞赛成绩与"小升初"挂钩；一些义务教育阶段学校举办各种与入学挂钩的选拔性考试和测试；一些学校（含民办学校）在小学、初中毕业生学业考试结束前进行招生；一些学校将未完成九年义务教育的初三学生提前送到高一级学校就读；一些招生学校以种种形式向社会宣传本校高（中）考排列名次或竞赛成绩；一些学校利用新闻媒体、悬挂横幅、校园网站等各种形式宣传炒作高（中）考升学率和高（中）考状元。

这些做法的背后是通过"择生"来提高学校的升学率、重点率，使一个学校声名鹊起，使一些官员、校长、教师的政绩、业绩更加显赫；反过来，名校、名校长，名师等品牌资源，又进一步吸引政府的支持、社会的承认和学生及其家长的追捧，于是，学校、校长、教师能够名利双收。而且，"名校"与"奥数"之类培训班、学科竞赛挂钩，形成了"互利双赢"的利益链条。然而，"名校"与"奥数"挂钩，当这种"各得其所"的局部利益无限膨胀时，受苦的是家长，受累的是学生，受害的是社会，受指责的是教育主管部门。

（四）教育利益与经济利益的冲突

"五项禁令"治理的另一类现象，是经济利益对教育利益的嵌入与僭越。前者指文化部门下属的青少年宫、青少年活动中心以及一些社会力量举办的培训学校等，通过种种方式开展和参与各种培训、竞赛，并与一些学校的招生、选拔等挂钩，结成利益链条；后者主要指教育部门下属的教育学会、教研培训机构参与或组织学科培训、竞赛，在职教师走出校门或利用业余时间从事以寻利捞钱为目的办班、有偿兼课兼职。事实上，前者已形成一个巨大市场，甚至成为规模高达10亿元的成都市"奥数经济"，以至于"五项禁令"一出，那些依附于"奥数经济"的单位甚至"无法正常运转"。这种以利益驱动为动力，以与"名校"挂钩为诱引的行为，使"奥数"培训、竞赛走向"普遍化、低龄化"，使本来只适合很少一部分儿童学习和发展的"游戏"，把太多学生和家长卷了进去，成为组织者和举办者牟利的工具。同时，一些在职教师加入其中，为之推波助澜，与前者"里应外合"，对正常教学秩序、学校声誉和教师职业形象的损害难以估量。

显然，这些经济利益对教育领域的侵蚀，是与教育利益公正、公平分配相冲突的。学生及其家长千辛万苦投资，上这样那样的培训班，参加各种名目的竞赛，无非是想获得更多的教育利益——特长证书、优质教育资源、加分政策等。当教育利益分配以此类培训班、竞赛、证书作为交易成本时，众多学生及其家长的利益需求就会被唤起和强化，纷纷主动或被动地卷入。当这种成本付出在一些人身上"交易"成功，那么就意味着多数人的教育利益受到侵害，教育公正和公平因此被扭曲了。

三、对策思考："素质教育新规"的利益协调

由上分析看出，成都市以"五项禁令"为主要内容的"素质教育新规"，触动了众多利益相关者的敏感神经，其制定的合理性与执行的复杂性并存。换言之，这一政策从制定到执行将是一个复杂艰巨的利益博弈过程，应正确评判政策的能力限度。因为利益关系"不仅对政策能力施加了限制，更规定了政策调节能力可能的实现程度；同时也隐含着这样的意思，即涉及社会利益关系的调整时，政策调节只有在合理的范围才能在最大程度上实现其调节能力"①。通过成都市"五项禁令"的政策分析，我们有理由对各地"素质教育新规"的制定与执行提出以下对策建议：

（一）由隐含到直面：素质教育政策制定应基于教育利益分析

毋庸讳言，20世纪90年代确立并逐步上升为国家意志的素质教育政策，在成为教育改革与发展主旋律，发挥巨大指导作用的同时，也一直面临政策失真的困惑，素质教育成了一个"老问题、大问题、难问题"。诚然，素质教育政策在对"什么素质最重要""如何实施素质教育"等进行价值选择与路径设计时，忽视了对"为了谁""为了什么"等政策相关主体之间的教育利益关系协调，出现"受益人缺席"状态。事实上，素质教育政策是一个关涉千家万户的教育利益分配过程，缺少利益分析和协调的素质教育政策，本身就存在价值冲突、行为失范、规范失灵和可行性缺失的隐患。各地"素质教育新规"所要治理的办学行为、教学行为、教师行为、招生和评价行为等方面的问题，不仅是违背教育规律、违反教育基本原则和宗旨的表现，更是教育利益分化、歧变带来的利

---

① 袁振国.教育政策学[M].南京:江苏教育出版社,2001:96.

益驱动所致。

成都市"五项禁令"面临巨大阻力与压力，政策制定者与其出现这种"逗硬"的紧张局面，不如在政策制定过程中就直面其中涉及的各种利益关系，通过意见征求、方案征集、决策咨询、听证制度等方式，建立完善教育利益表达渠道和机制，分析利益的既得者与未得者、受益者和受损者、强势群体与弱势群体，厘清利益矛盾和冲突的性质、程度及制约因素。这些将是凸显教育政策问题，确立政策目标，研制政策措施和进行政策分析与评价的重要依据和基础。

（二）由冲突到分享：素质教育政策目标应促进教育利益实现

就现实而言，种种办学行为的失范与混乱，主要源于学生及其家长想在国家和政府提供的公共教育资源之外，取得更多的文化资本——特长与证书，以此为交易成本获得所期望的教育利益，跻身精英教育"楼台"；而包括"奥数"在内的所有培训、竞赛，正是满足了这种巨大的社会需求，提供了政府及教育部门不能提供的那些教育服务；一些公办和民办学校以此为标准和方式设置选拔性考试，有关招生政策将其作为加分项目或录取标准，则更是将其制度化、合法化了。事实上，这些从扭曲的教育利益关系中获取各种利益的培训、竞赛的培训者、组织者及进行选拔性考试的学校，并没有实际扩大和增加多少教育利益，只是在通向精英教育"楼台"的路上多开了几个道口并设置相应的"收费站"。它使得一部分人顺利、优先通过，但也造成教育通道的严重"超车""抢道""超载""拥堵"。为此，"素质教育新规"在政策上应容纳、承载核心利益相关者合法、合理的教育利益诉求，化利益冲突为利益分享，将公共教育资源转化为核心利益相关者教育利益充分、合理、公平、有效地实现。

（1）实现"上游"增容。进一步加大公共教育资源供给，扩大优质教育资源，扩展教育利益总量，努力"让所有孩子都能上得起学，都能上好学"，使公共教育成为满足人民群众教育利益的主渠道。为此，政府应进一步整合教育资源，在学校类型、招生政策、师资配备、校长任用、评比考核等方面，模糊精英教育与大众教育的界限与等级，消除"名校""名校长""名师"等精英教育制度标识，取消竞赛和特长加分、选拔性考试等制度和非制度性的"择生"行为，扩充和丰富优质教育资源平台，打破学校之间的利益割据，实现优质教育资源共享。

（2）打通"中关"环节。一方面，切断嵌入型利益相关者——文化部门各种附属机构、社会上各种培训班侵害教育利益而获得经济利益的源头；另一方面，切断僭越型利益相关者——教育主管部门下属的事业单位、教育学会、学校和教师，通过教育利益的不正当提供与配置而获得部门利益、群体利益和个人利益的源头。以此，避免因这种"中关"阻隔导致人民群众的教育利益受损和产生冲突。

（3）促进"下游"分流。在现阶段，人民群众"上好学"的需求已被纳入"民生"范畴，而且，在现代社会如果一个人不能获得有效的、公平的教育利益分配，不能获得一定的教育权利、教育机会、发展水平和资格的认定，他就可能丧失一切现有的和未来的发展机会①。因此，政府最大的责任是根据一定的价值选择，提供和分配公共教育资源，使人民群众的教育利益得到充分、合理、公平、有效实现，以实现公利私益；同时，也要加强对教育利益的引导与规制，建立教育利益矛盾调处机制，规范和制约这一过程中违规违法、侵损公共利益的行为，以保障私利公益。还应重视的是，学校和教师既是教育利益生产与提供者，也是教育利益需求和获得者，政府应加强对学校和教师的利益供给，保证学校和教师的利益实现，防止产生那些放弃公共利益、整体利益和学生发展的目的性利益，而去参与以"奥数"为中心的"利益联合体"，以获得部门利益和私人利益的行为。

（三）从控制到治理：素质教育政策过程应加强教育利益协调

成都市"素质教育新规"的一个鲜明特点，是以"禁"为主要内容和手段，来限制和取消从公共利益、整体利益中谋取不正当的部门利益、局部利益，以及以牺牲和扰乱教育利益公正公平来牟取经济利益的行为，借以挽回公共利益、整体利益，彰显目的性利益和教育利益的公正与公平。在市场经济迅速发展的今天，教育已从政府垄断的附属部门和纯公共产品，发展成为一种既非政府亦非营利的第三部门和一种通过志愿以求得公益的公共产品。作为一种非营利性组织，教育不同于政府以强制方式追求公益，而是通过社会活动主体的选择、

---

① 刘复兴.教育政策的价值分析[M].北京:教育科学出版社,2003:44.

理解和协商，形成共同的道德和信念来实现和保障公益的。在此之下，政府通过简单的"禁令"来切断教育与社会、市场的联系，包办民众的选择和志愿行为，显得有些无奈与难为。在"素质教育新规"的制定与执行中，一如吴康宁先生所言，学生、家长、教师、校长、地方行政官员、政治家等，都有其各不相同的自身利益——而只是一种"利益联合体"[①]。只是这种利益关系或密或疏，或直接或间接，或受益或受损，或强势或弱势。为此，"素质教育新规"应改变政府与公民（学习者及其家长）之间的强制性关系，建立一种"委托—代理"的教育服务关系，使学习者由"受教育者"转变为追求和实现自身教育利益的利益主体；转变学习者与学校之间的规制性关系，建立彼此双向的责权主体关系，确保学习者对教育内容、方式的选择权和自主权；改变政府、学校对教育的垄断地位，确立家庭及家长在教育机会上的选择权和对教育过程的参与权。进而，政府变控制为治理，以实现不同利益相关者之间的教育利益协调。

（1）教育利益主体关系的协调。"素质教育新规"所涉及的教育利益相关者大致包括三类，即核心利益相关者、嵌入型利益相关者和僭越型利益相关者，三者是相互制约的。只有遏制住后两者，核心利益相关者的教育利益才能得到充分、合理、公平、有效实现。尤其是要进一步截断后两者以各种形式"里应外合"结成利益链条，造成教育利益分配的不正当、不公平。

（2）教育利益客体关系的协调。在利益分化日益严重的今天，教育在促进"后致性"社会流动及利益分配和再分配方面发挥愈益重要作用，教育利益客体已成为一种竞争性很强的稀缺资源。教育利益客体既是人们接受教育的目标，更是人们进一步获得新的教育利益以及其他社会利益的重要手段。教育公正与公平集中体现在教育利益客体获得及其意义和价值的实现上。就成都市而言，教育利益协调的关键是，"奥数"等竞赛、培训、特长与"名校"招生、教育机会分配、学业水平认定的脱钩，以此祛除经济利益对教育利益的干扰，避免教育系统不同单位、群体之间的利益之争造成对教育利益的损害。只有这样，才能拨正教育的目的性利益与手段性利益、公共利益与私人利益、整体利益与局部利益的关系。

（3）教育利益主体与客体关系的协调。作为一种制度设计和安排，"素质教

---

① 吴康宁.谁支持改革：兼论教育改革的社会基础[J].教育研究与实验,2007(6):1-5.

育新规"应在政府主导下加强不同利益主体之间交流与互动，促进政府与学校、社会、学生及其家长的对话与协商，扩大社会、学生及其家长对教育利益配置的知情权、选择权、自主权和监督权；建立教育利益诉求的表达机制、利益分配过程和结果的监督机制，促进教育利益分配的公开化、民主化；完善教育利益的初次分配和次级分配机制，为教育利益的弱势群体和个体提供助益和补偿，以推动教育利益循环。

利益分析视角下"幼儿教材"泛滥问题的政府治理[①]

2009年秋季，安徽省教育厅颁发《关于严禁幼儿园使用幼儿教材等问题的紧急通知》，连同《安徽省中小学办学行为规范（试行）》第25条有关"幼儿教材"使用方面的规定，构成一道社会反响强烈的"禁书令"。这不仅为国内各大媒体广泛报道，也引起很多专家学者、幼儿教育工作者、家长以及新闻出版部门的关注。学前教育需不需要教材？是需要教材还是操作材料？禁书是否因噎废食，"拿孩子的明天做赌注"？孩子们书包轻快了，会不会影响孩子的"幼小衔接"？这项禁令能否真正贯彻"一切为了孩子，为了孩子的一切，为了一切的孩子"的宗旨？安徽是不是步子迈得太大了？幼儿教材泛滥的根源何在？如何看待和解决这些问题？是一禁了之，还是立足于规范、引导和治理？从利益关系分析的视角对该问题予以谨慎的审视，有助于我们认清这一问题的本质，并针对该问题作出合理的解释与回应。

一、"幼儿教材"的泛滥是利益联合体的产物

事实上，学前教育本来就没有"教材"一说，在我国学前教育的各种政策文件、课程设置规范中，都看不到"教材"这一名词，更不用说对"幼儿教材"出版和使用的政策规定了。"幼儿教材"在幼儿园充斥泛滥，以至于引得教育主管部门不得不对之下达"禁书令"，其中很重要的原因是受到了利益驱动。

（一）幼儿家长对"幼儿教材"的利益诉求

"幼儿教材"的滥与禁，最重要的利益相关者当数幼儿家长。很多家长认为，孩子上幼儿园，就要像上小学、上中学一样，背上书包，上课、听课，发几本教材，才显得正规，才能学到东西，才不会让孩子"输在起跑线上"。与此

---

① 本节原载与《学前教育研究》2010年第7期，与刘宝根合作。

同时，无论是花了很大一笔钱进入各种名目的优质幼儿园，还是勉强有条件送孩子上一所普通幼儿园，家长们总是认为，教师就应当根据一定的教材，教给孩子知识，使孩子学到更多的东西，只有这样才对得住家长所付出的经济和精力投入。在这种观念支配下，幼儿家长往往认为幼儿园有了正规的教材，才能担负幼儿教育的重任。

（二）"幼儿教材"的市场利益嵌入

无疑，在近些年来的"教育市场化"浪潮中，学前教育因其非义务教育性质，更是被推向"教育市场化"的潮头浪尖，焕发出巨大的"生机活力"。而这种"生机活力"更多是以利益的输入、交换与满足为动力机制的。这种动力机制可以生产和提供公办幼儿园难以提供的更加丰富多样、灵活便利的学前教育服务，如艺术教育、英语教育等。由于这能为幼儿家长带来更多的教育利益，使幼儿家长愿意为之多掏腰包，因此招来各种以提供学前教育产品和项目开发为目标的部门与人员的市场嵌入，其中一个重要的利益来源和利益空间就是"幼儿教材"的编写、发行与使用。一些"幼儿教材"的编写者、出版商不惜以各种名目和手法，鼓噪、包装、推销名目与版本花样繁多的"幼儿教材"，就是为了获得自身的商业利益。

市场利益的介入，一方面催生了相当一批以为幼儿园提供课程开发、课程实施咨询与指导、教材教具和课程资源等为手段，以营利为根本目的的早教服务机构。这些早教服务机构通过成立研发团队，围绕幼儿家长的教育需求和幼儿园课程教学的需要，进行各种幼儿教材、教具的研发与生产。为了更好地推销，这些早教服务机构编写的"幼儿教材"通常会打上诸如"省编"或"课题实验成果"的标签，或以蒙氏班、外语班、珠心算班等耀眼的名目进行宣传发行。另一方面，一些图书发行部门或单位也将"幼儿教材"作为重要的图书销售市场争相抢占。有资料显示，2009年秋季，湖南省新华书店某分公司取得该市幼儿教材订数13157套，码洋34万余元。这意味着"幼儿教材"的发行与销售，对于新华书店来说是可观的销售业绩。除了这些正规的图书发行和销售部门，一些不法分子更是瞅准"幼儿教材"这块"肥肉"，由此产生了一系列严重的教材盗版、拿回扣以及"一号多书"套牌发行等违法现象。

（三）"幼儿教材"之于幼儿园的利益诉求

近些年来，学前教育的非义务性质及其市场化进程给幼儿园留下了一定的自主发展和利益扩展的空间，一些幼儿园为了招徕和吸引更多幼儿入园，纷纷引进各种"幼儿教材"，打出各种广告宣传的招牌。更有甚者，一些幼儿园还与早教服务机构、图书出版和发行单位结成一种"利益联合体"，进行所谓"互利互惠、合作共赢"的"课程交易"①。一些教育主管部门人员也不甘寂寞，与幼儿园管理者、教师及出版社结成利益链条，从"幼儿教材"的发行和推销中获得一份属于自己的"蛋糕"。

二、"幼儿教材"禁令中的利益矛盾与冲突

透过对附着在"幼儿教材"上的利益链条及其关系的解析，我们可以看出，"幼儿教材"的充斥与泛滥实质上是与之直接关联的利益联合体在利益驱动下形成的一种逐利行为，它以学前教育利益的诉求、提供与实现为核心，进而蔓生和演化成为一种经济利益实现的手段和载体。在"幼儿教材"禁令实施过程中，必然存在着以下直接或间接的利益矛盾与冲突：

（一）经济利益与教育利益之间的冲突

诚然，"幼儿教材"的编写、出版与使用，或多或少包含了一定的教育价值，但在经济利益作祟下，这种泛滥的"幼儿教材"由于普遍粗制滥造，缺乏科学依据和基本规范，往往给幼儿的成长和发展造成了更多负面影响。因为过多的知识灌输和提前的知识呈现，会动摇孩子对知识的好奇心与对未知的探究欲；纷乱杂陈的幼儿教材更可能对幼儿心理发展产生一定的信息污染与扰乱作用。而且，它的广泛存在与使用会扭曲幼儿教育的方向，甚至被很多家长误认为是幼儿园教育正规与否和质量高低的一个标准，以至于当"幼儿教材"的"禁书令"一出，大家纷纷担忧和疑虑幼儿园教育是否还能够正常维持下去，一

①苏贵民,林克松.早教服务机构介入幼儿园课程的原因、影响及对策[J].学前教育研究,2009(7):3-6.

些按照学前教育规律进行规范化、科学化管理和教学的幼儿园反倒被认为是不负责任、不规范、不正规。可以说，幼儿教材"利益联合体"为取得经济利益而采取的宣传与推销手段，严重侵损了学前教育机构及幼儿接受学前教育的根本利益和长远利益。

（二）政府教育主管部门与市场、学前教育机构之间的冲突

安徽省教育主管部门颁发的"幼儿教材"禁令，在获得上级教育主管部门及一些主流媒体和部分教育专家、家长、幼儿教育工作者的好评与支持的同时，也面临很多幼儿家长的反对和一些幼儿园管理者及教师的抵制。这不仅因为不同主体对幼儿园的教育目的、功能等的认识存在分歧，更是源自相互之间利益的冲突。政府教育主管部门通过"禁书令"来规范幼儿园办学行为，为家长减轻经济负担，为幼儿发展创造更加适宜的教育环境，显然这既符合教育的公共利益，也符合幼儿及其家长的根本利益和长远利益。然而，这必然会触及一些幼儿园及其管理者、教师的既得利益，使其创收的渠道和利益来源减少甚至断流。除了经济利益受损外，对于幼儿园和教师来说，还会由此增加工作难度和精力投入，不能像原先那样直接选用现成的教材，而需要自己去开发和准备了。从某种意义上来说，这也是一种既得利益的受损。此外，政府教育主管部门的"禁书令"还直接威胁到利益链条的发起环节和传动环节——早教服务机构、出版发行部门的利益。这些机构与部门很有可能会由此转战幼儿培训市场，以维护自己的利益。如果真出现这种结果，必将变相增加幼儿的学习负担和家长的经济负担，最终使"禁书令"实施的良好初衷落空。

（三）教育利益输出与输入之间的冲突

由于教育系统存在着功能与实体上的需求，教育系统就成为一种具有主体性的利益实体，我们把能够满足教育系统生存和发展的各方面资源称为教育利益[①]。作为满足教育系统自身生存和发展需要的各种客体性资源，教育利益既需要输出也需要输入，只有保持两者的张力平衡，才能实现教育系统的良性运行和发展。这对于学前教育也是一样的。近些年来，幼儿园的市场化运作固然增

---

① 曲正伟.教育利益论[D].长春：东北师范大学,2007.

加了社会及幼儿家长的教育利益输入，也扩大了幼儿教育机构的教育利益输出，总体上促进了学前教育的发展，但毋庸讳言，国家的公共财政投入却随之大大降低了，致使学前教育处在一种价值分裂和"生存危机"之中。一方面，幼儿园需要贯彻教育方针及相关政策规定，遵循学前教育规律，促进幼儿健康成长、和谐发展，为国家、为社会作出更多的教育利益输出，以体现教育的公益性；另一方面，幼儿园又必须面对市场竞争和社会选择，求生存、搞创收，获得更多的利益输入，以实现自身的经济利益。市场化运作的体制便利必然导致一些幼儿园淡化甚至放弃教育的公益性，通过迎合社会和幼儿家长需求的逐利行为，来获得自身利益的最大实现。这使政府的禁令难免遭致政策失灵的危机与尴尬，如安徽省各地公办幼儿园贯彻"禁书令"的情况相对较好，民办幼儿园却多是与教育主管部门玩起了"打埋伏""捉迷藏"的游戏。

三、"幼儿教材"泛滥问题治理：教育主管部门的应为与可为

现代教育对社会分层的作用和影响越来越大，教育证书和知识在社会上已成为一种非常有价值的一般等价物，并派生为一种重要的利益形态，一种被不同社会群体和个体竞相获得的利益客体。在教育利益日益分化的社会格局下，不同阶层、群体和个体之间的利益矛盾日益突出，并弥散和投射到社会各个领域尤其是教育领域。教育利益诉求、配置及其实现的矛盾、冲突与协调，已成为一个关涉千家万户的民生问题。就"幼儿教材"泛滥问题背后存在的利益矛盾和冲突而言，政府教育主管部门不应只是一禁了事，而应通过公共资源的合理配置和制度创新来协调政府、市场、学前教育机构以及社会之间的利益关系，以保障学前教育的公益性与科学性，从根本上治理由利益驱动和联合所带来的"幼儿教材"泛滥问题。

（一）政府应加大对学前教育的公共投入，扩大学前教育领域的公共服务

学前教育本质上是一项社会公益事业，不仅对个体的终身发展具有重要的基础性奠基价值，且对于国家和社会发展具有长效的收益和补偿功能，政府应

当深入认识和重新定位学前教育的性质与重要地位^①。为此，应当加大对学前教育的公共投入，增加对学前教育的利益输入，这是避免与"幼儿教材"泛滥相关的种种逐利行为，消解"幼儿教材"问题带来的利益矛盾和冲突的治本之策。具体包括：政府应分阶段、有步骤地将学前教育纳入基本公共教育服务，使学前教育在一系列政策和法律保障下实现其公益性、共享性；提高幼儿教师的社会地位和经济待遇，消弭因待遇不保而导致的利益饥渴和各种有损教师职业道德的逐利行为；政府应加大经费投入和补贴，加强学前教育的师资培训和研修，提高幼儿教师的专业发展水平，特别是课程开发与实施能力，为幼儿园园本课程开发提供相应的专业服务和支持，如政府可以通过采购和委托，加强学前教育国家课程与地方课程建设，为幼儿园和幼儿教师提供更多优质和便利的课程资源和专业指导，使幼儿园和幼儿教师摆脱对早教服务机构的依赖与依附。

（二）发挥市场和幼儿园及社会力量在"幼儿教材"泛滥问题治理中的积极作用

在现行体制和格局下，学前教育已基本形成公办与民办并驾齐驱的发展局面。2007年，全国民办幼儿园占幼儿园总数的60.1%，在园幼儿占全国在园幼儿总数的37.0%。民办幼儿园已成为推动全国学前教育发展的生力军。在这种情况下，政府主管部门应当积极改变原先对公办幼儿园惯常的管理方式，即强制性的令行禁止，通过权力分配和利益博弈，建立起政府与市场、幼儿园及社会之间的权力制衡与利益分享机制，发挥市场和社会在"幼儿教材"治理中的积极作用。第一，政府应明确制定营利性组织和非营利性组织参与学前教育课程资源开发与提供的准入条件与专业标准，加强对早教服务机构、出版发行部门编写、出版和发行的"幼儿教材"的审查与监督，通过资格认证制度、信用委托制度、税收减免制度、评估淘汰制度以及黑名单制度等，保证这些组织所提供的学前教育服务产品的科学性。第二，发挥社会力量尤其是专业人士、专业组织的作用，完善优秀幼儿教学用书的遴选机制。如，建立由政府评审推荐、专家集体实名推荐、专家个人实名推荐、社会组织和机构实名推荐等多维推荐

---

① 洪秀敏,庞丽娟.学前教育事业发展的制度保障与政府责任[J].学前教育研究,2009(1):3-6.

机制，并在引入公众监督与对推荐单位和个人实施问责制度的前提下，把幼儿教学用书遴选置于公平竞争的市场框架之中，压缩不正当交易的空间。第三，建立和完善以学前教育行业组织和专业协会为主体的行业行为（包括教材编写、选择和使用行为）自律机制，发挥幼儿园和幼儿教育工作者的专业自主与行业自治作用。第四，扩大社会公众特别是幼儿家长参与学前教育管理的权力空间，包括对幼儿园课程开发，幼儿教学用书的知情权、选择权、表决权和监督权。

（三）发挥教育政策的价值导向作用，加强对学前教育领域利益关系的协调

"幼儿教材"泛滥现象透现出的是学前教育市场化造成的教育利益关系的扭曲，是对幼儿教育规律与功能的违背与僭越。对此，政府教育主管部门除了应在教育利益关系上进行有效协调外，还应加强教育政策宣传和价值导向，引导幼儿园、家长以及社会树立正确的学前教育功能观、目的观、课程观、质量观，避免从单纯的局部利益、眼前利益和具体利益出发的短视行为与功利行为，促使学前教育真正回归到促进幼儿和谐发展和终身发展的正确轨道上来。

幼儿教育究竟需要什么"教材"

自2009年秋，安徽省教育厅严禁幼儿园使用"幼儿教材"的文件颁行以来，所谓"禁书令"的争论，牵动了专家学者、幼儿教育工作者、家长以及新闻出版部门等众多的利益相关者。于幼儿教育需不需要教材？是需要教材还是操作材料？禁书是否属于因噎废食，"拿孩子的明天做赌注"？孩子们书包轻快了，会不会影响"幼小衔接"？能否真的贯彻"一切为了孩子，为了孩子的一切，为了一切的孩子"的宗旨？安徽是不是步子迈得太大了？"幼儿教材"应该什么样子的？"幼儿教材"出了什么问题？产生这些问题的原因什么？如何解决这些问题？是一禁了之，还是立足于规范、引导和改进？这些问题确实需要进一步思考和回答。

一、幼儿教育本无"教材"一说

这一系列争论和担忧的重要一方，自然是家长。或者说，这种禁令似乎威胁和动摇着家长们送孩子上幼儿园的初衷与目的。很多家长认为，孩子上幼儿园，就像上小学、上中学一样，总得背上书包，总得上课听课，总得发上几本书，这样才能显得正规，才能学到东西，才能为上小学、上中学提前打好基础，才会不让孩子"输在起跑线上"。与此同时，无论是花了很大一笔钱进入各种名目的优质幼儿园，还是勉强有条件送孩子上一所普通的幼儿园，家长们总是认为，幼儿园越好，教学就应当越正规，教师就应当根据一定的教材，教给孩子更多的知识，使孩子学到更多的东西。这才对得住所付出的经济和精力投入。

事实上，幼儿教育本来就是没有"教材"的，"教材"这一称呼一般用于小学以上的学段中，在我国任何幼儿园教育的政策文件、课程设置的论述中，都看不到"教材"这一名词，更甭说是"幼儿教材"一说了。"教材"在幼儿园的出现、使用，是一些幼儿园为迎合部分家长需求而采取的一种"民间行为"，是将幼儿教育"小学化"的表现形式，是对学前教育规律的一种僭越。一个时期以来，"幼儿教材"在一些幼儿园的充斥泛滥，一个重要的原因是利益驱动。一些教材编写者、出版商从其行业利益、单位利益和个人利益出发，而将寻利之手伸进缺乏自主判断力的幼儿的书包，伸向望子成龙心切的幼儿家长的钱袋子，不惜用各种名目和手法，鼓噪、包装、推销各种名目和版本的"幼儿教材"，以获得自身的商业利益；一些幼儿园为了招徕和吸引更多幼儿入园，也纷纷引进各种"教材"，打出各种广告宣传的招牌，以扩大自身的办学效益；一些教育主管部门的人员与幼儿园管理者、教师与出版社结成利益链条，从"幼儿教材"的发行和推销中获得一份属于自己的"蛋糕"。似乎这样一来，大家能各得其所，孩子通过"教材"获得了"知识"，家长通过"教材"满足了对孩子培养的某种愿望，一些幼儿园通过"教材"招到更多的生源，个别教育行政管理人员、幼儿园的管理者和教师在这种"教材"的推销和使用中均获得一份额外的酬劳，那"幼儿教材"的编写者、出版社就更是其乐陶陶了！

殊不知，在利益作祟下，这种本不应配备的"幼儿教材"充斥泛滥，后果虽然不像"扫黄打非"那样严重，但由于普遍粗制滥造，缺乏科学依据和基本规范，给幼儿发展背负了一个沉重的包袱。过多的知识灌输和提前的知识呈现，还可能动摇孩子对知识的好奇与对未知的探究欲；纷乱杂陈的"幼儿教材"，对幼儿的心理发展还可能产生一定的信息污染和扰乱作用。而且，它的广泛存在与使用，会扭曲幼儿教育的方向，甚至被很多家长误认为是幼儿园教育正规与否和质量高低的一个标准，以至于当禁止幼儿园使用"幼儿教材"的文件一出，大家纷纷担忧和疑虑。而一些按照幼儿教育规律进行规范化管理与教学的幼儿园和教师，反倒被认为不负责任、不规范、不正规。长此以往，不仅败坏幼儿教育之风气，混淆幼儿教育的是否标准，更是不利于幼儿发展和国家的未来。

二、大自然希望儿童在成人以前，就要像儿童的样子

那么，幼儿教育究竟该进行什么样的教育？幼儿教育通过什么方式来进行呢？在没有"教材"的情况下如何进行幼儿教育？这是我们应当思考和解决的。教育部早在2001年颁布的《幼儿园教育指导纲要》中，就明确规定：幼儿教育

是基础教育的组成部分，是学校教育和终身教育的起始阶段。幼儿教育应为幼儿的近期和终身发展奠定良好的素质基础。幼儿园应为幼儿提供健康、丰富的生活和活动环境，满足他们多方面发展的需要，使他们度过快乐而有意义的童年；幼儿园教育应尊重幼儿身心发展的规律和学习特点，充分关注幼儿的经验，引导幼儿在生活和活动中生动、活泼、主动地学习。

理解上述关于幼儿教育的真谛和任务，我们不妨从正确认识幼儿开始。早在两千多年前，柏拉图就将人的 0 — 6 岁确定为第一教育阶段，主要任务和教育方式是游戏，使人学会遵守秩序。亚里士多德则将 0 — 7 岁作为教育的第一阶段，其中，前五年不应要求学习，主要任务是长身体。教育者可以让孩子通过做游戏、听讲故事等形式，获得可供模仿的正面榜样。后两年，应使他们注意此后要学的东西，为未来的学习作准备。近代以来，卢梭对"儿童"有了进一步的发现。他说："大自然希望儿童在成人以前，就要像儿童的样子。如果我们打乱了这个次序，就会造成一些果实早熟，它们长得既不丰满又不甜美，而且很快就会腐烂。就是说，我们将造成一些年纪轻轻的博士和老态龙钟的儿童。儿童是有他特有的看法、见解和感情的；如果想用我们的看法、见解和感情去代替它们，那简直是愚不可及。我们要求十岁的孩子具有判断的能力，就像要求他长成五英尺身高那样荒唐。"

由此看来，幼儿园教育同我们日常概念中的小学教育和中学教育是根本不同的，它的意义在于为个体以后的全面发展提供多方面的基础与可能性，而不在于使后期的教育变得轻松。与小学、中学不同，幼儿教育内容是广泛的、启蒙性的，它只是相对划分为健康、社会、科学、语言、艺术等五个方面和领域，难以用几本"教材"就能够承载；幼儿教育内容是综合的、整体的，它是在教育过程中依据幼儿已有经验和学习的兴趣与特点，灵活、综合地组织和安排，使幼儿获得相对完整的经验，如果用几本所谓的"教材"把一些知识划分成章节、单元或者知识点，那无疑像是将整串项链肢解成散乱的珠子，将完整的图画撕成破碎的图片；幼儿教育是与活动、游戏联系在一起呈现的，从而为幼儿提供观察、操作、试验的机会，支持、鼓励幼儿动手动脑大胆探索，寓教育于生活、游戏之中。如果从小就让孩子背上书包、捧起书本，做起那些到小学甚至中学才应该做的作业，即使做得整齐、正确，获得高分数，也会使孩子过早失去了探索的胆识、尝试的勇气、感官的敏锐、想象的空间。这样的孩子到了小学、中学，未必能有什么优势，反而在某些方面会"未老先衰"。

三、"汝果欲教子，功夫在书外"

著名幼儿教育家蒙台梭利这样说过：成人的幸福是与他儿童时期所过的那种生活紧密相连，我们的错误会落到儿童身上，给他们留下一个不可磨灭的痕迹，我们会死去，但我们的儿童将承受因我们的错误而酿成的后果，对儿童的任何影响都会影响到人类……这句话听来有点沉重，却警示我们当代的家长和教育工作者，究竟应当给我们的孩子提供什么，不应提供什么，更不应因为达到我们成人的某些目的而强加给他们一些东西。

如果套用陆游《示子聿》中的诗句"汝果欲学诗，功夫在诗外"，来说明幼儿教育的要义，是否可以构成这样一句话"汝果欲教子，功夫在书外"？也就是说，在没有"教材"的幼儿园里，教育怎样进行呢？家长如何配合幼儿园更好地促进孩子健康快乐成长呢？这种教育，应当是在儿童的集体生活中，在活泼多样的游戏中，在师生之间、同伴之间亲近、友爱的交往中，在自由活动的机会中，在自主选择、计划并认真努力完成任务的活动中，在自由、宽松的语言交往环境中，在利用图书和绘画（不是作为教材）引发幼儿对阅读和书写兴趣的"前阅读"和"前书写"（区别于小学和中学的正式阅读和书写）中，在动手、动脑去发现和解决问题的观察、发现和探索中，在与同伴合作探究和分享成功的快乐中。

或许，这些才是孩子兴致勃勃走进小学、中学，去从事正式学习、去钻研书本、去探求知识的最好准备；或许，这才是给孩子终身学习、热爱探究、追求成功、善于合作和乐观幸福，植入的最初的教育基因。

第三章 基础教育改革研究

基础教育改革顶层设计的进路与反思（1980—2020）[①]

改革堪称"中国的第二次革命"[②]，一直坚持摸石头过河与加强顶层设计的辩证统一。注重加强顶层设计，既是新时期以来教育改革取得历史性进展的重要保障和成功经验，也是新时代深化教育体制机制改革的基本原则。有学者在现有研究基础上将顶层设计定义为"在高层领导下，以基层建议和专业论证为基础，就目标模式、体制机制、重点领域、重大工程和关键项目等，作出战略性、系统性和实践性总体安排与部署"[③]。就教育改革而言，重点领域、重大工程和关键项目可以归并为一个层面，构成顶层设计的路径方略。回顾新时期以来基础教育改革顶层设计的进路历程、经验总结及存在的矛盾和问题，对形成新时代基础教育改革顶层设计的主体框架及推动其有效实施，具有重要的历史意义和实践意义。

十一届三中全会后，教育事业越来越凸显其与经济发展对人才培养的要求、与人民群众日益增长的物质文化需要之间的矛盾，故深化改革势在必行。1980年中共中央 国务院印发《关于普及小学教育若干问题的决定》，与同年国务院批转的《教育部、国家劳动总局关于中等教育结构改革的报告》，共同开启基础

---

① 本节原载于《南京师大学报(社会科学版)》2021年第1期。

② 邓小平.邓小平文选:第三卷[M].北京:人民出版社,1993:113.

③ 王建民,狄增如."顶层设计"的内涵、逻辑与方法[J].改革,2013(8):139-146.

教育改革顶层设计的前奏。此后,基础教育在落实党和国家教育改革的总体要求过程中,形成具有自身逻辑进路的顶层设计并随着改革进程而不断更新。党的十八大以来,基础教育迈出崭新的改革步伐。2018—2019年,印发《中共中央 国务院关于学前教育深化改革规范发展的若干意见》《中共中央 国务院关于深化教育教学改革全面提高义务教育质量的意见》《中共中央 国务院关于新时代推进普通高中育人方式改革的指导意见》(简称"三个改革意见"),进一步形成新时代基础教育深化改革的顶层设计。本节从目标模式、体制机制和路径方略三个层面,回顾和反思1980至2020年基础教育改革顶层设计的进路历程,并探寻其发展的内在逻辑和未来走向。

一、目标模式:由培养目标的二元分化、转轨走向多维融合

基础教育改革是中国特色社会主义教育体系自我完善的能动性实践,需要对不同历史条件下基础教育与人的发展和社会发展要求之间的矛盾做出科学判断,以此对目标任务及其关系进行调整,形成相应的目标模式,以解决办什么基础教育和培养什么人这一根本性问题。40年来,基础教育目标模式发生以下几次重要变革。

(一)由同一性目标模式分化形成提高国民素质与培养人才的二元模式

早在十一届三中全会前,邓小平就从实现现代化战略高度,强调知识和人才的重要性,并通过对劳动及劳动者的重新理解,为突破教育方针的目标模式奠定政治基础。他提出:"无论脑力劳动,体力劳动,都是劳动。从事脑力劳动的人也是劳动者。将来,脑力劳动和体力劳动更分不开来。……要重视知识,重视从事脑力劳动的人,要承认这些人是劳动者。"[1]1978年4月,邓小平在全国教育工作会上指出:"必须培养具有高度科学文化水平的劳动者,必须造就宏大的又红又专的工人阶级知识分子队伍。"[2]进而将一直以来培养"有社会主义觉悟的有文化的劳动者"拓展成为培养劳动者和人才(知识分子队伍)。他还强

① 邓小平.邓小平文选:第二卷[M].北京:人民出版社,1983:41.
② 邓小平.邓小平文选:第二卷[M].北京:人民出版社,1983:104.

调："为了加速造就人才和带动整个教育水平的提高，必须考虑集中力量加强重点大学和重点中小学的建设，尽快提高它们的教学水平和教学质量。"[1]

1980年10月教育部《关于分期分批办好重点中学的决定》提出，"把约700所首批重点中学办成全国、全省、全地区第一流的、高质量的、有特色的、有良好学风的学校"[2]；同年同月，国务院批转《教育部、国家劳动总局关于中等教育结构改革的报告》，针对当时普通高中毕业生仅少数人升入大学，而各行各业亟须技术人才和合格劳动者的现状，提出"中等教育结构改革势在必行"[3]。在这些改革基础上，1980年12月中共中央 国务院《关于普及小学教育若干问题的决定》（简称"80决定"）指出，在基本实现普及小学教育的同时，各地应当首先集中力量办好一批重点学校，创造经验，典型示范。由此，在普及小学教育体系中嵌入了以培养人才为目标的重点校制度。

1985年《中共中央关于教育体制改革的决定》（简称"85决定"）指出："教育体制改革的根本目的是提高民族素质，多出人才、出好人才。"为此，要"为九十年代以至下世纪初叶我国经济和社会的发展，大规模地准备新的能够坚持社会主义方向的各级各类合格人才。要造就数以亿计的工业、农业、商业等各行各业有文化、懂技术、业务熟练的劳动者"。同时，实行九年制义务教育，被"当作关系民族素质提高和国家兴旺发达的一件大事，突出地提出来，动员全党、全社会和全国各族人民，用最大的努力，积极地、有步骤地予以实施"。由此，自50年代以来培养"有社会主义觉悟的有文化的劳动者"的同一性目标，分化成提高民族素质与培养人才的二元模式。相较而言，"85决定"更为强调"今后事情成败的一个重要关键在于人才"，尤其在阶层跃迁的社会流动机制及高考和中考等人才选拔制度激励下，基础教育走上以升学为绩效指标的应试轨道，使得提高民族素质虚化和旁落。

---

① 邓小平.邓小平文选:第二卷[M].北京:人民出版社,1983:108.

② 何东昌.中华人民共和国重要教育文献(1976—1990)[M].海口:海南出版社,1998:1860-1861.

③ 何东昌.中华人民共和国重要教育文献(1976—1990)[M].海口:海南出版社,1998:1855-1856.

（二）由"应试教育"转向全面提高国民素质的转轨模式

1993年《中国教育改革和发展纲要》（简称"93纲要"）进一步强调，"必须把经济建设转到依靠科技进步和提高劳动者素质的轨道上来"①。同时，指出："加快教育的改革和发展，进一步提高劳动者素质，培养大批人才，建立适应社会主义市场经济体制和政治、科技体制改革需要的教育体制，更好地为社会主义现代化建设服务。"②在结构选择上，以九年义务教育为基础，大力加强基础教育，积极发展职业技术教育、成人教育和高等教育，把提高劳动者素质，培养初、中级人才摆到突出位置。而且，强调"中小学要由'应试教育'转向全面提高国民素质的轨道"③，并淡化了重点校制度。1994年《国务院关于〈中国教育改革和发展纲要〉的实施意见》将重点校限于高中阶段："每个县要面向全县重点办好一两所中学。全国重点建设1000所左右实验性、示范性的高中。"1997年国家教委印发《关于当前积极推进中小学实施素质教育的若干意见》，将"应试教育"定性为单纯以应试升学为目的而产生的诸多弊端的概括，强调必须全面推进素质教育。同年，《关于规范当前义务教育阶段办学行为的若干原则意见》指出："义务教育阶段不设重点校、重点班、快慢班。"这些都为基础教育目标模式转换做了前期铺垫。

1999年《中共中央 国务院关于深化教育改革全面推进素质教育的决定》（简称"99决定"）提出，国力的强弱取决于劳动者的素质，取决于人才的数量与质量。为此要深化教育改革，全面实施素质教育，"以提高国民素质为根本宗旨，以培养学生的创新精神和实践能力为重点，造就'有理想、有道德、有文化、有纪律'的、德智体美等全面发展的社会主义事业建设者和接班人"④。这一目标模式将提高国民素质与培养创新精神和实践能力同构，为实现二元目标

---

① 中共中央,国务院.中国教育改革和发展纲要[J].中华人民共和国国务院公报,1993(1)：143-160.

② 中共中央,国务院.中国教育改革和发展纲要[J].中华人民共和国国务院公报,1993(1)：143-160.

③ 中共中央,国务院.中国教育改革和发展纲要[J].中华人民共和国国务院公报,1993(1)：143-160.

④ 中共中央,国务院.关于深化教育改革全面推进素质教育的决定[J].中华人民共和国国务院公报,1999(21)：868-878.

的逻辑关联创造条件。此后，2001年《国务院关于基础教育改革与发展的决定》（简称"01决定"）提出了包括构建符合素质教育要求的新的基础教育课程体系、改革考试评价和招生选拔制度等一系列改革举措，但此后由"应试教育"向素质教育转轨的目标转型并未真正落实。诚如2010年公布的《国家中长期教育改革和发展规划纲要（2010—2020年）》指出，"教育观念相对落后，内容方法比较陈旧，中小学生课业负担过重，素质教育推进困难"，依然是难以根本改变的顽瘴痼疾。

（三）"培养德智体美劳全面发展的社会主义建设者和接班人"的融合模式

面对基础教育改革存在的问题及新的任务和挑战，《教育规划纲要》形成以人才培养体制改革为核心的教育改革顶层设计。基础教育强调树立全面发展、人人成才、多样化人才观，坚持面向全体学生，通过促进义务教育均衡发展和普通高中多样化发展，为每个学生提供适合的教育，促进每个学生主动地、生动活泼地发展，不拘一格培养人才，形成体系开放、机制灵活、渠道互通、选择多样的人才培养体制。

进入新时代，基础教育目标维度进一步实现关联和融合。2016年9月习近平在北京市八一学校考察时强调："素质教育是教育的核心，教育要注重以人为本、因材施教，注重学用相长、知行合一，着力培养学生的创新精神和实践能力，促进学生德智体美全面发展。"[1]2018年9月习近平在全国教育大会上指出，"必须把培养社会主义建设者和接班人作为根本任务"，"努力构建德智体美劳全面培养的教育体系，形成更高水平的人才培养体系"[2]。此后，基础教育"三个改革意见"提出，学前教育要"满足人民群众对幼有所育的美好期盼，为培养德智体美劳全面发展的社会主义建设者和接班人奠定坚实基础"[3]。义务教育要

---

① 习近平.全面贯彻落实党的教育方针 努力把我国基础教育越办越好[EB/OL].(2016-09-10)[2020-08-10].http://politics.people.com.cn/nl/2016/0910/c1024_28705572.html.

② 中共中央,国务院.关于深化教育改革全面推进素质教育的决定[J].中华人民共和国国务院公报,1999(21):868-878.

③ 中共中央,国务院.关于学前教育深化改革规范发展的若干意见[EB/OL].(2018-11-07)[2020-08-10].https://www.gov.cn/gongbao/content/2018/content_5343737.htm.

"发展素质教育，培养德智体美劳全面发展的社会主义建设者和接班人"①。普通高中要"坚决扭转片面应试教育倾向，切实提高育人水平，为学生适应社会生活、接受高等教育和未来职业发展打好基础，努力培养德智体美劳全面发展的社会主义建设者和接班人"②。由此，基础教育培养目标经由分化、转轨融合于"培养德智体美劳全面发展的社会主义建设者和接班人"这一根本任务。

进而言之，基础教育培养目标从此前的分化、转型走向融合，需要正确处理各维度之间关系。一方面，面对"建设者"和"接班人"之间"是并列关系、相容交叉关系，还是同一关系"③的困惑，需要在学理上澄清"上述两个部分密不可分、内在统一，体现了教育的育人价值与社会价值的辩证统一、人才的政治品格和专业能力要求的辩证统一，以及德、智、体、美、劳各个领域素质发展的辩证统一"④。另一方面，应通过体制机制、路径方略的突破与改进，实现"构建德智体美劳全面培养的教育体系"和"形成更高水平的人才培养体系"的制度衔接与融通，以消弭目标维度在实践中的再度分化及畸变。

二、体制机制：由事权责任下移、让渡走向完善立德树人体制机制

如果说目标模式的顶层设计解决办什么基础教育和培养什么人的问题，那么，40年体制机制改革则是围绕由谁办基础教育和为谁培养人这一核心问题，对各地政府之间，政府与市场、社会之间责权关系及教育自身体系运行进行制度性调整的进路过程。

（一）事权责任向地方政府下移的体制机制

"80决定"确立"两条腿走路"的改革方针，将国家作为计划指导的顶层主

---

① 中共中央,国务院.关于深化教育教学改革全面提高义务教育质量的意见[EB/OL].(2019-06-23)[2020-08-10].https://www.gov.cn/gongbao/content/2019/content_5411564.htm.

② 国务院办公厅.关于新时代推进普通高中育人方式改革的指导意见[EB/OL].(2019-06-11)[2020-08-10].https://www.gov.cn/gongbao/content/2019/content_5404151.htm.

③ 杨天平,衷发明.关于我国现行教育方针的反思性解读[J].西华师范学院学报(社会科学版),2003(6):154-156.

④ 石中英.努力培养德智体美劳全面发展的社会主义建设者和接班人[J].中国高校社会科学,2018(6):9-15.

体，普通教育的发展规划和年度计划、事业经费、基建投资、人员编制，由各省、自治区、直辖市党委和政府统筹安排，组织实施。将基础教育的权力和责任责权下移至中层和基层——县、乡政府。同时，充分调动社队集体、厂矿企业等各方面办学的积极性。"85决定"进一步实行基础教育地方负责、分级管理的原则。加大省级政府发展基础教育的权力和责任，指出将基础教育具体政策、制度、计划的制定和实施以及对学校的领导、管理和检查，责任和权力都交给地方。该决定指出，"省、市（地）、县、乡分级管理的职责如何划分，由省、自治区、直辖市决定。为了保证地方发展教育事业，除了国家拨款以外，地方机动财力中应有适当比例用于教育，乡财政收入应主要用于教育"；承认省域、市域、县域之间发展的不平衡性，"必须鼓励一部分地区先发展起来，同时鼓励先发展起来的地区帮助后进地区，达到共同的提高"。此外，"地方要鼓励和指导国营企业、社会团体和个人办学，并在自愿的基础上，鼓励单位、集体和个人捐资助学，但不得强迫摊派"。不过，这一改革也面临一些人认为是"国家卸包袱，地方背包袱"的疑惑，同时，基础教育作为"地方事业"与"国民教育"之间存在体制机制脱节，办学主体的地方化而导致提高国民素质的公共性弱化；在鼓励先进、推动发展的同时，也形成区域、校际之间竞争态势和效率至上的价值导向，加剧教育发展水平分化，成为走向以升学为绩效指标的应试轨道的动力机制。

（二）政府办学职能适当向市场和社会让渡的体制机制

"93纲要"及"实施意见"重申"在现阶段，基础教育应以地方政府办学为主"，进一步实行在国家宏观指导下主要由地方负责、分级管理体制，强化省级政府事权责任，省以下各级政府的权限由省级政府确定；改变政府包揽办学的格局，在主要由政府办学的同时，"鼓励企事业单位和其他社会力量按国家的法律和政策多渠道、多形式办学。有条件的地方，也可实行'民办公助'、'公办民助'等形式。企业举办的中小学应继续办好，有条件的地方在政府统筹下也可以逐步交给社会来办"。同时，提出"各级政府、社会各方面和个人都要努力增加对教育的投入"，逐步建立以国家财政拨款为主，辅之以征收用于教育的税费、收取非义务教育阶段学生学杂费、校办产业收入、社会捐资集资和设立教育基金等多种渠道筹措教育经费体制。此后，1994年国家启动财政税收体制改革，把原先由地方财政包干改为分税制，中央和地方政府财权与事权分开。基础教育事权和财权归于地方政府。

"99决定"继续完善基础教育地方负责、分级管理的体制，"加大县级人民政府对教育经费、教师管理和校长任免等方面的统筹权"。在办学体制上，积极鼓励和支持社会力量以多种形式办学，进一步打开市场介入基础教育的闸门，包括"允许设立少数民办小学和初中，在这个范围内提供择校机会"，要求"制定优惠政策（如土地优惠使用、免征配套费等），支持社会力量办学"①。这一时期基础教育在适应市场经济、增强办学活力，满足人民群众日益增长的教育需求等方面取得积极成效，但也存在教育市场化倾向，政府责任削弱甚至缺位，中央政府事权和财政供给责任虚化，客观上助推了各地及校际之间"唯分数""唯升学"的教育评价机制和效益竞争的形成；同时，对省、县、乡三级政府之间的分配没有明确的政策规定，导致财权逐年逐级上收，事权层层下放的局面②。县乡政府事权责任过重与财政供给能力有限的体制性矛盾突出，加剧了基础教育发展不均衡。

同期，为从根本上治理农村乱收费现象，减轻农民过重经济负担，2000年国家在多个省份实行农村税费改革，其中包括取消农村教育费附加和教育集资。农村义务教育多元化投入渠道出现断流。以安徽省为例，2000年税费改革后义务教育经费与此前的1999年相比，减少了7.7亿，占当年义务教育事业拨款总数的29.3%③。一些地方政府推行学前教育转制，公办转民办；普通高中主要靠收取学杂费和负债来保运转和谋发展。教育经费投入体制（虽然与此前相比改为了"以县为主"）紊乱和失灵，迫使各地"摸着石头过河"，探索建立新的义务教育保障机制，并呼唤中央顶层设计的改革。

"01决定"指出："要将基础教育工作列入议事日程，及时研究新情况、新

---

① 中共中央,国务院.关于深化教育改革全面推进素质教育的决定[J].中华人民共和国国务院公报,1999(21):868-878.

② 胡平平,张守祥.农村义务教育投入保障机制及管理体制问题研究[M].北京:科学出版社,2007:4.

③ 胡平平,张守祥.农村义务教育投入保障机制及管理体制问题研究[M].北京:科学出版社,2007:4.

问题，制订促进基础教育发展的措施，努力增加对基础教育的投入。"①农村义务教育改由国务院领导下地方政府负责、分级管理、以县为主。2003年和2005年先后印发《国务院关于进一步加强农村教育工作的决定》《国务院关于深化农村义务教育经费保障机制改革的通知》，确立"明确各级责任、中央地方共担、加大财政投入、提高保障水平、分步组织实施"的基本原则，建立中央和地方分项目、按比例分担的农村义务教育经费保障机制。2006年《中华人民共和国义务教育法》（简称《义务教育法》）首次明确"国家建立义务教育经费保障机制，保证义务教育制度实施。""国务院和县级以上地方人民政府应当合理配置教育资源，促进义务教育均衡发展"。这是义务教育体制机制改革的重大突破，为此后基础教育体制机制改革指引总的方向。

（三）健全系统化落实立德树人根本任务的体制机制

《教育规划纲要》加强省级政府统筹，推进城乡义务教育均衡发展，依法将义务教育全面纳入财政保障范围。义务教育实行国务院和地方各级人民政府根据职责共同负担，省级政府负责统筹落实的投入体制；学前教育建立政府投入、社会举办者投入、家庭合理负担的投入机制；普通高中实行以财政投入为主、其他渠道筹措经费为辅的机制。

进入新时代，为贯彻落实十八届三中全会《中共中央关于全面深化改革若干重大问题的决定》，先后印发《关于深化教育体制机制改革的意见》《中共中央　国务院关于全面深化新时代教师队伍建设改革的意见》《教育领域中央与地方财政事权和支出责任划分改革方案》等与基础教育直接相关的改革文件。基础教育体制机制改革由之前以府际之间责权划分及投入责任为主线，转向以健全立德树人系统化落实机制为核心，形成充满活力、富有效率、更加开放、有利于科学发展的教育体制机制。

一方面，推动教育体系运行体制机制改革。中共中央办公厅、国务院办公厅印发的《关于深化教育体制机制改革的意见》指出："全面深化教育综合改革，全面实施素质教育，全面落实立德树人根本任务，系统推进育人方式、办

---

① 国务院.关于基础教育改革与发展的决定[EB/OL].(2001-05-29)[2020-08-10].https://www.gov.cn/gongbao/content/2001/content_60920.htm.

学模式、管理体制、保障机制改革，使各级各类教育更加符合教育规律、更加符合人才成长规律、更能促进人的全面发展，着力培养德智体美全面发展的社会主义建设者和接班人。"另一方面，加强教育体系运行的要素保障体制机制改革。一是全面深化教师队伍建设改革，明确中小学教师的权利和义务，要求公办中小学教师切实履行作为国家公职人员的义务，强化国家责任、政治责任、社会责任和教育责任。同时，"抓住关键环节，优化顶层设计，推动实践探索，破解发展瓶颈，把管理体制改革与机制创新作为突破口，把提高教师地位待遇作为真招实招，增强教师职业吸引力"①。二是加强教材管理体制机制改革，改变一个时期多元化、市场导向的教材管理体制，落实教材建设国家事权，实行义务教育道德与法治、语文、历史三科教材统编统审统用，加强教材编修审核，充分发挥教材在培养德智体美劳全面发展的社会主义建设者和接班人中的重要作用。三是加强教育领域中央与地方财政事权和支出责任划分改革，理顺和完善基础教育治理结构，明确财政事权和支出责任。特别是加强省级统筹均衡能力，加大对本行政区域内困难地区的省级转移支付力度，推动基本公共服务支出责任上移，避免基层政府承担过多支出责任。

综上，40年间基础教育体制机制改革的顶层设计，在不同社会条件下对效率与公平、公共性与市场性、集中与分权等价值选择的踯躅探索，外化为事权与财权、供给与投入、规制与自主以及中央与地方政府、政府与市场、社会之间关系的收与放、分与合，进路蜿蜒曲折。进入新时代，基础教育体制机制改革由"立柱架梁"进入"内部装修"的新阶段，由"谁办基础教育"转向以"为谁培养人"为核心，完善立德树人体制机制，落实"五育并举"和"全员、全程、全方位育人"的任务目标。

三、路径方略：由重点领域改革、系统综合改革走向全面深化改革

路径方略的顶层设计，是围绕如何办基础教育和如何培养人这一核心问题，对不同社会条件下基础教育为实现既定目标模式所确立的重点领域、重大工程

---

① 中共中央,国务院.关于全面深化新时代教师队伍建设改革的意见[EB/OL].(2018-01-20)[2020-08-15].http://www.gov.cn/gongbao/content/2018/content_5266234.htm.

和关键项目，以明确具体的改革任务、内容、举措及条件保障等。新时期以来，党和国家根据人的发展和社会发展需要及其所提供的条件，在改革的路径方略上不断进行逻辑展开，形成不同阶段基础教育改革的顶层设计。

（一）从重点领域突破有系统地进行改革

"80决定"指出，要改变教育长期被忽视，教育与经济的比例不相适应的状态，提高教育投资的比重，建立"一定要拿出一部分钱来办教育"的教育经费投入体制，尚未涵摄基础教育的其方面体制问题。"85决定"针对基础教育薄弱问题，提出"要从根本上改变这种状况，必须从教育体制入手，有系统地进行改革"，旨在开创教育工作的新局面，"使基础教育得到切实的加强"。虽然此次改革已提及教育思想、教育内容、教育方法的改革，但重点是教育体制改革。

"93纲要"继续以教育体制改革为重点，采取综合配套、分步推进的方针，改革包得过多、统得过死的体制，初步建立起与社会主义市场经济体制和政治体制、科技体制改革相适应的教育新体制。同时，将转变教育思想、改革教学内容和教学方法、解决学校教育不同程度脱离经济建设和社会发展作为重要改革任务，但教育体制改革依然是重点和主线。这种路径方略与此阶段基础教育的目标模式直接相关。中央政府将有限的财力和物力主要用于培养经济社会发展急需人才的高等教育（如实施"211"工程）及"提高型基础教育"——重点校建设上，而将"普及型基础教育"特别是普及九年义务教育交给了地方。同时，分步走的非均衡发展政策，也与当时允许一部分地区和人先富起来的政策导向相适应。

（二）围绕中心任务开展系统综合改革

"99决定"提出要"深化教育改革，全面推进素质教育，构建一个充满生机的有中国特色社会主义教育体系"[1]。素质教育从中小学拓展到各级各类教育，深入到德育、智育、体育和美育等各领域。基础教育改革进入系统综合改革阶段：调整教育体系结构，扩大高中和高等教育规模；构建与社会主义市场经济

---

[1] 中共中央,国务院.关于深化教育改革全面推进素质教育的决定[J].中华人民共和国国务院公报,1999(21):868-878.

体制和教育内在规律相适应、不同类型教育相互沟通相互衔接的教育体制；完善基础教育主要由地方负责、分级管理的体制，加大县级人民政府的统筹权；鼓励和支持社会力量办学，形成以政府办学为主体、公办学校和民办学校共同发展的格局；加快改革招生考试和评价制度，实行小学毕业生免试就近升学的办法；试行国家课程、地方课程和学校课程，加快构建符合素质教育要求的新课程体系。在此基础上，"01决定"围绕扎实推进素质教育，开展了包括构建符合素质教育要求的新的基础教育课程体系、改革考试评价和招生选拔制度、教育人事制度、办学体制等系统综合改革。

《教育规划纲要》虽然以体制改革为重点，但已突破原先的思路框架，以人才培养体制为核心，深入推进考试招生制度改革、现代学校制度改革、办学体制改革、管理体制改革和促进教育开放，为全面实施素质教育创造体制机制条件。其中，学前教育明确政府职责，建立政府主导、社会参与、公办民办并举的办园体制。义务教育在将均衡发展作为战略性任务，切实缩小校际、城乡和区域差距；同时，注重标本兼治，综合治理，把减负落实到中小学教育全过程，促进学生生动活泼学习、健康快乐成长。普通高中以提高学生综合素质、推动多样化发展为改革方向，加快普及并合理确定普通高中和中等职业学校招生比例。显然，这一改革路径方略与此阶段基础教育由"应试教育"向全面提高国民素质的目标模式相呼应。

（三）从系统性、整体性、协同性全面深化改革的路径方略

随着改革领域拓展和程度深化，改革目标和举措越来越关涉到各类利益主体的切身利益，利益关系更加广泛化、复杂化，利益固化矛盾更加尖锐化、外显化，教育改革进入深水区。2014年《中共中央关于全面深化改革若干重大问题的决定》提出更加注重改革的系统性、整体性、协同性。在基础教育改革上，提出要逐步缩小区域、城乡、校际差距，统筹城乡义务教育资源均衡配置；推进考试招生制度改革，探索招生和考试相对分离、学生考试多次选择、学校依法自主招生、专业机构组织实施、政府宏观管理、社会参与监督的运行机制，从根本上解决一考定终身的弊端；改革入学制度，义务教育试行学区制和九年一贯对口招生，推行初高中学业水平考试和综合素质评价；深入推进管、办、

评分离，扩大省级政府教育统筹权和学校办学自主权，完善学校内部治理结构①。2016年《国务院关于统筹推进县域内城乡义务教育一体化改革发展的若干意见》提出，同步建设城镇学校、努力办好乡村教育等10条改革举措，完善城乡义务教育经费保障机制，统筹城乡教育资源配置，统筹推进县域内城乡义务教育一体化改革发展。

2017年中共中央办公厅、国务院办公厅印发的《关于深化教育体制机制改革的意见》，围绕全面落实立德树人根本任务，提出推进育人方式、办学模式、管理体制、保障机制等综合改革一揽子政策举措。2018年3月中央决定组建中央教育工作领导小组，协调解决教育工作重大问题，加强教育改革的系统性、整体性、协同性。同年，习近平在全国教育大会提出，深化教育体制改革，健全立德树人落实机制，扭转不科学的教育评价导向，坚决克服"五唯"的顽瘴痼疾，从根本上解决教育评价指挥棒问题；深化办学体制和教育管理改革，充分激发教育事业发展生机活力②。

此后，中央"三个改革意见"制定了新时代基础教育改革的政策路线图：学前教育改革突出问题导向，统筹兼顾、综合施策，破解制约学前教育发展的体制机制障碍，健全政策保障体系，补齐制度短板，激发办园活力，鼓励引导规范社会力量办园，推进学前教育普及普惠安全优质发展，满足人民群众对幼有所育的美好期盼。义务教育改革围绕"五育"并举、全面发展素质教育这一核心，在课程教材建设、完善招生考试制度、健全质量评价监测体系、发挥教研支撑作用、激发学校生机活力等重点领域和关键环节实现突破，啃下硬骨头。普通高中统筹推进课程改革和高考综合改革，在构建全面培养体系、优化课程实施、创新教学组织管理、加强学生发展指导、完善考试和招生制度、强化师资和条件保障等重点领域和关键环节深化改革，坚决扭转片面应试教育倾向，全面提高教育质量。三个领域改革既各具针对性，又相互关联和支撑，形成新时代基础教育深化改革顶层设计的四梁八柱，为实现培养德智体美劳全面发展

① 中共中央.关于全面深化改革若干重大问题的决定[EB/OL].(2013-11-15)[2020-08-10].https://www.gov.cn/zhengce/2013-11/15/content_5407874.htm.

② 习近平.坚持中国特色社会主义教育发展道路 培养德智体美劳全面发展的社会主义建设者和接班人[N].人民日报,2018-09-11(01).

的社会主义建设者和接班人，提供制度保障和实施路径。

40年基础教育改革路径方略的顶层设计，是一个由"点""线"拓展到"面"，再发展到"体"的构建的进路历程。"点""线"改革即以教育体制改革为突破口，开启了普及九年义务教育的历史进程。"面"的改革是从推动中小学由"应试教育"向全面提高国民素质的转轨，发展到全面深化教育改革和全面推行素质教育；"体"的构建既深入到基础教育不同阶段和领域，推动以健全立德树人系统化落实机制为核心的全面深化改革；同时，又紧紧抓住关键领域和薄弱环节，突破深水区，啃下硬骨头，推动基础教育领域全面深化改革。

四、认识与反思

诚然，改革开放40年的教育改革，走过的是一条曲折探索而非线性递进的改革道路[①]。40年来基础教育改革顶层设计的进路历程同样不是一帆风顺的直线式进展，而是充满艰辛与曲折的探索过程。对其进路历程进行认识与反思，不仅有利于总结历史成就和经验，纠正失误和偏颇，而且，借以深化对中国特色社会主义教育发展道路的规律性认识，推动基础教育改革顶层设计的发展与完善。

（一）基础教育改革顶层设计进路的内在逻辑

作为新时期以来改革开放大业的一个重要领域和环节，基础教育改革的顶层设计不是孤立的和主观的存在物，而是与教育改革以及经济社会改革的宏观走向和历史进程息息相关的。其中，目标模式、体制机制和路径方略分别是对"办什么基础教育、培养什么人""谁办基础教育、为谁培养人""如何办基础教育、如何培养人"这一系列根本问题的价值选择、制度安排和实践导向。三者既相互关联和支撑，又是在相互矛盾和制约中踯躅前行，形成基础教育改革顶层设计进路的内在逻辑。这一内在逻辑不仅是贯穿40年基础教育改革顶层设计各要素及不同层级的一条红线，也是深化新时代基础教育改革、实现基础教育现代化的历史发展方位。

---

① 范国睿.40年教育政策与教育改革的逻辑[J].重庆第二师范学院学报（师资建设），2018（11）：39-43.

（二）基础教育改革顶层设计进路的社会空间

改革开放以来基础教育改革顶层设计的进路历程，以1980至2020年而非1978至2018年为时段，反映出基础教育改革起步及顶层设计形成的相对滞后性和社会制约性。原因在于基础教育作为十年"文化大革命"的重灾区，改革开放初期的拨乱反正偏重对20世纪50、60年代形成的教育制度的恢复，而没有及时迈开改革步伐，导致改革的顶层设计起步及其进程迟滞，常常被称为"计划体制最后的堡垒"。此后，包括基础教育在内的教育改革一直落在经济改革的后面并受制于此，处于应随经济改革逻辑的被动地位，缺少自身的独立性和自主性，改革的制度空间小，制约因素多，难以施展"拳脚"。同时，以顶层设计推动基础教育改革是一种自上而下的改革路径，对中层、基层实施顶层设计遇到的实际问题及"摸石头过河"形成的经验吸收不够，缺少自下而上的改革进路。特别是"各级政府行政官员特别是教育行政官员处于改革的核心、主导和主动的地位，具有很大的责任和权力，而将学校管理者、教师、学生、家长及更广泛的社会利益群体从总体上处于边缘、依附和被动的位置"①。

（三）基础教育改革顶层设计的未来趋向

在2018年全国教育大会上，习近平指出："我们要抓住机遇、超前布局，以更高远的历史站位、更宽广的国际视野、更深邃的战略眼光，对加快推进教育现代化、建设教育强国作出总体部署和战略设计，坚持把优先发展教育事业作为推动党和国家各项事业发展的重要先手棋。"②面向2035教育现代化，基础教育改革顶层设计应在业已成形的主体框架基础上，进一步提高历史站位和拓宽国际视野，增强先导性和开创性，以培养担当民族复兴大任的时代新人为根本目标，完善立德树人体制机制，下好全面深化改革的重要先手棋。同时，加强中层、基层参与，实现自上而下与自下而上及专业力量参与的互动结合，建立更加完善的实施机制、评估反馈机制和问责机制，推动顶层设计落地落实。

---

① 石中英,张夏青.30年教育改革的中国经验[J].北京师范大学学报(社会科学版),2008(5):22-32.

② 习近平.坚持中国特色社会主义教育发展道路 培养德智体美劳全面发展的社会主义建设者和接班人[N].人民日报,2018-09-11(001).

新时代基础教育改革顶层设计的实施路径

办什么基础教育、培养什么人？谁办基础教育、为谁培养人？如何办基础教育、如何培养人？这是基础教育改革顶层设计的核心任务。坚持顶层设计与基层探索相结合，加强系统谋划，是新时代深化教育体制机制改革的一条基本原则①。在2018年全国教育大会上，习近平总书记指出："我们要抓住机遇、超前布局，以更高远的历史站位、更宽广的国际视野、更深邃的战略眼光，对加快推进教育现代化、建设教育强国作出总体部署和战略设计。"②为深入贯彻党的十九大精神和全国教育大会部署，中共中央和国务院先后出台"三个改革意见"，并辅之以教育领域财政事权和支出责任划分、深化教师队伍建设改革等配套文件，形成新时代基础教育深化改革的顶层设计。

然而，顶层设计的功能是有其内在限度的，好的顶层设计还需要有效的实施路径以保障和助推其实践转化。诚如习近平总书记指出："一分部署，九分落实。改革蓝图有了，现在的关键是把蓝图一步步变为现实。"③在顶层设计中，"顶层"是"设计"的主体，具有相对性和结构性特点。相对性是指一项设计的顶层往往是另一项设计的中层或基层，中层和基层在基础教育改革中的责权关系受命于中央顶层主体。在中央最高顶层领导下，国务院教育主管部门及其他相关部委、省级党委政府既是中层，又是具体改革政策出台的顶层。结构性是指作为政策制定主体，顶层主体不是单一主体，而是一个特定责权关系构成的领导群体和权力系统。顶层设计的实践转化、顶层设计的实施，需要形成贯通顶层、中层、基层不同责权主体之间上下通畅、功能齐全、结构优化的责权分工、运行和督查问责体系和落实机制。

---

① 中共中央办公厅,国务院办公厅.关于深化教育体制机制改革的意见[EB/OL].(2017-09-24)[2018-08-15].https://www.gov.cn/xinwen/2017-09/24/content_5227267.htm.

② 习近平.坚持中国特色社会主义教育发展道路 培养德智体美劳全面发展的社会主义建设者和接班人[N].人民日报,2018-09-11(001).

③ 习近平.汇聚起全面深化改革的强大正能量[N].中国青年报,2013-11-29(02).

一、基础教育改革顶层设计的顶层实施路径

新时期以来，教育改革顶层设计多是事关整个教育事业、面向各级各类教育，由中共中央和国务院就基础教育改革进行专门的顶层决策十分稀见。此次由中央顶层主体来推动基础教育三大领域改革，改变此前由中央作为"命题人"、地方政府作为"答卷人"的局面。即党中央和国务院将人民作为"命题人"，顶层主体成为"答卷人"，坚持以人民为中心发展教育、推动教育改革，办好人民满意的教育。

为此，中央"三个改革意见"明确并强化了中央顶层主体责任。如：学前教育改革"意见"提出，国家继续实施学前教育行动计划；国家加大学前教育投入力度，逐年提高学前教育财政投入和支持水平；认真落实国务院的领导责任，国家完善相关法规制度，制定学前教育发展规划，推进普及学前教育，构建覆盖城乡的学前教育公共服务体系。同时，明确国务院所属的教育、机构编制、发展改革等12个部委的牵头、会同和规范管理等主体责任，以及党委政法委组织协调公安、司法部门的协同加强学前教育治理的责任。义务教育改革"意见"明确了从中央到地方各级党委和政府的主体责任，如：国家制定县域义务教育质量、学校办学质量和学生发展质量评价标准；建立义务教育课程方案、课程标准修订和实施监测机制，完善教材管理办法；健全学生体质健康国家监测制度；完善国家、省、市、县、校教研体系；整合建设国家中小学生网络学习平台。同时，压实党委所属宣传、组织部门和政法委、共青团、妇联以及关工委等6个部门，国务院所属教育、机构编制、发展改革、自然资源、住房城乡建设、财政等11个部委的主体责任。普通高中改革"意见"明确了国务院7个部门的主体责任，并强化国家教育督导委员会的考核督导权力与责任。中央顶层主体加强领导、明确责任，从上游和源头疏通体制、打通关节，建立责权结构优化机制，为改革提供了各种必要的顶层政策资源，增强了基础教育改革顶层设计实践转化的示范力、保障力和协同力。

中央"三个改革意见"在强化中央顶层职能和优化责权结构的同时，也赋权并确立省委、省政府的省级统筹顶层权责。省级教育部门在基础教育改革相关业务活动开展和管理上也负有顶层权责。对于顶层主体，需要建立健全义务教育改

革的责权清单，落实顶层设计的实践转化"最初一公里"；同时，发挥省级党委和政府的"教育领导小组"作用，形成教育部门和其他各相关部门的府际协同机制。与既往出台的基础教育改革文件不同，此次中央连续出台的基础教育"三个改革意见"在顶层设计的各项目标任务、举措要求都非常明确具体，深入到基础教育改革的重点领域和关键环节，具有很强的针对性和操作性。但是要防止顶层主体越过中层，一竿子插到基层和底层，事无巨细地出台文件、布置工作，出现所谓"顶层统管"或"顶层治理"[1]，其结果导致中层职能缺位或悬空、懒政怠政，不愿意多动脑子或习惯于不动脑子，一切按上级意见指示办，上级没有规定或没有明确指示的就坚决不去办。如此，基层和底层则陷入消极应付和苦不堪言的状态，工作开展和问题解决得不到直接上级的指示和支持。

二、基础教育改革顶层设计的中层实施路径

顶层设计在优化中央顶层主体的责权结构的同时，应当着力通过其责权运行推动基础教育改革顶层设计的目标模式、内涵框架和体制机制由上而下地实践转化，尤其是要建立和完善中层落实机制。中层和基层是一个相对概念，在中央顶层之下，中共中央和国务院是顶层，各部委就是中层，司局和处就是基层；在各部委，司局是中层，处级就是基层。而从中央到地方，中央部委的司局甚至是处级机构又成了顶层。在省级党委和政府层面，顶层、中层和基层的关系亦然。因此，顶层设计的实践转化需要各个层面的中层和基层通过深入学习形成思想共识，改变观望和等待顶层进一步出台改革的具体方案，导致所谓"顶层设计依赖症"[2]，一切依赖顶层的具体化政策、领导指示和划拨经费。

"三个改革意见"的政策文本，除少数具体权责主体的主谓宾结构句，大多数都是动宾结构的主语省略句。诚然，其省略的主语就是蕴含责权关系的政策主体，一种是泛指各级政府机构和广大教育界，甚至是全党全社会；另一种需要在政策落实过程中具体分解、会商来确立，有的甚至通过相互博弈才最后形

---

① 王曦,彭业硕.从摸着石头过河到顶层设计:中国改革模式的演进[J].中山大学学报(社会科学版),2018(6):1-8.

② 冯东.当前我国教育改革顶层设计的依赖与反思[J].现代教育科学,2017(7):20-23.

成责权主体。防止从顶层到中层以及中层自身上下级和各部门之间的推诿，以及责任下压、权力上收的情况发生，导致顶层设计的实践转化过程中的中层梗阻和力度损耗。

三、基础教育改革顶层设计的基层和底层实施路径

顶层设计的实施，落实的关键在顶层和中层，而落地的关键在基层和底层。一方面，无论是政策福利，还是政策要求，抑或各种禁止性规定，无论顶层、中层刮多大"台风"，都要看基层尤其底层是否下了"雨"以及下了多大"雨"。"三个改革意见"大量的政策要求和措施，都是对教育一线提出的，实践主体是一线教育干部、校长、教师以及家长和社会相关部门。因此，顶层设计的实践转化必须解决"最后一公里"问题。

第一，顶层和中层的政策要求，应当给基层和底层留有一定的弹性空间，充分赋权，便于各地结合具体情况进行探索性贯彻、变通性贯彻，防止运动式、统一化、模式化的教育改革发生。

第二，鼓励中小学幼儿园依照学校章程，进行自主探索和多样化、个性化和创造性的贯彻落实，激发底层的活力；激发广大教师和校长在顶层设计的目标导向下进行自主探索和自主裁量，防止底层主体成为受各级政策主体操控的"皮影人"。

第三，发挥基层和底层主体对顶层、中层主体履责问效的监督评价功能。从中央到各省市，顶层主体根据各级各类中层主体的行政职能和责任清单，建立自下而上的倒查机制和问责制度，看政策落实情况、资源保障情况、责任履行情况、问题解决情况。

第四，教育改革是教育利益甚至社会利益的再分配，必然产生新的利益获得者、利益受损者。这种利益再分配及其社会反应的直接面对者和感受者，是顶层设计实施过程中的基层和底层。为此，需要对政策实施过程中的各种反应特别是少数家长诉求和网络民意进行合理合法的分析研判和应对，不能以此绑架"人民满意的教育"，要坚持社会主义办学方向和立德树人的教育方针，维护教育的神圣和教师的尊严，坚定改革的既定方向不动摇。

基础教育改革如何在基本制度上突破①

改革开放以来，基础教育在促进教育公平、推行素质教育、实施新课程等方面的一系列改革，取得可喜的成就与进展。但不容忽视的是，这些成就与进展尚未触及基本制度层面，难以突破深层的体制性障碍，很多改革举措可谓屡试不爽，难治根本，与"人民满意的教育"还有一定差距。

这是由于，基础教育改革涉及的教育人口众多，利益关系最为复杂，既是一项关系国家发展、民族振兴的"国计"，也是关涉千家万户切身利益的"民生"。随着党的十七大首次将教育纳入以改善民生为重点的社会建设，基础教育已成为新时期一项基本的民生关切，对社会成员接受高一级教育、实现社会流动和就业等各种切身利益，都发挥重要的基础性作用。因此，基础教育改革具有广泛的利益相关性，不仅受制于《教育法》确立的教育基本制度，如学校教育制度、九年义务教育制度、教育考试制度、学业证书制度等，而且还受制于一些更为基础性的社会制度，如户籍制度、用人制度、分配制度等。这些基本制度制约着基础教育改革的可行性与有效性。换言之，基础教育改革只有与教育基本制度以及相关的社会制度相适应、相配合、相协调，才能从根本上调整基础教育所涵摄的利益关系，发挥在改善民生中的基础性作用。当然，基本制度突破是一个十分艰难而复杂的过程，甚至会被认为是一种不切实际的幻化。然而，教育制度变迁有其自身的内在逻辑，那些由法律保障实施的教育基本制度和相关的社会制度构成一种上位的制度环境，对下位的制度及其变革有着直接或间接、显性或隐性的制约作用。基础教育改革如果只在内部进行微观、局部、表层的动作，只能是无关痛痒的折腾，必须在基本制度上突破。

---

① 本节原载于《中国教育学刊》2009年第12期。

一、改革教育制度设计，使基础教育成为普惠全体人民的国民基础教育

从历史和现实看，我国基础教育在制度设计上，横跨义务教育（小学和初中）与非义务教育（幼儿教育、普通高中教育）两种类型，纵贯学前教育、初等教育与中等教育（普通初中和高中）三个层次，构成一种典型的"泛基础教育"，其本身及与其他教育阶段存在严重的制度壁垒[①]。因为，不同类型和阶段的教育的产品属性与法律保障很不相同，政府及教育主管部门所制定的政策措施难以涵盖不同类型和阶段的基础教育。国家没有专门法律来保障和规范作为"重中之重"的基础教育，所制定的相关政策因涉及面广、制约因素多而难以对整个基础教育发挥效力，由此造成不同地区、城乡以及家庭的青少年儿童，实际享受着不同性质类型和水平的基础教育。大中城市及发达地区学生已享受到完整的基础教育，而一些欠发达地区的孩子只能接受到九年义务教育（甚至还不完全），造成同一个国家的公民享受不到同等和公平的国民基础教育。而且，基础教育不同类型和阶段之间充满拥塞、关隘，集中在"小升初""初升高"考试制度，类似于高速公路上过多的"收费站"和"断头路"，加剧基础教育的制度不公平。例如，义务教育虽然取消重点校、重点班和择校费，但普通高中在"三限"（限分数、限人数、限钱数）政策下仍可以继续招收扩招生，收取赞助费；同为基础教育，学前教育却被"转制"推向市场，很多幼儿园收费比上大学还贵，老百姓的孩子从上幼儿园开始就面临选择之惑。

现阶段基础教育要在基本制度上突破，需要缩小外延，把普通高中教育从基础教育中剥离，将学前一年教育纳入义务教育，使基础教育与义务教育重合起来，在《教育法》确立的学校教育制度和义务教育制度共同支撑和保障下，摆脱对高一级教育的依附，获得自身的独立价值和独立的学制地位，以增强基础教育的基础性、同质性和普惠性，以培养合格公民为职能，成为名副其实的"国民基础教育"。

当然，基础教育这种本体回归不只是一种理念追求，或是实践活动层面的

---

① 阮成武.我国"泛基础教育"制度剖析[J].教育发展研究,2009(8):44-47.

变革（如课程改革、减轻课业负担、进行考试与评价改革等）能够实现的，它需要基本制度的突破。如，国家通过制定相关教育法律和政策，来消除现行基础教育不同类型、阶段之间相互掣肘和冲突，拆除基础教育重点校、重点班等制度栅栏和入学机会的城乡、户籍、居住地限制等制度堡垒，从而使基础教育在义务教育制度保障下，纳入基本国民待遇，成为在法律保障下国家对全体人民普惠的国民基础教育。同时，赋予高中阶段教育独立的学制地位，为高中阶段教育改革与发展提供新的制度空间与法律保障。事实上，教育部2008年将基础教育司分为基础教育一司与二司，分别管理义务教育和高中阶段教育，已经崭露出基础教育制度重建的端倪。

二、祛除"双轨制"制度特性，促进基础教育资源配置和质量的制度公平

美国学者特纳将现代社会的教育制度区分为赞助性制度和竞争性制度两种。这种教育制度分类为反思我国基础教育的制度弊端和缺陷提供了新的方法和视角。表面看上去，我国基础教育表现出明显的竞争性制度特性，但深入分析不难发现，新中国建立的学制系统在发扬单轨学制传统、保证劳动人民子女受教育的平等权利的同时，又表现出典型的双轨制特性。这就是贯穿整个学制系统的学校等级制度——普通学校与职业学校的等级区分，重点学校与非重点学校的等级区分，公立学校与私立学校的等级区分，城市学校与农村学校之间的等级区分，还有一种基于教育上的地方保护主义的地区性分割[①]。这种严密的学校等级制度与学生家庭背景——户籍、居住地、父母职业及收入等赞助性因素捆绑一起，使我国看似单轨制和充满平等的学校教育制度，在学生接受教育起点和入口处就被体制性分化了。在这一制度体系下，在竞争性因素——考试分数发挥作用的同时，那些拥有权力和金钱的家长则可以通过赞助性因素为孩子获得重点校扩招和借读的机会。因此，克服这种体制性障碍，必须祛除学制系统的"双轨制"特性，促进基础教育资源配置和质量的制度公平。

---

① 康永久.教育制度的生成与变革:新制度教育学论纲[M].北京:教育科学出版社，2003:345.

（一）打破城乡二元制度壁垒，实行统一的基础教育学校配置

新中国以来形成的城乡二元制度结构，包括户籍制度、粮食供应制度、教育制度、就业制度、医疗制度、养老保险制度、人才制度、兵役制度等。上述十几种制度性的城乡差异产生重大的利益差别，带来公共资源尤其教育资源配置的"城市中心"取向。农村教育普遍落后，农村学生因户籍限制只能接受与城市学生大不相同的基础教育，在参与同一标准的中考及高考竞争中处于劣势，造成教育机会的制度性不公平。城乡教育的二元体制表现在拨款、教师配备、教育设施、入学机会、管理体制等各个层面，形成一个严密的制度体系。这种通过户籍将基础教育进行城乡分界，带来学校经费、办学条件、师资素质与待遇等方面的明显差异，最终表现在城乡学生学业成就及发展机会的差异上。对此，学术界以及国家教育督导团发布的《国家教育督导报告2005》和《国家教育督导报告2008》都有详尽而富有说服力的研究结论。

基础教育打破城乡二元制度壁垒，应积极贯彻《中共中央关于推进农村改革发展若干重大问题的决定》，实现基本制度的重建。如，统筹城乡社会管理，推进户籍制度改革，坚持走中国特色城镇化道路，形成城镇化和新农村建设互促共进机制，以城乡公共资源的均衡配置带动和促进城乡基础教育的均衡发展。具体上，在教育经费标准、教师编制和质量标准、教育机会入学和招生政策等方面，打破城乡二元制度壁垒，建立基础教育学校设置的国家标准，实现统一的基础教育学校配置；进一步加大公共财政对农村基础教育的支持和保障力度，完善义务教育免费政策和经费保障机制，保障经济困难家庭儿童、留守儿童、流动儿童的就学机会；实行城乡教师资源均衡配置，促进城乡教师待遇和社会条件的均衡；各级政府分工负责，以促进城乡义务教育均衡发展为抓手，努力实现基础教育学校的标准化。

（二）消解学校等级制度，建立统一的基础教育学校制度

新中国成立以来，为了更好地达到提高国民素质与培养人才的兼顾，国家在教育制度上通过"普及与提高相结合"的方式，把优质教育资源和优秀生源集中到重点校进行重点培养，以利于"多出人才、快出人才、出好人才"。虽然

20世纪90年代中期以来，国家取消重点高中而用"示范性高中"代之，以扩展优质高中教育资源，2006年《义务教育法》取缔义务教育的重点校、重点班，但这并不意味基础教育双轨制特性就此消除。长期以来的政策倾斜使基础教育不同学校在办学条件、师资水平和教育质量等方面的校际差异，其"累积效应"不是一时能够填平的，这种差异以种种新的形式和方式存续下来。它使学生上小学、升初中本应是无障碍的"直通车"——免试、免费，却因不同学校在办学条件和质量上的巨大差异而成为家长们选择的重重关隘。城镇"小升初综合征""择校热"现象有增无减；很多农村家长也舍近求远，不惜代价把孩子转入城镇借读或进入一些收费不菲的民办学校。以此，义务教育本应成为共享性、非排他性的公共物品，却变成竞争激烈的拥挤性、排他性物品。

造成这种校际差异固然有学校自身方面的原因，但更主要是一系列政策导向和制度装置所驱动的。例如，各级政府在收取费用、招生录取、教师招聘、教育评价、办学条件等，一向给重点校、示范校的政策倾斜与优惠。这一系列保护性政策构成一个以人才选拔为目的、以学校等级制度为中心的精英教育制度体系。改变这种格局的根本途径是拆除基础教育校际差异的制度装置，消解镶嵌在学校教育制度中并导致学校系统分裂的学校等级制度。在此基础上，建立国家统一的基础教育学校制度，具体包括：制定并实施国家统一的办学标准、课程标准、质量标准、经费标准；建立基础教育（义务教育）的教育公务员制度，使校长和教师由"单位人"成为"行业人"，建立公共教育资源的流动与共享机制。同时，为激发活力、提高绩效，政府通过制度创新，为公立学校加强内部管理、促进人员流动、提高办学质量，提供公平、公正的竞争机会和制度环境；积极鼓励学校形成办学和人才培养特色，适应学生及家长对基础教育的多样化、个性化和特色化需求。

（三）完善就近入学制度，促进教育机会配置的制度公平

基础教育尤其义务教育阶段，无论新老《义务教育法》都有一个共同的法律规定，就是就近入学。这种规定究竟是受教育者应当享受的权利和政府应承担的责任，还是受教育者必须受到的一种限制及政府拥有的权利，各地所制定的政策规定是五花八门、样态各异，更多表现为对受教育权的种种限制性规定。

这种按居住地来确定儿童受教育机会的做法，造成教育机会的体制性分化——大家虽然都"有学可上"了，但"上好学"的愿望却难以普遍满足，因为学校办学条件和质量之间的客观差异被学生家庭居住地制度性地框定了。

为此，应当完善现行的义务教育就近入学制度，消弭附着在这一制度上的赞助性因素及其造成的制度不公平。现阶段，像发达国家那样取消就近入学政策，允许甚至鼓励家长择校，在我国尚难以做到，且可能会带来新的更多更大的不公平。可行的做法是，结合以上所提出的政策措施，如实现统一的基础教育学校配置，建立统一的基础教育学校制度，促进基础教育办学条件和质量的城乡、校际均衡，使不同居住地的学生接受合乎国家统一办学条件标准、管理标准和质量标准的相对均衡的基础教育。与此同时，进一步发展和完善民办教育，发挥社会教育对学校教育的补充作用，以此弥补公办学校的不足，以满足学生及家长对基础教育的多样化、个性化、特色化需求。

三、装配教育分流的"路由器"，拓宽基础教育联通学制系统及劳动力市场的制度路径

基础教育改革不仅要理顺自身体系结构和关系，还要疏浚和拓宽与整个学制系统及劳动力市场的出口通道。新中国成立以来，我国基础教育培养目标一直定位在升学预备与就业准备的"双重任务"上。20世纪80年代中期以后，随着"普九"的强力推进，基础教育"双重任务"面临培养人才与就业准备的激烈冲突；与此同时，社会发展和进步对全体国民基本素质要求越来越高。在此之下，基础教育确立了"由'应试教育'向素质教育转轨"的政策目标；同时，农村教育通过"农科教""经科教"统筹，实现由单纯的"升学教育"向主要为当地经济建设服务兼顾升学的转轨。然而，无论哪一种"转轨"——排斥升学与考试的"素质教育论"，还是淡化升学和选拔的"就业准备论"，实践证明都难以实现。关键在于基础教育后的分流机制单一，学生被挤压在一个封闭而拥塞的出口处——统一中考与高考，如"春运"高峰般的景象有过之而无不及。这一教育体系中的"学校担负着一种筛子的任务，从小学各年级开始，一直进

行到以后各个教育阶段，为挑选未来的杰出人才而进行筛滤"①。这种教育难以成为"国民基础教育"。因此，基础教育改革需要通过基本制度变革，疏浚和拓宽基础教育的出口通道与路径。

（一）确立高中阶段教育独立的学制地位并促进学校类型多样化

基于我国教育现实实际，可以考虑把从基础教育剥离出来的普通高中与中等职业教育统筹整合，发展成为具有独立学制地位的高中阶段教育，进行系统的制度设计与安排，设立普通高中、职业高中、综合高中、特色高中等多种学校类型，促进高中阶段教育多样化。这不仅能使基础教育实施素质教育拥有高中阶段的"缓冲阀"，也使基础教育后的分流有了便利灵活的接口。学生在基础教育后可以通过普通高中、职业高中、特色高中实现第一次分流，通过综合高中的"2+1"等方式实现第二次分流，通过建立普通高中、职业高中、综合高中、特色高中一定范围的学分互认及转学机制，使学生有第三次选择和分流的机会。这样，学生就有了多种选择机会和发展路径，高中阶段教育成为与各级各类教育及劳动力市场衔接和分流的"路由器"，基础教育也有了更加宽阔、便利的改革和发展环境。

（二）改革教育考试和人才选拔制度，为学生成才就业和人力资源合理配置创造制度条件

基础教育完成后，在改革和完善普通高考的同时，设置多种类型和标准的高等学校入学考试，根据社会需要和社会成员自身发展需要，在高中阶段以及高等教育阶段合理分流，形成与各种性质与类型高等学校相衔接并涵盖各种产业、行业、专业领域的教育考试和人才选拔制度，使从事各种职业和行业的社会成员都能够享受到国家所赋予的教育权利，形成与自身利益相关的就业创业能力。由此，基础教育不再是承载少数学生升学考试的"独木桥"，而是全体学生与多样化社会需要相联通的成才就业"立交桥"。

---

① 联合国教科文组织.学会生存:教育世界的今天和明天[M].北京:教育科学出版社，1996:87.

（三）实行学业证书与职业证书并重制度，完善以能力本位和职业资格本位的用人制度

按照《教育法》确立的学业证书制度，无论普通教育还是职业教育、成人教育，同一层次的学历应该赋予等值和等价性。为此，国家应通过相关法律规定和政策导向，纠正用人过程中的院校歧视、第一学历歧视现象，进一步完善以能力为本位的人才录用和干部选拔制度。同时，在各行各业劳动用工中，建立统一的技术资格制度，在全社会实行学业证书与职业资格证书并重的制度。社会成员无论接受的是普通教育还是职业教育，只有具备相应的技术资格，才能享受相应的工资待遇。这些基本制度的突破与重建，将从根本上缓解基础教育阶段的压力与负担，为基础教育改革提供更加宽松合宜的制度环境。

教育管办评分离的思想淬火与实践探寻①

2015年5月11日至12日在合肥八中举办的"中国长三角校长高峰论坛"，特别是分论坛，让我们对"管办评分离"的种种信息、想法和问题纷繁交织，割不断、理还乱。这里聚焦其中几点，进行初步的整理和认识。

一、论题前沿而又务实肯要

记得一位退休多年的教育局局长在安徽省社会学会平台上参与创建了一个教育评价与咨询中心，计划在中小学开展教育评价和咨询方面的服务业务。还有一件事，一个县区教育局局长希望本人组建一个教育评价团队，作为第三方对该区学校管理和师生发展进行评价。看来，管评办分离不是空穴来风，也不是坐而论道，而是一个必须面对和行动的新课题，一种必须确立的新的教育管理思维，一条必须要迈出的教育改革和发展新路。

从历史看，我国教育从"文化大革命"以前的政治领域，发展到此后的经济领域，再到十七大以来的社会建设领域，教育不仅是教育问题，更是与就业、分配、医保等一样广受社会各种利益相关者关注的社会事业，从忠于党和国家的教育事业，到办好人民满意的教育，教育必须重新定位，政府、学校都必须面临社会——人民群众的期待、拷问和挑战。谁来办、办什么教育、如何办，都不是政府、学校单方面决定的，必须接受社会的意见参与，必须提高政府的教育治理能力、学校的办学治教能力。

2002年出台的《教育部关于积极推进中小学评价与考试制度改革的通知》中，首次提出要"探索有利于引导学生、教师和学校进行积极的自评与他评的评价方法"。2010年《国家中长期教育改革和发展规划纲要（2010—2020年）》对我国现阶段教育的基本矛盾做出新判断，即从一个基本矛盾到三个基本矛盾：

---

① 本节完成于2015年。

经济社会发展对高质量多样化人才需要与教育培养能力不足的矛盾、人民群众期盼良好教育与资源相对短缺的矛盾、增强教育活力与体制机制约束的矛盾。

因此，管办评分离就是解决第三大基本矛盾的重要突破口。《教育规划纲要》在"建立现代学校制度"一章中，第三十八条提出要推进政校分开、管办分离，建设依法办学、自主管理、民主监督、社会参与的现代学校制度，构建政府、学校、社会之间新型关系。第三十九条提出要落实和扩大学校办学自主权。政府及教育主管部门要树立服务意识，改进管理方式，完善监管机制，减少和规范对学校的行政审批事项，依法保障学校充分行使办学自主权和承担相应责任。第四十一条提出要完善中小学学校管理制度。完善普通中小学和中等职业学校校长负责制。实行校务会议等管理制度，建立健全教职工代表大会制度，不断完善科学民主决策机制。

2013年11月12日十八届三中全会《中共中央关于全面深化改革若干重大问题的决定》确立的教育改革三大任务之一，是深入推进管办评分离，扩大省级政府教育统筹权和学校办学自主权，完善学校内部治理结构；强化国家教育督导，委托社会组织开展教育评估监测。2015年5月4日教育部《关于深入推进教育管办评分离促进政府职能转变的若干意见》指出：围绕推进教育治理体系和治理能力现代化这一总目标，以落实学校办学主体地位、激发学校办学活力为核心任务，加快健全学校自主发展、自我约束的运行机制；以进一步简政放权、改进管理方式为前提，加快建设法治政府和服务型政府；以推进科学、规范的教育评价为突破口，建立健全政府、学校、专业机构和社会组织等多元参与的教育评价体系。到2020年，基本形成政府依法管理、学校依法自主办学、社会各界依法参与和监督的教育公共治理新格局，为基本实现教育现代化提供重要制度保障。

但是，以上文件都是政府视角的，主要是政府职能转什么、如何转，而校长视野下的理解、期待、困惑、诉求、责任、权力定位是什么，需要调查实证，也需要在论坛中展露出来、碰撞生成。确实，过去都是政府办学，对学校来说是"他主"办学，现在搞管办评分离，政府负责管，学校负责办。但这与西方国家教育的校本体制毕竟不一样，而在我们国家，学校是政府的附属机构，推行管办评合一，是要"落实学校办学主体地位"，扩大学校办学自主权，完善学校内部治理结构。学校作为由"婆婆"管理下的"媳妇",成为独立操持家务的"主妇"。作为家庭"主妇",我们面对的是不一样的机遇、挑战,也需要不同于以往的作为与担当。

二、形式开放而富有思想共识

本次论坛包括两场分论坛,围绕论题,在安徽师范大学周兴国教授所做的深入周祥的实证调查分析基础上,2位主持人、8位校长、20多位参会校长的参与讨论,观点交锋、碰撞火花、生成许多富有建设性的思想共识。大家带着问题(而不是答案)而来,通过论坛,我们又将带着问题而归。我们不再只是行动者,而且要成为思考探索的且行且思者。

第一场,是4位校长从一开场的疑惑、疑虑、迟疑,到接下来的回应、响应、主动呼应的过程。在王建民校长的导入、导引、穿插之下,讨论从"办"的习惯与束缚,到何通海校长在新课改、新高考之下"学校如何用好学生的课程选择权、教师的课程开发权、学校的课程设置权"的定位。孙纳新校长对上海引进第三方进行第三方(公司)实施一年级"0起点"教育评价的有效实施,为我们搭建了管办评分离讨论的平台。接着,张红校长对本地教师招聘从前些年的"自由恋爱"(校长直接主持考核与聘任)变成了"包办婚姻"(全省统一考试),直到开学才能"掀起盖头"的尴尬。到潘文新校长针对管办评分离还没有引起校长们强烈呼应,共同提出应当从体制入手,认识到管办评是趋势,但过程会很漫长。由此,逐步确立了本场关于校长视野下管办评分离的相关议题。

第一场分论坛围绕政府要不要管、管多还是管少、管什么与放什么,到实施管办评分离,校长如何接招,学校如何自办学主进行讨论。先后出现"管办评在现有文化土壤上不适宜,长不出管办评三棵树""校长的自我能力不足,因为被管惯了""除了安全,校长作为第一责任人的权力在哪?校长们成了温水煮青蛙,习惯了""搞学校章程,有可能会给自己埋炸弹""这场改革是自上而下,学校没有改革的动力,不像小岗村改革那样自下而上,敢于冒风险"等观点。

接下来,是对学校办学自主权和校长角色定位的讨论。在王建民校长巧设的问题过渡下,孙纳新校长介绍做校长可以做自己喜欢做的事情,按自己理想办自己理想中的学校。办学不是不要政府管，看怎么管，是人管、是制度。他感慨地说："管办评很向往，但现实也很残酷。"潘文新校长从自己所在学校从公办学校变成民办学校，接下来又改制成公办学校的"过山车"式发展，结合政府与翔宇教育集团谈判和博弈，学校获得政府的财政保障和民办体制的用人和分配自主的双重政策支持，学校获得进一步发展，以此得出管办评分离是一种机制。浙江的何通海校长提出校长的权力和作为不在财和物，而是强化课程领导权，提出靠管是管不出好学校的。由此，主持人概括出校长需要哪些权力，不需要什么权力，进而凸显学校办学主评体的权力、责任与作为。

随后，大家集中讨论了"评"的问题。多数校长赞成第三方评价，但对于第三方究竟如何保证其科学、公平？一种观点认为，评是难点，政府购买第三方服务，但第三方还很不健全，由谁审批，拿谁的钱就要为谁做事，如何保证其公正？另一种观点认为，第三方可以避免偏私，专业的第三方一旦形成评价模型，谁来评都一样。何通海校长认为，关键是评的价值导向是前提，如评重点高中还是评示范高中。潘文新校长则给出多元评价、多样评价、多维度评价的建议，问题是目前教育领域还没有成熟的第三方机构，必须培育，必须与第一第二方进行利益隔断。

最后，大家集中讨论了管办评三者的关系。安徽的参会校长指出：管是给我们方向——过河，办——任何过河的方式，评——过河的效率、安全。政府管的分离，是让学校有更多自主权，同时，要加强评，留给学校"办"的自主空间。潘文新校长的总结是，管办评分离是发现主体、激发活力、强化责任，现在不是政府给钱就行，也不是把权力交给校长就可以，应当像动车组一样，给每一节车厢装上动力。何通海校长则认为：办，有大办——政府办教育；小办——校长办学校。公办学校由政府管很正常，要管方向。现在落实在"小办"——校长如何办好学校。大家一致认为，管办评分离是为了更好地融合——政府办好人民满意的教育，校长办好人民满意的学校。这样政府才会少管、社会才会放心。管理上的放权，才能改变千人一面，办个性鲜明的特色学校。因此，应当赶上全面深化改革这班列车，以积极开放的态度，主动迎接、托举，要用小岗村的改革精神，迎来管办评分离这场深刻改革。

第二场讨论，大家是在权事基础上，更加聚焦学校"办"的思路，以及如何与管的放权、评价的兴起进行对接。从狄更斯那句名言"这是一个最好的时代，也是一个最坏的时代"切入，浙江的许校长说，既然爱上了，而且是唯一的机会，那就轰轰烈烈地爱一场吧！江苏的金校长说，今天的教育，管办评应当是沸腾的事业、冷静的支持。江苏的杨校长说，作为校长，我们准备好了吗？安徽的李校长说，从以升学率为中心的社会评价，到对这种评价的单一性，校长的主要精力是迎合这一评价，但被社会舆论所绑架，学校办学出现偏差的反思，到新常态下，必然要从学校治理方面依法治校，政府、学校共同努力。

接着，在主持人的导引和组织下，大家先后围绕以下问题进行讨论和交锋：为什么政府一定要管，过去一直将希望寄托在政府身上，现在管办评分离，校长如何接得住？政府越位、缺位？政府职能应当合理定位？校长如何做应当做的，这也是政府所担心的，应当对校长进行培训。在自主办学的过程中，设立校务委员会，困难在哪？管办评分离是剥洋葱式的，层层分离，如何建立学校内部治理结构？第三方评价如何培育，评价的多元机制和内容应当如何促进学校办学？

总之，浙江的许校长认为，管办评分离在不同阶段、地区不易搞一刀切，既要仰望星空，又要脚踏实地。江苏的杨校长认为，政府管所需要管的，校长应当办出自己所理想的学校，相信未来会更好！安徽的李校长认为，管办评分类对于学校和校长来说，是机遇与挑战同在，分离的目的和核心对政府、学校、学生负责。

三、思想交锋更待多主体行动回应

应当说，在党中央大政方针确立以后，教育主管部门已经出台的具体的方案和政策，管办评方式是分还是不分，大家接受还是不接受，这不再是个问题，而是如何分离，分离之前、分离过程中、分离后面临什么问题，尤其是学校、校长如何接得住，在分离后如何更好地办。我们需要以此次论坛所确立的校长视野下的管办分离为切入口，深入理解教育领域综合改革这一重要攻坚任务的意义、核心，正确理解管办评三者在分流过程中的行动理路和良性互动关系形成的关键。

　　按照教育部的政策文件，政府应当推进依法行政，形成政事分开、权责明确、统筹协调、规范有序的教育管理体制。因此，"管"的方面应当在放权、让权、改权、强权上综合施策。这主要包括加大政府简政放权力度，推行清单管理方式，加快国家教育基本标准建设，健全依法、科学、民主决策机制，建立健全教育行政执法机制，加强和完善政府服务机制；加大行政监督和问责力度，从而使政府在建立现代学校制度过程中不缺位、不错位、不越位。就学校而言，应当随着政府职能转变，通过推进政校分开，建设依法办学、自主管理、民主监督、社会参与的现代学校制度。因此，"办"的方面，需要完成赋权、受权、用权、担责。这主要包括依法明确和保障各级各类学校办学自主权，加强学校章程和配套制度建设，完善学校内部治理结构，健全面向社会开放办学机制，完善校务公开制度，使学校能够做到依法办学、自主管理、民主参与、社会监督。就社会而言，应当推进依法评价，建立科学、规范、公正的教育评价制度。这主要包括：推动学校积极开展自我评价，提高教育督导实效，支持专业机构和社会组织规范开展教育评价，切实保证教育评价质量，切实发挥教育评价结果的激励与约束作用。因此，"评"的方面，需要将学校自评、官方评价、社会评价（主要是第三方评价）、评评（对评价的评价）、用评（对评价结果的使用）相结合。

　　总之，政府放管是前提，学校自主管理是核心和关键，社会评价是重要突破口。我们需要在实践中主动探索实践，创造出管办评分离的、安徽经验、江苏经验、浙江经验、上海经验、长三角经验、中国经验！期待各位校长在管办评分离的实践过程中，积极作为，迎接政府的放权与指导督导、第三方评价的参与和互动，练好教育经，办出教育应该有的样子，回归教育本质，回归育人为本、立德树人，把学校办成学生健康成长、幸福生活的精神家园和成功乐园。

第四章　义务教育专题研究

义务教育的私益性及其私事化倾向的遏制[①]

教育具有私益性吗？私益性与公益性是什么关系？不同类型和阶段教育的公益性和私益性有什么不同？进而言之，义务教育有私益性一面吗？义务教育的私益性应放在什么位置或满足到什么程度？用什么方式来满足这种私益性诉求？私益性与私事化有什么不同？义务教育中存在哪些私事化倾向？如何对待义务教育的私事化倾向？这是我们不容回避的理论和现实问题。本节试图从厘清义务教育提供者与消费者——国家与受教育者及家长之间的教育利益关系入手，以求对这一问题作初步应答。

一、义务教育：具有私益性一面吗

现代教育的公共性及其公益性毋庸置疑，而对于教育有无私益性一面，学者们似有着不同观点。劳凯声教授认为，由于利益格局多元化和市场的介入，传统的教育公益性受到挑战。他提出，教育兼有公共消费和私人消费双重性质，我国当前建立的公共教育体制对应的是一种公共性事业，提供的是一种公共物品。这种公共物品在一定条件下可以转化为私人物品或准私人物品，并通过政

---

① 本节原载于《教育发展研究》2007年第11期。

府和市场两种途径来提供，形成一种市场化公益行为①。王一涛、安民等学者提出，教育是不是公共物品，不是取决于自身，而是依赖于被提供的方式。教育（即使是基础教育）既可以作为公共物品，又可以作为私人物品。教育由政府提供，可成为公共物品；由市场提供，则成为私人物品。由于教育具有明显的外部性，无论从教育资源配置效率还是从维护社会公平的角度，都需要政府补贴，使之成为公共物品②。夏志强则认为，教育私益性是义务教育阶段出现产业化运作的唯一合理解释③。其言下之意是公办的义务教育不具有私益性。在教育实践领域，义务教育这种公益与私益的博弈与矛盾更是复杂难辨，莫衷一是。

众所周知，古代教育是一种私（家）事，以私益诉求为主导。私学从举办者到就学者，目的在于"读书做官""学而优则仕"。为人父母者更是为了"望子成龙"。甚至，古代教师的身份和从业动机也是一种私人性质或以私益为主导的。官学举办者和管理者是中央政府或者地方政府，但私有制下的社会制度决定其教育性质的私有属性，即为统治阶级利益集团服务。现代教育作为现代经济发展的必然产物，成为国家举办的一种公共事业。义务教育的产生，使儿童教育由原先以家庭或政治团体负责为主，转向由国家举办和提供的一种面向所有适龄儿童少年，旨在培养社会合格成员的强制性、免费性、普及性教育。由此，教育由原先的一种"私事"（private good），发展成为在法律框架下国家提供和保障的一种"公益性事业"（public good）。这是现代教育制度的基本特征和历史进步。然而，家庭在失去部分或全部教育权以后，其作为教育利益主体的角色并没有任何改变，国家必须利用教育政策来调控其自身与家庭等其他教育主体之间的教育利益关系，以巩固自身统治的基础④。因此，现代教育的公共性并不等同于社会公益或社会福利，而是包括私益在内，即既满足个人私益又满足社会公益⑤。只不过现代教育的私益性与古代教育的私益性有着本质不同。即现代教育的私益性是以公共利益为主导取向的在公共性框架下存在的，或者说

① 劳凯声.面临挑战的教育公益性[J].教育研究,2003(2):8-9.

② 王一涛,安民."教育是公共产品"吗？——对一个流行观点的质疑[J].复旦教育论坛,2004(5):40.

③ 夏志强.论教育的私益性[J].四川财经,2002(4):19.

④ 刘复兴.教育政策的价值分析[M].北京:教育科学出版社,2003:39.

⑤ 余雅风.法律变迁与教育的公共性实现[J].教育学报,2005(2):54.

是在保障公共性及其公益性的同时（过程中）实现私益，而不是以私益性为主导取向或通过排斥和损害公共利益来实现其私益。换言之，作为公共物品的教育，包含私人性和私益性一面，能够而且应该为受教育者带来一定的收益和回报。就此而言，义务教育也不例外，只不过义务教育具有强烈的外部性——提高民族整体素质和社会文明程度，所产生的社会效益远远大于个人效益。正因如此，政府及其所制定的教育政策与法规，就是要运用公共权力在义务教育的公益性与私益性之间寻找一个结合点和平衡。例如，我国《教育法》《义务教育法》和《民办教育促进法》提出，"教育活动必须符合国家和社会公共利益"，"义务教育是国家统一实施的所有适龄儿童、少年必须接受的教育，是国家必须予以保障的公益性事业"，"民办教育事业属于公益性事业"。

通过以上分析可以发现，义务教育是公益性与私益性共存，是以公益性为主导取向的公共物品，私益性具有其存在的合理性和合法性。而且，公益与私益也并不总是矛盾和对立的，在一定的社会条件和政策规制及调控下是可以整合兼容的。在义务教育过程中，国家法律政策、学校教学与管理，以及家长和受教育者本身，都必须以维护整个社会公共利益、实现国家意志为根本宗旨，并使个体接受教育的私益性诉求在此过程中得到一定的实现。

二、义务教育私事化倾向：一个虚假命题吗

在确证义务教育具有私益性一面的基础上，应当重视义务教育领域正在滋生蔓延的一种私事化倾向，以及由其带来的现实问题及可能危害。谢维和教授认为，公共性和公共利益是基础教育尤其义务教育最重要的功能和首要坐标。如果把接受基础教育特别是义务教育看成是单纯实现个人发展目标的一种活动，将基础教育转变为一种对个人回报的追求，作为一种追求个人利益和目标的活动，那么，基础教育特别是义务教育的公共性将不能得到维护和保证[①]。具体而言，义务教育的私益性与私事化有根本区别。私事化倾向是对义务教育私益性的僭越、放大和绝对化，即以个人私益目标代替义务教育公益性目标，可能会

---

① 谢维和.公共利益：基础教育改革的首要坐标——清华大学谢维和教授谈公共性视角的基础教育[J].校长阅刊,2005(4):25–27.

造成义务教育的公共性危机。

应当指出，20世纪80年代以来，针对公共教育存在的一系列弊端，发达国家兴起一种教育自由化、市场化与私事化新潮。与国际上这种"系指以私人与民间团体为办学主体"[①]的教育私事化不同，我国当前滋生蔓延的义务教育私事化倾向，表现在部分教育主体的教育目的取向、教育机会选择、教育内容实施及教育服务关系的价值评判和行为上，构成对义务教育公共利益的损害，侵蚀到义务教育的公共性基础。

（一）教育目的取向的私事化

《义务教育法》规定："义务教育必须贯彻国家的教育方针，实施素质教育，提高教育质量，使适龄儿童、少年在品德、智力、体质等方面全面发展，为培养有理想、有道德、有文化、有纪律的社会主义建设者和接班人奠定基础。"义务教育是国家免费提供的一种体现国家意志和社会公共利益的基本价值观念和行为规范教育，旨在培养合格的公民。对于国家来说，这既是一种义务和责任，也体现了国家的一种强制性要求；对于受教育者来说，这既是享受国家提供和保障的一种基本权利，也是一种必须接受和承担的义务与责任。而学校、家长以及社会，则应确保国家和受教育者双方在义务教育上的权利与义务。但实际上，很多学校、家庭和受教育者往往把国家对培养合格公民所提出的目的、要求和评价标准放在一边，或当成软性指标甚至是摆设的"花瓶"，而更多地去追求和满足受教育者个人发展目标。很多家庭把大部分精力和财力花在孩子学习上，以升学为主要目的；把孩子学习好，考上名牌、重点大学，将来找到好工作当成家庭教育成功的唯一标志。这种过于功利化的倾向，无疑是把那种体现国家意志和社会公共利益的"公事"，变成实现家庭梦想和学生个人发展目标的"私事"，从而造成义务教育目的取向上的国家性被弱化和降低。这也是为什么国家竭力倡导素质教育而家长不"买单"的根本原因。例如，国家提出在培养"一大批创新拔尖人才"的同时，大力培养"数以千万计的专门人才""数以亿计的高素质劳动者"。而有关调查则显示，小学生家长希望自己孩子成为出色专家的占19.2%，成为专业技术人员的占42.6%，成为社会知名人士的占19.7%，

[①] 陈桂生.略论学校性质演变的轨迹[J].当代教育论坛,2005(11):34-37.

成为有一定知识的普通劳动者的只有18.5%[①]。可见，家长多把目标定位在将孩子培养成精英、白领。总之，教育目的的取向的私事化使家庭成为阻碍义务教育实施素质教育的一个重要因素。

（二）教育机会选择的私事化

与教育目的取向私事化相关联的是，很多家长往往并不满足国家所提供的可以共享的义务教育机会，而不惜成本代价求得政策之外的教育机会。应当说，义务教育"就近免试"入学政策既是一种权利，也是一种规制，即对义务教育入学机会作一种限制性分配，而不是自由选择。它一方面体现了义务教育是由国家提供的公共物品所具有的非竞争性和非排他性，接受这种教育的人不需直接付费，而是由政府公共财政承担并保障受教育者的基本权利。另一方面，也反映出国家、学校提供义务教育服务的方式、内容、程度及水平存在局限性。义务教育的公益性水平还达不到理论上及法律上的要求，更是难以满足受教育者及家长过高的私益性诉求。加之，非义务教育（高中、大学）的准公共性（具有竞争性、选择性等排他性特点）及私益性（个人及家庭的教育成本分担和较高的个人收益率），受教育者在接受义务教育之后，必须通过竞争和筛选才能获得优质的非义务教育机会。这在很大程度上强化了人们对义务教育的私益性诉求。当受教育者及家长的私益性诉求得不到其所希望程度的满足时，家庭往往就会过度介入，或采取一些补偿措施，使自己孩子所接受的义务教育比其他孩子具有更强的竞争性和排他性。由此，义务教育"作为一种体现国家和社会公共要求的义务活动，很可能转变成为一种具有个人取向的'消费'活动，进而成为私人或个人的事情"[②]。例如，虽然对于绝大部分地区和绝大多数儿童来说"有学上"和"上得起学"并不成问题，但由于地区之间、城乡之间、学校之间在办学条件、师资水平、学校管理和教学水平上存在不均衡，受教育者及其家长获得优质教育机会的愿望和需求难以充分满足。于是，很多家长或高薪为孩子请"家教"，或带孩子上各种各样培训班、强化班、特长班，或在学校布置学习任务之外购买大量辅导资料给孩子开小灶，或交纳昂贵学费进民办学校，

① 金崇龙.小学生家庭教育现状调查及思考[J].江苏教育学院学报,1999(1):39-39.

② 谢维和.素质教育的两种取向及其选择[J].中国教师,2006(1):6.

让孩子接受一种符合其愿望期求的有偿教育，或不惜巨资跨学区为孩子选择"示范校""实验校"，有的甚至丢下工作、放弃正常家庭生活去当"陪读一族"。

（三）教育内容实施的私事化

义务教育私事化倾向渗透到教育过程内部，集中体现在受教育者及家长对国家规定的教育内容的态度和具体实施上。虽然《义务教育法》规定：义务教育"应当符合教育规律和学生身心发展特点，面向全体学生，教书育人，将德育、智育、体育、美育等有机统一在教育教学活动中"，并要求"国务院教育行政部门根据适龄儿童、少年身心发展的状况和实际情况，确定教学制度、教育教学内容和课程设置"；要求"学校和教师按照确定的教育教学内容和课程设置开展教育教学活动，保证达到国家规定的基本质量要求"。另外，还要求"学校应当把德育放在首位，寓德育于教育教学之中，开展与学生年龄相适应的社会实践活动，形成学校、家庭、社会相互配合的思想道德教育体系，促进学生养成良好的思想品德和行为习惯"，"保证学生的课外活动时间，组织开展文化娱乐等课外活动"。这些对教育内容方面的规定，要求义务教育应当在以国家和社会的基本价值观念和行为规范为核心的公共性框架下培养学生，体现教育内容和课程设置的公共性。然而，国家对教育内容所确立的这种公共性框架在实施过程中同样遭遇私事化倾向侵蚀。一方面，受教育者及家长往往越过这种公共性框架，根据自己的私益性诉求对国家规定的课程标准和教育内容进行一种轻重主次的排列和取舍。最典型的是，国家要求以德育为先，促进学生全面发展，而很多家长则强调以分数为衡量标志的"智能教育"，放松甚至放弃对孩子德育、体育、美育方面的培养和要求，或认为没什么用处、无关紧要，或认为耽误学习甚至对"学习"有害。另一方面，是将教育内容注入功利化和个人主义的价值诉求。如在德育上，国家要求在义务教育阶段重视培养学生爱国主义、集体主义精神和社会主义信念，要求培养学生遵守国家法律和社会公德，具有社会责任感和为人民服务的精神。而在实际过程中，很多家长对孩子灌输的则是如何个人奋斗，将来出人头地、荣华风光，使"理想教育"变成了"欲望教育"。很多家长带孩子上各种特长班、兴趣班，并不是从审美情趣的培养出发，而是为孩子将来成为这样那样的"家""星"做投资；在以知识和分数为目标的家庭教育中，不少家长在进行知识辅导和能力训练过程中，往往嵌入一种如何"获得高分""打败××同学""将来赚大钱、做老板"的意念。这可谓是义务教育私事化的一种"成果"。

（四）教育服务关系的私事化

义务教育作为一种公共物品，不同于由市场提供的教育服务和非义务教育阶段的教育服务。义务教育学校、教师的活动和身份体现的是国家的意志和权威，他们是在执行国家的任务，履行社会的义务，他们代表的是一种整个社会和公共的要求与利益，而绝不能够单纯是一种对学生实现其个人目的的服务[①]。也就是说，义务教育学校和教师代表的是一种公共使命和公共理性。然而，在义务教育私事化侵蚀下，一些学校（这里主要指公立学校）、教师与受教育者及家长之间的关系发生了错位。如，为了给学校带来良好的社会效益，并吸引政府、社会和学生家长的投资进而带来更大的经济效益，有些学校不顾教育方针及有关政策要求，以提高学生考试成绩和升学率作为办学的目的追求。这虽然满足了部分受教育者及其家长的私益性诉求，获得了家长对学校的教育投资，却淡化或放弃了国家和社会的公共利益。如，造成青少年儿童思想道德和身体素质下降、心理问题增多，劳动教育几乎成为教育的空白。同样，这种私事化倾向还反映在师生关系上。一些教师把责任心集中在对学生分数和升学的关注上，致力于知识传授及学生分数、名次和升学率的提高。知识传授及学生分数、名次和升学率的高与低，也成了部分学生、家长对教师评价的唯一标准。这一方面冲击了教师权威，使教师有可能成为被学生及家长"选择"甚至要求"下课"的对象，另一方面也易使教师蜕变成自身利益的守护者，从而挫伤教师的公共使命感、职业尊严感。日本学者佐藤认为，现代教师的最大危机恐怕就是在教育的意识里渗透着"私事化"（privization）之下，教职的"公共使命"衰退这一现实。因为，丧失了"公共使命"的教师的工作，只能是竭尽全力也无以为报的"朦胧的杂务"[②]。

---

① 谢维和.公共利益:基础教育改革的首要坐标:清华大学谢维和教授谈公共性视角的基础教育[J].校长阅刊,2005(4):25-27.

② 佐藤学.课程与教师[M].钟启泉,译.北京:教育科学出版社,2003:259.

三、遏制义务教育私事化：治标还是治本

与国际上作为一种改革举措的教育私事化不同，我国当下出现的教育私事化倾向是传统惯性与现实驱动结合、潜藏于民间的一种自发行为。应当说，在我国义务教育公益性水平不高的现实情况下，家庭和家长对义务教育发挥了巨大的支撑和补偿作用。然而，义务教育私事化又主要表现在家庭方面，而且，原因和症结似乎也集中在受教育者家庭及家长身上。难道"可怜天下父母心"错了吗？板子就该打在家庭和家长身上？古人说："过犹不及。"一方面，家庭及家长对义务教育的补偿与辅助功能应是有限度的，"过"则可能变味甚至越位。日本学者藤田英典认为，教育私事化是将教育调整为利己主义式、歧视性的东西，把人们分割成唯我独尊的个体和集团，并有可能摧毁义务教育的私益性及其私事化倾向的遏制社会的公共性基础①。另一方面，自20世纪80年代《义务教育法》实施以来，与"分级负责、分级管理"体制相因应的是，义务教育一直作为地方性公共物品，其公共利益的目标定位和结果实现都有很大的局限性。同时，一些教育政策法规还表现出对管理、秩序的偏重而对教育私益性的尊重和保障不够。这种公共性的"不及"，才是教育私事化倾向滋生蔓延的深层原因。综观现有的研究，所谓义务教育的公共性，既不是"公共利益本位论"主张的，即由国家承载国民的托付，从自身立场、利益与责任角度来实施义务教育，以公共利益优于个人利益，当私益与公益遭遇冲突时要求舍弃教育的私益性而牺牲个人利益；同时，这种公共性也不是"公共权力论"主张的，即把行政权看作公共利益的唯一代表②。公共性作为现代教育的根本特性，表现为教育直接使个人受益、间接使社会受益的责任和功效，追求个人私益与社会公益的重合与同时满足。具体表现为，在教育目的和功能上，在给国家、社会带来公共利益的同时，为个人带来合法的利益回报，公民个人利益与整个社会公益

---

① 藤田英典.走出教育改革的误区(1997)[M].张琼华,许敏,译.北京:人民教育出版社,2001:1-2.

② 余雅风.教育立法必须以教育的公共性为价值基础[J].北京师范大学学报(社会科学版),2005(1):30.

相辅并存；在教育价值观上，体现公正、合法、公开，实现社会公平，谋求社会福利；在教育结果上，实现公民个人利益与社会公益的共享性；在教育影响上，由"私域"范畴扩展到社会生活甚至全人类的共同生活，产生普遍的影响；在教育管理主体上，国家、政府和社会公共组织共同构成管理主体，代表大多数人的利益，依法行使公共教育权力，把实现公众依靠个人无法实现的利益作为现代教育存在的价值体现；在教育问题的解决上，运用公共权力及通过立法方式来解决。鉴于此，义务教育私事化倾向的遏制，应当坚持标本兼治。

（一）从教育法律与政策上提升义务教育的公益性水平

我国自20世纪80年代以来实施的义务教育，一直是由地方负责和管理，没有实现完全免费。近年来市场的介入及由此出现的多元化办学，已造成国家公共价值观念和社会行为规范培养的弱化、学校的两极分化，并引发"择校热"和一些教育腐败现象，乃至拉大了区域之间和城乡之间教育的差距，加深了义务教育阶段受教育机会不均等程度[①]。而将公办学校通过所谓"转制"，变成"民办公助""国有民营"学校，虽然减轻了地方政府的财政负担，但其结果不仅损害了义务教育的国家性，也损害了受教育者接受义务教育的权利，同样造成了义务教育公益性的缺失。随着新《义务教育法》的实施和义务教育经费新机制的运行，我国义务教育的公益性全面提升的条件已经具备。一旦国家将义务教育经费全部纳入中央公共财政，义务教育由地方性公共物品发展成为国家性公共物品就有了基础。义务教育也只有进一步发展成为国家性公共物品，并通过相应的制度安排和机制创新，改变目前因行政区划和体制分隔而造成的经济水平差别、户籍差别、城乡差别、学校差别等带来的义务教育机会不均衡的弊端，才能成为由国家为全体适龄儿童、少年提供的一种公共福利和基本权利。这也是遏制因家庭过分干预和参与而导致义务教育私事化的治本之策。

（二）确立私益性及个人权利在义务教育中的合法地位

提升义务教育的公益性水平，并不等于将公民教育权利完全置于政府统一包揽和控制之下。为此，应当改变长期以来国家、政府充当教育权益唯一合法

---

① 鲍传友，邓涛.论市场经济条件下义务教育的公共性[J].中国教育学刊,2006(3):11.

的表达者和判断者角色，避免用国家需求替代多样化、个性化的社会需求和个体需求，导致义务教育的目的取向、教育机会配置、课程内容及实施过程标准化、划一化，千校一面，单一刻板。国家教育政策与法律应当将受教育者个体接受义务教育的私益性诉求纳入法律和政策安排之中，尊重受教育者的学习权及其父母为子女选择学校的权利。值得注意的是，新《义务教育法》提出教师"应当平等对待学生，关注学生的个体差异，因材施教，促进学生的充分发展"。然而，只对"教师"提出要求是远远不够的，应当将此推广和上升到国家、政府、学校等宏观层面，在教育政策和法律上体现对学生个性差异、个人发展及其私益的保护与尊重。在这一过程中，应当尊重受教育者家庭及家长的利益诉求和参与孩子教育的权利，为家长联合会、家长委员会和家长个体表达意见和提出建议提供合法有效的渠道。并通过实施义务教育券制度，改进完善"就近免试"入学制度，促进学校多样化、特色化办学以及学校之间适度有序竞争，以满足公众对义务教育的选择性和优质化需求。

（三）实现义务教育的公益与私益在公共性框架内的整合与平衡

义务教育公益与私益诉求是长期客观存在的，两者间的冲突往往不是直接的，而是表现为一种"两张皮"现象，即国家在教育政策和法律上更多强调国家利益和统一性要求，受教育者及家长则更多指向个体利益的诉求与满足，而学校虽然站在国家及公共利益立场上，但面对受教育者及其家长的私益诉求时又往往偏向后者。所谓"素质教育轰轰烈烈，应试教育扎扎实实"即是一种现实反映。要实现义务教育公益与私益诉求的整合与平衡，一方面如上文所提出的，义务教育的公共性应当成为一种包容受教育者及其家庭私益诉求的公共性，一种尊重个性差异和允许适度选择的公共性，而不是一种"公共利益本位"和"公共权力本位"的公共性。另一方面，国家应通过一定的法律与政策为义务教育建立一种体现国家意志和社会公共利益的"公共性框架"，对包含着个性化、选择性诉求的私益取向进行一定的引导与规制，防止由此误入私事化的泥沼。具体而言，这种"公共性框架"首先要在教育目的取向、教育内容实施以及质量评价等方面，对学校、教师、受教育者及其家长进行一种规制与导向，切实贯彻国家的教育方针，遵守公共价值观念和社会行为规范，贯彻实施义务教育课程标准，培养公民基本素质。进而帮助每一个受教育者及其家长在实现私益性诉求的同时，肩负起公共使命与社会责任感，自觉关注和维护国家整体利益和社会公共利益。其次，在教育机会分配、教育资源配置以及教育服务关系上，确保公平性、公开性，防止因私事化倾向而对义务教育公益性造成侵损与破坏。要实现义务教育的机会均等和均衡发展，使其为所有社会成员所共有和共享，从而实现教育公平与社会公平。

"上好学"政策话语的实践意义、现实挑战与应对策略①

"上好学"和一般意义的上好学，作为两种意义相近而又内涵不同的教育政策目标，反映出新时期新阶段教育政策话语的一次重要转变。2010年，胡锦涛总书记在第四次全国教育工作会议上讲话指出，我国教育还不完全适应国家经济社会发展和人民群众接受良好教育的要求，主要问题之一就是"有学上的问题基本解决，但上好学的问题依然突出"。2012年，温家宝总理在全国教师工作暨"两基"工作总结表彰大会上指出："我们基本解决了'有学上'问题，但更大的挑战是'上好学'。"《国务院关于深入推进义务教育均衡发展的意见》用"有学上"和"上好学"来概括我国义务教育发展的历史成就与未来任务，即"我国用25年全面普及了城乡免费义务教育，从根本上解决了适龄儿童少年'有学上'问题"；深入推进义务教育均衡发展的目标，就是"努力实现所有适龄儿童少年'上好学'"。毋庸讳言，政策话语转变所传达的政策理念需要相应的政策举措将其引向政策实践。这不仅是人民群众所期盼和乐见的，也是这一政策目标是否落实的检验标准。本节围绕义务教育均衡发展"努力实现所有适龄儿童少年'上好学'"这一政策话语，论述其实践意义、面临的实践挑战以及应有的实践回应。

一、我国教育面临从"有学上"到"上好学"的需求转变

改革开放之初，我国教育从恢复高考制度着手，逐步恢复和建立教育基本秩序与基本制度，但教育发展的总体水平很低。1980年，中共中央、国务院提出，在20世纪80年代全国应基本实现普及小学教育的历史任务，有条件的地区还可以进而普及初中教育。邓小平多次指出要"从小学抓起"的教育思想。

---

① 本节原载于《中国教育学刊》2013年第1期，与朱家存合作，原题为《上好学政策面临的实践挑战与应对策略》。

1985年，《中共中央关于教育体制改革的决定》，其中首次提出"有步骤地实行九年义务教育"。次年通过的《义务教育法》规定："凡年满六周岁的儿童，不分性别、民族、种族，应当入学接受规定年限的义务教育。"由此，经过15年的努力，到2000年，我国85%人口的地区基本实现了九年义务教育。此后，国家大力实行两基"西部攻坚"，2011年所有省份都通过了国家"普九"验收。我国用25年全面普及了九年义务教育，从根本上解决了适龄儿童少年"有学上"问题。然而，进入21世纪以来，随着"有学上"目标的实现，一个新的更加突出的矛盾开始显现，那就是老百姓对孩子教育有了新的期盼和要求，这就是能够"上好学"。

如果说"有学上"是政府提供的最基本的教育机会和最起码的就学条件，老百姓得以告别文盲或半文盲状态，那么"上好学"所面临的问题则复杂得多，解决起来也困难得多。第一，它在"有学上"的基础上，对教育条件和就学环境有更高的要求，孩子上学更加方便、更加舒适、更加安全，家长不需要为孩子上学操心。第二，对教育质量有更高的要求，比如，该开的课都开得齐全，教师素质更高，孩子学业成绩更好，能够为接受高一级教育以及未来实现社会流动打下更好的基础。第三，对教育的合意性有更高的要求，政府和学校为孩子提供更加优质的教育资源和教育机会，家长和孩子可以选择更加适合的教育，进入高一级学校有更加方便的通道。第四，对教育的公平性有更高的要求，学校的办学条件、教育过程和接受高一级教育的机会获得，更加均衡、更加平等。第五，对教育的收益率有更高的要求，即教育的投入和努力程度与所获得的教育结果亦即学业成就，两者之间更加平衡与匹配。总之，"好"的意涵十分丰富，它反映了人民群众对教育的满意度、教育对民生改善的贡献度、教育发展与老百姓需求之间的吻合度。

应当说，实现由"有学上"到"上好学"的转变，已经成为党和政府的重要政策目标。经过持续的努力，特别是《教育规划纲要》的颁布实施，教育优先发展战略的确立以及一系列教育政策的系统推动，我们在"有学上"向"上好学"的历史跨越上有了重要的进展。而且，这一系列努力越来越显现出"上下齐动、内外夹攻"的发展态势。所谓"上下齐动"，是中央和地方的共同努力。在《教育规划纲要》出台后，又推出《国务院关于深入推进义务教育均衡发展的意见》《国务院关于加强教师队伍建设的意见》《国务院办公厅关于规范农村义务教育学校布局调整的意见》三个文件，充分显示了中央政府在推进义务教育均衡发展、办好人民满意的教育上的坚定决心和巨大投入。同时，各级地方政府也在解决老百姓"上好学"问题上积极进行制度创新和实践努力。所谓"内外夹攻"，一方面是从教育自身的发展和改革入手，如学校布局结构调整、教师和校长流动机制的建立、学校标准化建设的实施、提高教育质量和改革招生录取政策等。另一方面，则通过教育系统以外的改革和改善，在上游或外部环境上进行疏浚和治理。如国务院印发的《国家基本公共服务体系"十二五"规划》指出，"享有基本公共服务属于公民的权利，提供基本公共服务是政府的职责"。将教育纳入由政府主导提供的旨在保障全体公民生存和发展基本需求的公共服务，以此建立国家基本公共教育制度，保障所有适龄儿童少年享有平等受教育的权利，提高国民基本文化素质；同时，还积极为全体公民提供包括就业、社会保障、医疗卫生、计划生育、住房保障、文化体育、交通、通信、公用设施、环境保护等方面的公共服务，切实保障人民群众最关心、最直接、最现实的利益。显然，这些方面的民生改善会为"上好学"目标的实现提供更好的外部支持。

经过改革开放以来的持续努力，我们从根本上解决了适龄儿童少年"有学上"的问题，其标志是能够"就近入学"，但要实现"上好学"的目标，老百姓又不满足于"就近入学"。因为学校发展不均衡，地区之间、城乡之间教育发展不均衡，如果囿于"就近入学"，就会造成优质教育资源和机会偏向于特定地区和人群，一些地区和人群从教育的入口就处于不利地位，"输在了起跑线上"。因此，只有让所有孩子都能够"就近上好学"，"就近入学"才能保障所有孩子真正享有法律所规定的"平等的受教育权"。促进义务教育均衡发展，切实缩小校际差距，加快缩小城乡差距，努力缩小区域差距，办好每一所学校，促进每一个学生健康成长，是实现由"有学上"到"上好学"的历史跨越的制度变革和保障。

二、"上好学"作为政策话语彰显的实践意义

与一般意义的上好学相比，上好学作为义务教育均衡发展的政策目标、内涵和标准，有其自身的质的规定性。一般意义的"上好学"，泛指通过推动教育优先发展，建立和形成更加完善的现代国民教育体系，包括各级各类教育机会的提供、教育条件的改善，提高质量、促进公平、深化改革，以解决人民群众在教育领域最关心、最直接、最现实的利益问题，实现全体人民"学有所教"。而"上好学"作为义务教育均衡发展的一种特定的目标取向和水平标杆，即在根本上解决了适龄儿童少年"有学上"问题的基础上，进一步通过一系列新的政策举措，更好地解决义务教育深层次矛盾，深入推进义务教育均衡发展，办好每一所学校，促进每一个学生健康成长，凸显义务教育在公平和质量方面的质的规定性。与此前的政策话语相比，"上好学"不仅通过语言和词汇的表达方式变化传达了政策制定者的意图和目标指向，反映出政策制定者对政策问题的一种基本认识和解决问题的基本方式；同时，也是一种话语主体及其话语权的重要转变，彰显了义务教育均衡发展政策的民生关切和民生情怀，具有重要的实践意义。

（一）承载了人民群众的民生诉求

一直以来，我国义务教育无论从政策还是法律的角度，更多反映的是一种国家利益和国家需要。1985年《中共中央关于教育体制改革的决定》指出："我国基础教育还很落后，这同我国人民建设富强、民主、文明的现代化社会主义国家的迫切要求之间，存在着尖锐矛盾，决不能任其继续。现在，我们完全有必要也有可能把实行九年制义务教育当作关系民族素质提高和国家兴旺发达的一件大事，突出地提出来，动员全党、全社会和全国各族人民，用最大的努力，积极地、有步骤地予以实施。"21世纪以来，虽然义务教育得到基本普及，"有学上"问题基本解决，但义务教育却越来越面临复杂多样的民生拷问。从2004年第十届全国人民代表大会第二次会议开始，社会事业发展滞后，群众对上学难、看病难等问题反应比较强烈，开始成为两会热议话题和国务院《政府工作

报告》的重要关注点。2007年，《政府工作报告》首次提出："让所有孩子都能上得起学，都能上好学，我们一定能够实现这个目标。"2008年，《政府工作报告》进一步提出："要让孩子们上好学，办好人民满意的教育，提高全民族的素质。"到2012年，《国务院关于深入推进义务教育均衡发展的意见》中提出："深入推进义务教育均衡发展，着力提升农村学校和薄弱学校办学水平，全面提高义务教育质量，努力实现所有适龄儿童少年'上好学'。""上好学"这一政策问题提出及政策目标的确立，反映了千家万户以及亿万儿童少年"学有所教"的民生诉求。

（二）反映了人民群众在教育领域的切身利益

改革开放以来，社会主义市场经济体制是我国教育转向以经济建设为中心，为促进经济社会发展和实现人民群众美好生活服务，因而完全置身于一个多向、多重链接的利益关系之中。一个受过良好教育并具备熟练技能的阶层，对现代社会的经济和社会发展是不可缺少的，它能使整个社会从中受益。可见，教育利益已经成为我国社会利益主体普遍追求的根本利益或共同利益[①]。有研究者提出，在当前社会，教育仍是中国人改变社会地位的最有效途径。从某种意义上说，教育已成为最大的民生问题。中国特色社会主义教育事业发展的最终目标就是实现人民群众的教育利益[②]。显然，"上好学"无论是"上"的机会与条件，还是对"好"的感受与评价，以及"学"的功用与效益，主体是人民群众，是亿万适龄儿童少年。因此，"上好学"表达出的政策目标，不单是国家利益、民族利益和社会整体利益，同时也包蕴了千家万户在教育领域的切身利益，体现了义务教育作为"国计"与"民生"的统一。

（三）体现了人民群众对义务教育的满意度

一般而言，政策评价是在一定情境下根据满意度、承受力和可行性三个指标对特定的政策方案进行的评估。所谓对政策选项的满意度，包括该选项对不

---

① 祁型雨.利益表达与整合:关于教育政策的决策模式研究[D].武汉:华中师范大学,2003:5.

② 刘世清.论中国特色社会主义教育理论[J].国家教育行政学院学报,2008(9):37-42.

同利益群体或者利益相关者的影响、这些政策选项与占统治地位的意识形态和经济增长目标的一致性，以及某些情况下还要考虑其对政治发展和社会稳定可能带来的影响①。显然，"上好学"更多地反映了不同利益群体和利益相关者对义务教育机会分配和资源配置所带来的教育过程和结果的满意度。不同利益群体或者利益相关者之间面临各种各样的利益矛盾与冲突——谁会从中受益？哪些人的既得利益会受到威胁甚至损失？什么可以使所有利益相关者都能称心如意？显然，实现所有适龄儿童少年"上好学"，反映的正是人民群众对义务教育均衡发展的满意度水平。

三、"上好学"政策话语面临的实践挑战

概言之，"上好学"政策话语反映了义务教育均衡发展政策从单纯以国家或政府为本，转向兼重适龄儿童及其家长的意愿与利益，成为"办好人民满意的教育"在义务教育领域的具体落实。然而，这一政策话语的确立也使义务教育均衡发展面临新的实践挑战，义务教育的深层次矛盾越加外显和尖锐化。

（一）入学机会的限定性与人民群众的选择性之间矛盾

经过25年的努力，我国从根本上解决了适龄儿童"有学上"问题，其标志是能够"就近入学"，但"上好学"的政策目标又使人民群众不再满足于一般意义的"就近入学"。1986年《义务教育法》规定："地方各级人民政府应当合理设置小学、初级中等学校，使儿童、少年就近入学。"2006年修订后的新《义务教育法》规定："地方各级人民政府应当保障适龄儿童、少年在户籍所在地学校就近入学。""就近入学"在赋予地方政府责任的同时，也是对适龄儿童接受义务教育的一种条件保障和权利落实，以保障"有学上"，继而实现"都上学"的目标②。然而，"就近入学"这一法律规定也成了对义务教育就学机会的一种范围划定与权利限定，即适龄儿童只能在户籍所在地学校就读，而不能有更多的

---

① INBAR DE , HADDAD WD, DEMSKY T, et al.教育政策基础[M].史明洁,许竞,尚超,等译.北京:教育科学出版社,2003:35.

② 陶西平.有学上、上好学与都上学[J].中国教育学刊,2009(1):1.

选择。这种划定与限定带有一种明显的计划经济痕迹，与市场经济所倡导的主体性、选择性、竞争性显然是矛盾的。然而，市场经济的兴起与发展早已渗透到社会的每一个角落，成为人们的一种价值观和行为方式。在市场经济大潮冲击下，一些背离"就近入学"的现象纷纷涌现。第一，随着劳动力的市场配置带来的进城务工人员随迁子女到非户籍所在地接受义务教育的问题。第二，城乡、校际办学条件和教育质量的差距，导致很多适龄儿童不满足于在户籍所在地学校就学，而选择到自己希望上的学校上学。甚至，近年来还出现一些家长提前送孩子出国上学或到所谓的国际学校就读。第三，随着高中教育普及和高等教育大众化，义务教育对于绝大多数适龄儿童来说都不再是一种终结教育，而是接受高一级教育的"起跳板"，家长和孩子争相"上想上的好学"，义务教育本应有的公共性、共享性，被竞争性、排他性所吞噬。

在此之下，"就近"作为一种政策限定，而"入学"之"好"与"不好"作为历史形成和政策导向的结果，分布在不同的社区。适龄儿童是否"上"得了"好""学"，既不是由市场来配置调节，也不是由适龄儿童自身的意愿和能力来决定，而是与"户籍所在地"这个先赋性因素绑定在一起。当然，除了由户籍所在地来划分教育机会，还有不同区域、城乡等体制性分割，造成更大范围和程度的教育机会差距。这使得在城乡、区域、校际发展不均衡的情况下，优质教育资源和机会偏向于某些特定受教育群体，而另一些群体从教育入口就被置于不利处境，法律所规定的"平等的受教育权"就此落空。其结果是一些人政策性地"上好学"，而另一些人则政策性地"上不好学"，一些人"上好学"是以另一些人"上不好学"为前提和代价的。

（二）公平教育的普惠性与优质教育的稀缺性之间矛盾

事实上，我国义务教育从"普及"开始，就同时担负"提高"的使命。1980年，中共中央 国务院发布的《关于普及小学教育若干问题的决定》提出"两条腿走路"的方针，"必须正确处理普及与提高的关系，各地应当首先集中力量办好一批重点学校，创造经验，典型示范"，"在普及教育中允许参差不齐"。此后，形成一套严格的学校等级体系，优质教育资源被分化和固化到一些重点学校，非重点学校的优质师资和生源朝着重点学校积聚，进一步沦为薄弱学校，出现所谓城镇薄弱学校和农村学校，农村学校又分化为中心学校、村小和教学点，办学条件和质量渐次衰弱。

1997年，针对不同学校在办学条件、生源上的差距而形成的择校热和一些学校招收"择校生"现象，国家教育委员会《关于规范当前义务教育阶段办学行为的若干原则意见》提出，坚持义务教育"就近入学"和"平等受教育"的原则，"义务教育阶段不设重点校、重点班、快慢班"。此后，随着义务教育普及任务的完成，学校之间的差距问题日益突出。如何改造薄弱学校，扩大优质教育资源，满足人民群众的教育需求，成为艰巨而重要的任务。2002年《教育部关于加强基础教育办学管理若干问题的通知》提出："努力扩大义务教育阶段优质学校的规模，满足人民群众对高质量教育的需求。"2005年《教育部关于进一步推进义务教育均衡发展的若干意见》提出："义务教育阶段公办学校不得举办或变相举办重点学校。""要充分发挥具有优质教育资源的公办学校的辐射、带动作用，采取与薄弱学校整合、重组、教育资源共享等方式，促进薄弱学校的改造。"2006年《义务教育法》规定："县级以上人民政府及其教育行政部门应当促进学校均衡发展，缩小学校之间办学条件的差距，不得将学校分为重点学校和非重点学校。"此后颁发的《教育规划纲要》首次提出在"形成惠及全民的公平教育"的同时，"提供更加丰富的优质教育"。然而，长期以来以效率至上的教育政策导致校际办学条件和质量的分化，使每个家庭从教育入口到过程始终都面临公平教育与优质教育的纠结。即可以共享的公平教育难以优质，而始终稀缺的优质教育又难以实现共享。多数适龄儿童能够获得普惠性的公平教育，而在接受义务教育阶段的公平教育后获得优质教育机会则是难之又难。这就使得人民群众接受高质量教育的愿望与优质教育资源供给短缺的矛盾愈加尖锐。

（三）资源配置的外因性与教育质量的内生性之间矛盾

与"有学上"相比，"上好学"所面临的问题要复杂得多，解决起来也困难得多。第一，它在"有学上"的基础上，对教育条件和就学环境有更高的要求，孩子希望上学更加方便、安全，家长不需要为孩子上学操心。第二，对教育质量有更高的要求，比如，课程能够开设齐全，任课教师素质优良，孩子学业成绩有保证，并能为接受高一级教育打下更好的基础。第三，对教育的合意性有更高的要求，政府和学校为孩子提供更加优质的教育资源和教育机会，家长和孩子可以选择更加适合的教育，进入高一级学校有更加方便的通道。第四，对教育的收益率有更高的期待，即教育的投入和努力程度与所获得的教育结果亦即学业成就，两者之间更加平衡与匹配。

如此说来，"上好学"固然需要国家和政府通过教育资源均衡配置，创造一种必要的外在条件，使适龄儿童获得一种均等的教育机会，但这一系列政策及其落实对于适龄儿童"上好学"的结果即学业成就来说，还只是一种外因。按照科恩的观点：仅仅在社会的或地区的层面上研究教育机会的均等，将忽略教室里以及学校里的学生的经验。而这些经验恰恰是导致教育成功或失败的最直接原因。个体受教育结果层面上的不平等显示了社会环境中的那些不平等所带来的直接和间接的影响[①]。也就是说，学业成就的取得亦即教育质量的提高具有一种内生性，受到学校环境、学校组织结构、班级规模和内部组织排列、课程设置和教学语言等内部因素的影响。或者说，学校环境、教师素质、课程设置、班级规模、质量评价等具体教育环节和过程，是适龄儿童能否"上好学"的最直接也是最重要的影响因素。只有当适龄儿童都能够就读好的学校，有好的老师，有好的班级规模和秩序、好的学习环境和风气，进而取得好的学业成绩，获得好的发展机会，才能算得上真正的"上好学"了。现实中一些农村学校建成崭新的教学楼，学生却舍近求远去异地就学了。这种"门可罗雀"甚至"空巢学校"的冷遇与尴尬，暴露出义务教育资源配置的外因性与教育质量的内生性之间的矛盾。

四、"上好学"政策话语应有的实践回应

综上所述，"上好学"的"上"，是指适龄儿童获得义务教育的入学和就学机会，"好"与"不好"反映了适龄儿童以及人民群众对教育的满意度、义务教育对适龄儿童发展和民生改善的贡献度，以及义务教育均衡发展与人民群众教

---

① 莫琳·T.哈里楠.教育社会学手册[M].傅松涛,等译.上海:华东师范大学出版社,2004:346.

育需求的吻合度；而适龄儿童以及广大人民群众对"上学"之"好"与"不好"，面临着起点、过程与结果的实践挑战。要使这一政策话语不至于变成一个空洞乏力的政策口号，需要在实践层面上进行积极回应。

（一）创新义务教育提供方式，以起点均衡保障适龄儿童"上好学"

综观发达国家义务教育均衡发展，大致有两种基本的实践模式，即福利化公立学校均衡发展的模式和公立学校均衡发展兼顾选择需求的模式。两者的共同点是政府全额负担公办学校支出，提供免费程度不同的义务教育，保证基本入学机会公平；同时，一些国家给义务教育阶段的非公共服务留出一定选择空间，通常是满足有额外支付能力的中高收入阶层的选择需求[①]。针对我国现阶段日益分化的社会结构和教育结构，义务教育单纯通过"就近入学"的提供方式，难以满足人民群众对"上好学"的需求。鉴于此，应当发挥社会主义国家的制度优势，将义务教育均衡发展整体纳入国家基本公共服务体系，赋予其基本公共服务的本质特点，即"基本公共服务均等化，指全体公民都能公平可及地获得大致均等的基本公共服务，其核心是机会均等，而不是简单的平均化和无差异化"[②]。也就是说，实现适龄儿童"上好学"，主要是确保底线、补偿弱势、实现教育机会均等。第一，通过学校布局合理调整、学校标准化建设、农村教师队伍建设，办好老百姓家门口的学校。第二，将户籍所在地的就近入学规定扩展到持居住证在居住地就近入学，并从学校布局、教职工编制、经费等方面为特殊群体平等接受义务教育创造条件。第三，加强文化体育、交通、通信、公用设施、环境保护等公共服务机构设施建设，提高其服务能力，为义务教育均衡发展提供更强的基本公共服务保障。第四，对于人们在均衡发展基础上的高端性、选择性教育需求，即"上想上的好学"，不应作为"上好学"的政策目标，不能由政府和公办学校来满足，可以通过发展民办教育和规范的社会培训、机构来实现，政府加强法治建设和监督管理。

---

① 张力.从国际国内两个视角看义务教育均衡发展问题[J].人民教育,2010(1):5-8.
② 国务院.国家基本公共服务体系"十二五"规划[EB/OL].(2012-07-11)[2012-10-13].https://www.gov.cn/gongbao/content/2012/content_2192402.htm.

（二）整合义务教育体系结构，以过程均衡保障适龄儿童"上好学"

随着重点校、重点班在法律和政策上被取缔，深入推进义务教育均衡发展的重点不是扩大优质教育，以满足人们接受优质教育的期待，而是要努力形成惠及全民的公平教育，使所有适龄儿童享有接受良好教育的机会，这是"上好学"的合理定位。也就是说，义务教育均衡发展应以"雪中送炭""阳光普照"而非"锦上添花"为重点和核心，以此来铺设所有适龄儿童"上好学"的实现路径。第一，通过县域教师编制的动态管理、实施义务教育标准化和县域义务教育均衡发展督导评估等政策，促进城乡、校际义务教育发展的大致平衡，使其办学条件和教育质量达到良好教育水平。第二，保障各种处境不利的弱势群体平等接受义务教育，包括解决进城务工人员随迁子女、农村留守儿童、残疾儿童、城市低保家庭和农村家庭经济困难儿童、孤儿、流浪儿童等平等接受义务教育存在的各种困难和特殊需要。第三，建立优质教育资源共享机制，通过学校联盟、集团化办学、委托管理、评估认证以及名校长和名师巡回指导等方式，发挥优质教育资源的辐射带动、孵化培育作用；大力推进教育信息化，开发丰富的优质数字化课程教学资源，促进优质教育资源的共用共享。第四，建立面向所有适龄儿童平等接受义务教育的公共服务机制，建立完善的义务教育阶段的学籍管理系统、学校设置与布局调整程序与制度、校长和教师定期交流制度、招生指标分配和升学考试制度、义务教育均衡发展的监测与督导评估制度等。

（三）创造公平教育过程和环境，以结果均衡保障适龄儿童"上好学"

从教育资源配置到教育质量的生成，使"上好学"由期待变为现实，是一个漫长而艰难的过程，甚至被认为是一个难以打开的黑箱。事实上，科恩在揭示造成学校和教室的不公平的原因时，提出通过改变教室里的社会机制来创造公平的教育过程与环境，其中，创造公平教室十分必要和关键。在公平教室中，教师和学生都认为有能力学习基本技能以及高层次的概念。所有的学生都有同样的机会接触有挑战性学习材料；教师不会因为某些学生不具备条件而剥夺其参加要求高级思维的任务的机会；学生也不会妨碍别人接触教学材料或者阻止他人使用操作器械。不能阅读或者理解教学语言的学生也有机会完成练习活动以及使用教学材料。学生之间的互动是"地位平等"的，也就是说，所有的学生都是积极的、有影响力的参与者，他们的意见对他们的同学来说都很重要。在这样的教学环境中，学业成功的学生会继续做得好，而不怎么成功的学生会更紧密地分布在班级的中等成绩区而不是分布在失败的一端而大大落后。因此，相对于不公平的教室来说，较为公平的教室中平均成绩会较高而差异会较小①。为此，政府应为每一所学校和每一位学生（特别是处境不利地区的学校和学生群体）提供相对均等的班级规模与结构、教师队伍、课程资源、教学设备等。其中，最为直接也最有作为的实践者是教师队伍。也就是说，"上好学"的最关键因素是"好教师"。如何增强教师的公平意识，提高教师促进教育公平的能力——平等对待所有学生、热爱所有学生并对他们的学习和发展负责，为其提供适合的教育，使每个学生有平等的地位、平等的机会、平等的评价、平等的发展，这既是对教师的要求，也是对政府的要求。因为这样的"好教师"需要好的培养培训、好的待遇和工作环境、好的管理与评价，而这些又需要政府的政策导向与保障。

---

① 莫琳·T.哈里楠.教育社会学手册[M].傅松涛,等译.上海:华东师范大学出版社,2004:361.

我国义务教育均衡发展政策的演进逻辑与未来走向①

在整个基础教育体系中，义务教育具有基础性、先导性和全局性地位。在全面推进素质教育、不断深化教育改革的今天，义务教育均衡发展的合理性、现实性和紧迫性日益凸显。近些年来，中央政府和各地不断推出的促进义务教育均衡发展的相关政策，让人目不暇接，而对这一政策演进历程及其内在逻辑进行系统梳理与分析的研究尚不多见。国内有学者提出，根据不同的取向可以划分或归纳出教育政策的四种分析模式，即发生学取向的分析模式、过程取向的分析模式、目的取向的分析模式、政策话语的分析模式。对于义务教育均衡发展政策，我们很难用哪一种模式进行分析，而是需要综合运用多种分析模式进行多视角分析。这种多视角的政策分析，或许更能解析我们这样一个世界上最大规模义务教育的国家，义务教育均衡发展政策制定与执行所面临的政策问题，也更能全面而准确地把握义务教育均衡发展政策走向及其内在逻辑。为此，需要对这一政策的演进历程、动因以及继承与发展的内在关系进行深入研究，以厘清政策演进的内在逻辑，找准深入推进义务教育均衡发展的现实基础、制约因素和政策目标，从而为确立均衡发展义务教育政策的未来走向，提供可资参照的发展脉络和理论坐标。

一、改革开放以来义务教育发展政策的演进历程

改革开放以来，我国普及九年义务教育的相关政策，按其发展目标、内涵和方式不同，可以分为非均衡发展、非均衡向均衡发展过渡和均衡发展三个政策阶段。义务教育均衡发展政策套嵌在这一政策变迁的历程之中，并表现出自身的阶段性特征。

---

① 本节原载于《教育研究》2013年第7期。

（一）非均衡发展政策阶段

从1985年《中共中央关于教育体制改革的决定》提出实行九年义务教育，1986年颁布《义务教育法》，到2000年底全国85%的人口地区基本实现了普及九年义务教育，这一政策目标的实现主要是通过非均衡政策，由中央政府将发展基础教育的责任交给地方，各地根据不同经济社会发展情况分期分批实现的。1980年中共中央 国务院《关于普及小学教育若干问题的决定》提出要"根据各地区经济、文化基础和其他条件的不同，由各省、自治区、直辖市进行分区规划，提出不同要求，分期分批予以实现"，"必须正确处理普及与提高的关系，各地应当首先集中力量办好一批重点学校，创造经验，典型示范"。1985年《中共中央关于教育体制改革的决定》提出："必须鼓励一部分地区先发展起来，同时鼓励先发展起来的地区帮助后进地区，达到共同的提高。"相应地，全国分为三类地区分期分批普及九年义务教育，政策目标、进度要求和具体措施都体现出非均衡性。于是，按照财政分级管理、分灶吃饭的要求，把义务教育的投资支出全部下划到地方财政——城市是市财政，农村是县、乡财政，由地方政府全部负责和安排对义务教育的投资，这就等于把实施义务教育的责任和义务全部交给了地方政府，从而使义务教育的普及与发展只能取决于各地区的经济发展，取决于地方政府的财政收支状况[1]。1993年《中国教育改革和发展纲要》延续了这一政策，要求教育发展从各地经济、文化发展不平衡的实际出发，因地制宜，分类指导，鼓励经济文化发达地区教育率先发展。

（二）非均衡向均衡发展过渡政策阶段

"普九"目标基本实现以后，分级管理、分灶吃饭的财政和管理体制，使地区、城乡之间的义务教育发展差距越来越大。2001年《国务院关于基础教育改革与发展的决定》制定的"新三片"政策，也体现出非均衡发展的路径依赖和政策惯性。随着农村税费改革试点的开展，以及减轻农民负担的政策推动，原先以县乡为主的义务教育投入机制和管理体制严重失灵，甚至连国家确立的"保运转、保工资、保安全"的底线都难以保住。加之进城务工人员子女就学问

---

① 余晓晨,苌景州.走出义务教育投资管理困境的思路[J].教育研究,1994(4):41-45.

题，人们对义务教育均衡发展的要求更加凸显。

2002年《教育部关于加强基础教育办学管理若干问题的通知》提出"积极推进义务教育阶段学校均衡发展"，义务教育自此逐步向均衡发展转变。2005年《教育部关于进一步推进义务教育均衡发展的若干意见》和2006年新颁布的《义务教育法》规定，"国务院和县级以上地方人民政府应当合理配置教育资源，促进义务教育均衡发展"。2010年《教育部关于贯彻落实科学发展观进一步推进义务教育均衡发展的意见》出台，国家及教育主管部门和相关部门出台了一系列促进义务教育均衡发展的政策（见表1），核心是把推进均衡发展作为义务教育的一项重要任务。比较而言，这一阶段的政策具有过渡性，只是教育系统的部门政策，重点是遏制城乡、区域、学校之间的差距，加快薄弱学校改造，尚未触及城乡二元体制和区域发展不平衡等深层次矛盾，没有上升为中央和各级政府及职能部门整体推动的基本政策。

表1 2002—2008年积极推进义务教育均衡发展政策文件

编码	制定主体	文件名称	颁发时间
1	教育部	《教育部关于加强基础教育办学管理若干问题的通知》	2002年
2	国务院	《国务院关于进一步加强农村教育工作的决定》	2003年
3	国务院办公厅	《国务院办公厅转发教育部等部门关于进一步做好进城务工就业农民子女义务教育工作意见的通知》	2003年
4	教育部	《2003—2007年教育振兴行动计划》	2004年
5	国务院	《国务院关于深化农村义务教育经费保障机制改革的通知》	2005年
6	教育部	《教育部关于进一步推进义务教育均衡发展的若干意见》	2005年
7	国务院办公厅	《国务院办公厅转发财政部教育部关于加快国家扶贫开发工作重点县"两免一补"实施步伐有关工作意见的通知》	2005年
8	教育部	《教育部关于做好落实农村义务教育经费 保障新机制若干工作的紧急通知》	2006年
9	财政部	《关于对全国农村义务教育阶段学生免收学杂费的实施管理办法》	2006年

编码	制定主体	文件名称	颁发时间
10	国务院办公厅	《国务院办公厅转发国务院农村综合改革工作小组关于开展清理化解农村义务教育"普九"债务试点工作意见的通知》	2007年
11	国务院	《国务院关于做好免除城市义务教育阶段学生学杂费工作的通知》	2008年

（三）均衡发展政策阶段

从2010年到2020年，是深入推进均衡发展的阶段。其间，国家及相关部门已出台政策文件17件（见表2），其中，中共中央、国务院（含国务院办公厅）下发或转发8件，教育部或相关部委联合发文9件。从政策的性质、效力及内容看，纲领性政策3件，基本政策5件，具体政策9件，主要涉及教育经费投入保障与乱收费现象的治理、教育资源均衡配置（学校布局结构政策调整、学生营养供应、教师编制与岗位管理等）、进城务工人员子女就学与升学考试、学校管理等。自此，义务教育均衡发展进入"提高教育质量、促进内涵发展为重点"的新阶段。

表2　2010—2020年深入推进义务教育均衡发展政策文件

代码	制定主体	文件名称	颁发时间
12	教育部	《教育部关于贯彻落实科学发展观进一步推进义务教育均衡发展的意见》	2010年
13	中共中央国务院	《国家中长期教育改革和发展规划纲要(2010—2020年)》	2010年
14	国务院办公厅	《国务院办公厅关于实施农村义务教育学生营养改善计划的意见》	2011年
15	国务院	《国务院关于进一步加大财政教育投入的意见》	2011年
16	教育部办公厅	《教育部办公厅关于做好2011年秋季开学进城务工人员随迁子女义务教育就学工作的通知》	2011年
17	教育部	《教育部关于印发〈县域义务教育均衡发展督导评估暂行办法〉的通知》	2012年

代码	制定主体	文件名称	颁发时间
18	教育部国家发展改革委审计署	《关于印发〈治理义务教育阶段择校乱收费的八条措施〉的通知》	2012年
19	国务院办公厅	《国务院办公厅转发教育部等部门关于做好进城务工人员随迁子女接受义务教育后在当地参加升学考试工作的意见》	2012年
20	国务院	《国务院关于印发国家基本公共服务体系"十二五"规划的通知》	2012年
21	国务院	《国务院关于深入推进义务教育均衡发展的意见》	2012年
22	教育部等十五部门	《教育部等十五部门关于印发〈农村义务教育学生营养改善计划实施细则〉等五个配套文件的通知》	2012年
23	国务院	《国务院关于加强教师队伍建设的意见》	2012年
24	财政部教育部	《财政部 教育部关于印发〈农村义务教育学生营养改善计划专项资金管理暂行办法〉的通知》	2012年
25	教育部	《教育部关于印发〈国家教育事业发展第十二个五年规划〉的通知》	2012年
26	教育部	《教育部关于进一步加强中小学校督导评估工作的意见》	2012年
27	国务院办公厅	《国务院办公厅关于规范农村义务教育学校布局调整的意见》	2012年

2010年，《教育部关于贯彻落实科学发展观进一步推进义务教育均衡发展的意见》提出"把均衡发展作为义务教育的重中之重"。《教育规划纲要》提出"均衡发展是义务教育的战略性任务"。2012年《国务院关于深入推进义务教育均衡发展的意见》及相关部委的系列文件，确立了深入推进义务教育均衡发展的指导思想、基本目标、政策措施和体制保障。党的十八大报告围绕办好人民满意的教育，提出"均衡发展义务教育"的新论断，实现了义务教育均衡发展政策的新的跃升。首先，从根本上改变了地方负责、分级管理的体制机制，将义务教育作为政府主导提供的旨在保障全体公民生存和发展基本需求的公共服务，由国务院和地方政府根据职责共同负担，全面纳入财政保障范围。其次，实现了从"鼓励一部分地区先发展起来"到"达到共同的提高"的根本转变，

打破了城乡二元、区域分化的体制障碍，彰显了义务教育的均等性与普惠性。最后，从以资源均衡配置为核心的政府行为，深入学校布局、建设、管理以及具体教育过程中，涵盖各类特殊群体，力求为每位学生提供平等和适合的教育，落实到公众对义务教育的满意度上。非均衡发展政策推动实现基本普及和全面普及，为均衡发展奠定基础。没有这一基础，均衡发展无从谈起。然而，非均衡发展面临的城乡、区域、学校及群体之间的差距与失衡，又是这种发展方式无法解决的。在这种情况下，实现发展方式根本转变，均衡发展义务教育成为一种历史的和逻辑的必然。

可以看出，我国义务教育均衡发展是在经济文化发展很不平衡的前提下，分地区、有步骤推进，有效实现了从基本普及到全面普及，从根本上解决了适龄儿童少年"有学上"的问题。没有这一基础，均衡发展无从谈起。然而，普及之后面临新的矛盾和问题，是分地区、有步骤推进的非均衡发展政策，提高义务教育普及的速度与效率，却又导致城乡、区域、学校以及群体之间义务教育新的不均衡。而在新的社会背景和政策环境下，义务教育逐步发展成为人人都应均等享受的由国家提供的基本公共服务，成为人的一种不可剥夺和不可放弃的基本权利、一种平等发展的基石。也就是说，它为每一个现代社会的人的生存和发展提供了一条公平的起跑线。显然，在这种情况下，义务教育均衡发展政策必然成为国民均等享受基本公共服务的一种必要条件和保障。

二、义务教育均衡发展政策的演进逻辑

对于义务教育均衡发展这样一项关系国计民生、利益相关者众多、制定和实施过程复杂的教育政策，其演进逻辑难以用某种单一的分析模式来把握。据有关学者归纳，教育政策分析可以概括为四种不同取向的分析模式，即发生学取向的分析模式、过程取向的分析模式、目的取向的分析模式和政策话语的分析模式。对一个具体教育政策的分析，往往需要多个分析模式的综合运用[1]。本节依据这一模式分类，对义务教育均衡发展政策的演进逻辑进行多视角分析，

---

① 谢维和.教育活动的社会学分析：一种教育社会学的研究[M].2版(修订本).北京：教育科学出版社,2007:175.

以把握政策的演进逻辑。

（一）政策形成的动力机制

改革开放以来，发展义务教育的责任及其管理权，经历了由党中央集中统一领导管理到地方分权的责任下移，再到管理重心逐级上升的演变过程。1985年，中央政府从民族素质提高和国家兴旺发达的整体利益出发，决定动员全党、全社会用最大的努力，积极地、有步骤地实施九年义务教育。中央除支持贫困地区义务教育发展外，将义务教育责任和权力都交给地方。在这种体制下，各地政府为完成"普九"验收的任务驱动，成为推动义务教育发展的强大动力。然而，2000年如期实现"两基"目标后，这一动力机制出现失灵，加之税费改革切断了乡镇集资收费举办义务教育的取费途径，加剧了城乡之间义务教育发展的不均衡。中部地区既没有中央政策支持又没有东部地区的经济实力，义务教育出现严重的"中部凹陷"；区域之间发展目标及其水平的梯度差异与户籍、居住地等因素捆绑，教育机会被体制性分割，进城务工人员子女平等接受义务教育存在一些困难。经过5年努力探索，到2005年我国逐步建立了以县为主的经费保障新机制，开始了义务教育均衡发展的政策进程。《教育规划纲要》将义务教育全面纳入财政保障范围，实行国务院和地方各级人民政府根据职责共同负担，省级政府统筹落实的投入体制。政策责任主体及其关系的演进，反映出义务教育均衡发展政策动力机制的演变。在非均衡发展政策阶段，各地分期分批实现"普九"任务，打破了原先大一统、齐步走的教育利益格局。教育利益分化释放出巨大动力和活力，激发了一些地区和学校"先发展起来"，同时，发展不平衡问题也随之凸显。此后，政策责任主体逐步上移，最终纳入由政府主导提供的基本公共教育服务范畴。按照新的政策设计，省级政府要建立推动有力、检查到位、考核严格、奖惩分明、公开问责的义务教育均衡发展推进责任机制，县域义务教育均衡发展成为考核地方各级政府及其主要负责人的重要内容。由此，促进国家、地方政府和部门与人民群众的教育利益整合，成为义务教育均衡发展政策的动力机制。

（二）政策目标的价值取向

对教育政策目标及其与政策措施的关系的演变过程进行分析，有利于澄清义务教育均衡发展政策的价值取向与合理性。实行九年义务教育之初，正逢我国改革开放，破除平均主义和大锅饭，提倡一部分地区、一部分人先富裕起来。与之相对应，"普九"是基于各省份之间及省、市、县范围内发展的不平衡，"鼓励一部分地区先发展起来"。1994年实行分税制改革，中央和地方政府各自承担本级各项事业费，由此造成公共服务属地化分割及区域碎片化，东部与中西部地区义务教育差距进一步拉大。一些地方政府为寻求税源和减少公共支出，在一定程度上降低了公共服务的提供水平。21世纪以来，尽管近年来各地义务教育都有了新的发展，但城乡之间、地区之间、学校之间的差距依然存在，在一些地方和有些方面还有扩大的趋势，成为义务教育发展中需要高度关注的问题。这一问题成为每年两会热议和《政府工作报告》着力解决的民生问题。2006年《中共中央关于构建社会主义和谐社会若干重大问题的决定》提出："坚持公共教育资源向农村、中西部地区、贫困地区、边疆地区、民族地区倾斜，逐步缩小城乡、区域教育发展差距，推动公共教育协调发展。"2007年《政府工作报告》提出："让所有孩子都能上得起学，都能上好学。"此后，《教育部关于贯彻落实科学发展观进一步推进义务教育均衡发展的意见》要求东部地区和中西部有条件地区要在推进教育现代化过程中，提升义务教育均衡发展水平；中西部农村地区要在巩固提高基础上大力推进义务教育均衡发展。"要以县级行政区域内率先实现均衡为工作重点，大力推进区域内学校与学校之间义务教育均衡发展，积极鼓励有条件的地方努力推进区域与区域之间义务教育均衡发展。"《国务院关于深入推进义务教育均衡发展的意见》提出："总体规划，统筹城乡，因地制宜，分类指导，分步实施，切实缩小校际差距，加快缩小城乡差距，努力缩小区域差距，办好每一所学校，促进每一个学生健康成长。"义务教育政策目标从非均衡向均衡发展的过渡与跃升，与不同时期经济社会发展水平及政策的价值取向密切相关。非均衡发展体现了效率优先的价值取向。在促进民生改善，全面建成小康社会决胜阶段，促进人的全面发展，逐步实现全体人民共同富裕成为主要政策目标。在此之下，均衡发展义务教育政策体现了公平优先的价值取向。

（三）政策实施的过程保障

义务教育均衡发展政策从制定出台到具体实施的过程能否得到控制，取决于对影响政策实施过程的各种变量及它们之间相互关系的认识与控制[1]。在由非均衡向均衡发展过渡的政策阶段，不断调整但又尚未完全到位的过渡性政策，改变了原先的中央政府与地方政府、城市政府与农村政府、进城务工人员随迁子女流入地政府与流出地政府、政府与学校、学校与学校、学校与家长之间的权力边界与利益关系，带来教育投入责任与管理权力、教育资源分配与获得等方面关系的调整。这必然引起一系列权力和利益博弈、矛盾和冲突，致使政策实施过程难以控制，政策目标和措施的执行力和确定性随之减弱。例如，《国务院关于基础教育改革与发展的决定》要求"按照小学就近入学、初中相对集中、优化教育资源配置的原则，合理规划和调整学校布局"，而在政策执行过程中，很多地方政府将调整学校布局等同于学校撤并。据统计，全国县域学校数由2001年的 464 962 所减少到2010年的 241 010 所，减幅达48.17%；县域教学点由 2001 年的 113 656 个减少到 2010 年的 66 736 个，减少 41.28%[2]。这一局面主要是地方政府为了降低教育投入和管理成本，以及为带动城镇经济发展，受地方利益和部门利益驱动所致。

《教育规划纲要》将促进教育公平上升为国家基本教育政策，重点是促进义务教育均衡发展和扶持困难群体，并提出将均衡发展作为义务教育的战略性任务。此后，《国务院关于深入推进义务教育均衡发展的意见》等一系列推进义务教育均衡发展的政策出台，并纳入《国家基本公共服务体系"十二五"规划》。教育部还联合相关部委出台旨在提高质量、加强资源保障、规范管理等方面的具体政策，并与 27 个省份和新疆生产建设兵团签署义务教育均衡发展备忘录，强化省级统筹，制定义务教育均衡发展的时间表、路线图[3]。随后，省级政府建

---

① 谢维和.教育活动的社会学分析：一种教育社会学的研究[M].2 版(修订本).北京：教育科学出版社,2007：175.

② 邬志辉.恢复和建设是布局调整的重要内涵[N].中国教育报,2012-08-14(004).

③ 柴葳,荣雷.开启义务教育均衡发展新篇章：教育部与各省(区、市)签署义务教育均衡发展备忘录纪实[N].中国教育报,2012-09-07(02).

立推进义务教育均衡发展的责任机制，将县域义务教育均衡发展作为考核地方各级政府及其主要负责人的重要内容，教育、发展改革、财政、人力资源和社会保障、编制等部门形成各负其责、协力推进义务教育均衡发展的工作机制。与此同时，教育部实施"省级评估、国家认定"的县域义务教育督导评估制度。这一政策体系理清了各级政府及其部门之间的权力边界，整合和协调相关主体之间教育利益关系，原先的相互推诿现象逐步消解，政策执行力和确定性随之增强。当然，这一政策落地生根会受制于一些新的影响变量。所有适龄儿童"有学上"问题的解决，势必导致教育规模和教育需求的"分母"越来越大，若优质教育的"分子"得不到相应扩充，"上好学"的矛盾会愈加尖锐，主要表现为入学机会的限定性与人民群众的选择性之间、公平教育的普惠性与优质教育的稀缺性之间、教育资源配置的外因性与教育质量提高的内生性之间的矛盾[①]。这些矛盾将成为政策执行力和确定性的影响变量。

（四）政策话语的文化规则

政策话语视角的教育政策分析，是通过教育政策文本所使用的语言、词汇和逻辑修辞等，来分析教育政策的目标指向和价值取向，揭示政策所蕴含的文化规则以及其中存在的权力背景。从以上三个政策阶段可以看出，前两个阶段主要使用的是经济学话语，教育发展受制于经济发展水平，特别是地方政府的财政收支状况。在此之下，政策制定移植"均衡"这一经济学概念，将义务教育均衡发展主要定义为教育资源配置均衡，即在平等原则的支配下教育机构、受教育者在教育活动中实现平等待遇，其最基本的要求是在正常的教育群体之间平等地分配教育资源和份额，达到教育需求与教育供给相对均衡，并最终落实在人们对教育资源的支配和使用上[②]。从2003年《国务院关于进一步加强农村教育工作的决定》开始，义务教育均衡发展政策逐步转换成以社会学、伦理学、政治学、新公共管理理论为主的政策话语。《国务院关于进一步加强农村教育工作的决定》提出："发展农村教育，使广大农民群众及其子女享有接受良好

---

① 阮成武,朱家存.上好学政策面临的实践挑战与应对策略[J].中国教育学刊,2013(1):16-20.

② 翟博.教育均衡发展:现代教育发展的新境界[J].教育研究,2002(2):8-10.

教育的机会，是实现教育公平和体现社会公正的一个重要方面，是社会主义教育本质要求。"此后，《国务院关于深化农村义务教育经费保障机制改革的通知》提出："将农村义务教育纳入公共财政保障范围"，"完善以人为本的公共财政支出体系，扩大公共财政覆盖农村范围，强化政府对农村的公共服务，推进基本公共服务均等化"。《教育部关于进一步推进义务教育均衡发展的若干意见》提出："建立和完善保障义务教育均衡发展的公共财政体制"，"逐步缩小学校办学条件的差距"，"切实保障弱势群体学生接受义务教育"。教育部《县域义务教育均衡发展督导评估暂行办法》对义务教育发展基本均衡县的评估认定，要求评估前向社会公告，评估结果向社会公布，接受社会监督，将公众满意度作为评估认定的重要参考。2012年《国务院关于深入推进义务教育均衡发展的意见》进一步确立以人民群众主观感受和满意度为主要特征的政策话语，将深入推进义务教育均衡发展定位为努力实现所有适龄儿童少年"上好学"，突出要求"保障特殊群体平等接受义务教育"，体现一种弱势补偿的政策伦理。此时，义务教育均衡发展开始摆脱对地方经济发展水平的依附，成为由政府主导提供的旨在保障全体公民都能公平获得的大致均等的基本公共服务。从以上的政策演进可以看到，义务教育均衡发展政策在义务教育从非均衡、非均衡向均衡过渡和均衡发展的演进过程中，政策主体、政策目标、政策过程、政策话语等核心要素及其关系的演变，相互耦合和关联，既有外在的社会制约性，也体现出政策演进自身的系统性与逻辑性。

三、义务教育均衡发展政策的未来走向

目前，我国深入推进义务教育均衡发展的政策理念、框架及举措已经形成，但并不意味着这一政策就此定型或固化。这不仅因为全面建成小康社会对义务教育均衡发展提出了新要求，而且，既定政策也会沿着自身的系统性与逻辑性向前演进。因此，基于这一政策的演进逻辑展望其未来走向，构建均衡发展义务教育政策框架，不仅是可能的，而且是必要的。

（一）实行新型非均衡发展，将成为均衡发展义务教育政策的动力机制

均衡与非均衡是不同经济社会条件下义务教育两种不同的发展方式和政策选择；同时，二者的矛盾运动和转化也构成推动义务教育发展的动力机制。如果说全面普及义务教育是通过非均衡政策实现的，那么，均衡发展义务教育同样需要非均衡政策来实现，只不过它是一种新型非均衡发展。前者以教育利益分化为特征，即一部分地区、学校先发展起来的同时，另一些地区和学校则处在后发展甚至落后状态；与之不同的是，新型非均衡发展以教育利益整合为特征。在全面建成小康社会的进程中，均衡发展义务教育是一种由政府主导提供的全体公民都能公平获得大致均等的基本公共服务，具有均等性与普惠性；与之相应的是，均衡发展义务教育政策将从先前受制于地方经济水平、行政区划以及户籍制度的一种派生性政策，上升到基本公共服务体系均等化的基础性地位。面对区域、城乡、学校以及群体之间发展水平很不均衡的实际，需要在政策上区别对待、抓住重点、合理倾斜、确立发展义务教育的优先方向，填平凹陷、补齐短板。也就是说，均衡发展不是平均用力，不是简单的平均化和无差异化，而是需要以非均衡发展政策来实现其均衡发展。具体来说，需要落实党的十八大提出的"重点向农村、边远、贫困、民族地区倾斜，支持特殊教育，提高家庭经济困难学生资助水平，积极推动进城务工人员子女平等接受教育，让每个孩子都能成为有用之才"，落实《国务院关于深入推进义务教育均衡发展的意见》提出的"中央财政加大对中西部地区的义务教育投入。省级政府要加强统筹，加大对农村地区、贫困地区以及薄弱环节和重点领域的支持力度"，"各地逐步实行城乡统一的中小学编制标准，并对村小学和教学点予以倾斜……重点为民族地区、边疆地区、贫困地区和革命老区培养和补充紧缺教师"，"对长期在农村基层和艰苦边远地区工作的教师，在工资、职称等方面实行倾斜政策，在核准岗位结构比例时高级教师岗位向农村学校和薄弱学校倾斜"。特别是要改变原先"三片"地区义务教育发展目标水平递减的政策，建立完善弱势补偿的政策机制，使处境不利地区、学校和学生群体获得相对平等的发展机会，填补先前政策形成的"中部凹陷"。唯有以非均衡发展作为杠杆和推手，才能有效实现区域、城乡、群体和校际义务教育总体均衡。

（二）以发展平衡保障和促进机会均等，将成为均衡发展义务教育政策的价值取向

义务教育均衡发展作为一种法定目标和国家政策导向，有着特定的目标内涵和价值取向。"均衡"是"机会均等"与"发展平衡"的统一体。机会均等指所有适龄儿童少年均等享受由政府主导提供的方便可及、保证质量的基本公共教育服务，反映一种教育公平。发展平衡是实现城乡、区域、学校及不同群体之间在教育资源、管理和质量及其制度保障水平上的基本平衡，反映一种社会公平。机会均等与发展平衡相互依存，机会均等是核心、落脚点，发展平衡是保障、着力点；同时，二者又有各自的内涵，前者是就适龄儿童少年个体之间而言，后者则是就不同区域、城乡、学校及其家庭而言。均衡发展义务教育是要促进区域、城乡、学校及不同群体在公共服务体系建设和保障水平上的基本平衡，以此为适龄儿童少年接受机会均等的义务教育奠定社会基础。为此，政府应发挥独特优势和担当责任，加强城乡及不同区域交通、通信、公用设施等公共服务机构设施和能力建设，加强社会建设，创新社会管理，改善基本民生，兜住教育公平的底线。具体地说，就是以促进县域基本均衡为着力点，实现县域内城乡学校之间义务教育的平衡发展。在此基础上，随着区域关系、城乡关系、工农关系的改变，城市政府与农村政府之间、进城务工人员随迁子女流出地政府与流入地政府之间，中央政府与省、市、县政府之间，政府、学校与家庭之间，农民、市民及其进城务工人员之间，必然构成新的权力边界和利益关系。为此，应打破城乡分治的户籍制度壁垒，建立以居住地为基准的公共服务体系与管理机制，将义务教育全面纳入由当地政府主导提供的基本公共服务体系。在实现路径上，可通过国务院相关部门与省级政府之间的磋商协调，调整教育经费及相关教育资源的配置原则，消解不同地区之间、城乡之间及不同层级政府之间的利益博弈和冲突，保持区域间基本公共服务范围和标准基本一致。同时，加强相关制度和规则衔接，推进省域内基本公共服务均等化，并逐步实现跨省域义务教育服务均等化。

（三）确保每个适龄儿童少年均等享有良好教育，将成为均衡发展义务教育政策的过程保障

与解决"有学上"问题不同，均衡发展义务教育要努力实现所有适龄儿童少年"上好学"。"好"的程度及其评价，体现了教育与人民群众需求的吻合度、对适龄儿童少年发展及民生改善的贡献度，最终反映人民群众的满意度。当然，实现所有适龄儿童少年"上好学"，不同于一般意义的"上好学"，它具有特定的教育对象范围、公平特性和质量水准，即每个适龄儿童少年均等享有良好教育。抓住以下三个环节，政策实施才会有过程保障。第一，教育对象范围涵盖"所有适龄儿童少年"。这就是编织一张义务教育的"天网"，实现所有适龄儿童少年"学有所教"，而不应有任何挑选、遗弃、排斥。随着教育对象涵盖面越来越大，教育对象的差异性、家庭背景的复杂性、教育需求的多样性也就越来越凸显。为此，应改革义务教育入学政策，增强教育提供方式的便利性与多样性。一是优化学校布局结构，加强学校标准化建设特别是农村小微学校建设，统一城乡教师编制标准，加强教师流动管理，办好老百姓家门口的学校，使老百姓的孩子"就近入学"更加方便、放心和满意。二是保障各种处境不利的弱势群体平等接受义务教育，包括解决进城务工人员随迁子女、农村留守儿童、残疾儿童、城市低保家庭儿童、农村家庭经济困难儿童、孤儿、流浪儿童等平等接受义务教育所存在的各种困难，满足他们的特殊需要。三是对于那些超越均衡发展的高端性、选择性教育需求，即"上自己想上的好学校"，可通过发展民办教育和社会培训机构来实现，政府加强法治建设和监督管理。四是建立义务教育的公共服务机制，建立完善面向所有适龄儿童少年接受义务教育的学籍管理与监测系统。第二，教育公平特性体现"均等享有"。政府及教育主管部门应通过政策推动，如制定一系列旨在促进区域、城乡和校际均衡的办学标准、质量标准、经费标准、教师编制标准等，实现区域、城乡、校际义务教育办学条件标准化，以教育资源均衡配置保障适龄儿童少年的教育机会均等。在此基础上，进一步将资源均衡配置落实到全体适龄儿童少年均等享有上。按照科恩的观点，在教育机会均等的概念中，应该包括各种相互联系的不平等的源泉，而这些不平等源自学校和教室的内部。个体受教育结果层面上的不平等显示了社会环境

中的那些不平等所带来的直接和间接的影响①。也就是说，不平等的学校和教室往往是由于学校环境、学校组织结构、班级规模、课程设置和教学语言等直接或间接的社会因素造成的，科恩由此提出通过改变教室里的社会机制来创造公平教室。显然，让所有适龄儿童少年"上好学"，创造公平教室是十分必要和有效的。政府应在政策上为每一位学生（特别是处境不利地区的学校和学生群体）提供相对均等的学校环境、班级环境、教师队伍、课程资源、教学设备、生活设施，为适龄儿童少年获得教育过程和结果的机会均等创造必要条件。第三，教育质量水平达到"良好教育"。义务教育均衡发展政策是在普及基础上解决均衡问题，换言之，它是一种具有特定价值取向和功能的政策，不能将义务教育要解决的所有问题都"绑架"到这一政策上。从理论上讲，均衡发展义务教育的质量水平既不是具有稀缺性和竞争性的优质教育，也不是只具有最低质量保障的基本教育，而是一种具有可靠质量保障、人人均等共享并为进一步发展提供必要基础的良好教育。因此，均衡发展义务教育重点不是整体将其提升为优质教育，而是使所有适龄儿童少年接受良好教育。当然，这不等于稀释、扼制或取消优质教育，而是发挥优质教育的共享、辐射功能，建立优质教育资源共享机制，如通过学校联盟、集团化办学、委托管理、评估认证等方式，以及大力推进教育信息化，开发丰富的优质数字化课程教学资源，促进优质教育资源的共用共享，带动生成更多的良好教育。

（四）充分尊重和合理引导教育民意，将成为均衡发展义务教育政策话语的文化规则

伴随上述政策走向的变化，均衡发展义务教育的政策话语也将进一步发生转变。这种转变除了在表达方式和语言上的转换，还应在话语权亦即政策制定、执行和评价的参与者构成及其关系上实现进一步转变。目前，无论政策制定还是执行与评价，政策主体都是各级政府及教育主管部门。这种供给、支付和监管三重角色合一的格局，反映出政策话语的政府主导，不利于各种主体的利益表达和利益整合。随着政府执政理念突出人的主体地位，政府职能将进一步转变，教育政策制定、执行与绩效评价应当进一步充分尊重教育民意，确立人民

———————
① 莫琳·T.哈里楠.教育社会学手册[M].傅松涛,等译.上海:华东师范大学出版社,2004:346.

群众在政策制定、执行与评价上的话语权。所谓教育民意，包括人民群众在义务教育上的诉求、意见及其实现的满意程度，以此保障公众对政策的知情权、参与权和监督权。为此，均衡发展义务教育政策制定应积极发挥社会及公众的参与功能，问需于民、问政于民。政府应大力发展电子政务，建立反映义务教育均衡发展状况的统计指标、信息发布与查询平台，为社会及公众提供透明、准确、有效的信息服务。同时，对于政策执行及其绩效评价、政府及其责任人的政绩考核，应将公众对义务教育均衡发展的满意度作为重要依据，评估和考核结果应向社会公布，接受社会的监督。当然，充分尊重民意也需要对其进行科学分析与评估，加以正确引导。一方面，教育有其自身规律，教育活动及其结果获得总是需要受教育者的主体参与和努力，而不是外在的输出、赠与和赋予就能实现的；教育结果往往具有内生性、间接性与未来性，教育公共服务与其他公共服务有着不同的一面。另一方面，义务教育均衡发展的实现需要一个漫长的渐进努力的过程，而教育民意诉求及其满意标准多指向不同利益个体和群体的直接利益、当前利益和具体利益。因此，均衡发展义务教育政策制定、执行与评价，需要建立教育民意的表达渠道、对话平台与疏导机制，加强教育民意引导，促进教育利益的整合与协商，维护好、发展好广大人民群众的根本利益和长远利益，保障教育的国家利益和公共利益。

中部地区农村义务教育均衡发展的政策路径[①]

　　"努力缩小区域差距"，既是均衡发展义务教育的重要目标，也是实现这一目标的重要路径与策略。区域差距不缩小，城乡、学校均衡发展的意义会大打折扣。中部地区既存在东部和西部地区共有的城乡二元结构，又具有不同于东部和西部地区的区位特点。中部地区义务教育一直处在"不东不西"的两边不靠状态，形成所谓"中部凹陷"（也称"中部塌陷"）现象。其中，中部地区农村处在区域和城乡差别双重叠加的交汇点上，是义务教育"中部凹陷"的谷底。这种发展格局除区位等客观因素影响，更多的是政策导向和选择的结果。这个谷底不填补，"中部凹陷"就会继续存在，缩小区域差距只能空谈。相比之下，客观因素一时难以改变，能够通过政治、经济和社会力量有效改变的恰恰是政策因素。2013年，李克强总理在国家科技教育领导小组第一次全体会议上指出："要缩小中国发展中存在的城乡和区域这两个最大的差距，……教育资源要向中西部和广大农村地区倾斜，提升中西部地区教育水平。"[②]本节分析义务教育均衡发展"中部凹陷"及其谷底形成的政策原因，概括中部地区农村义务教育均衡发展的政策实践，探索形成中部地区农村义务教育由谷底走向崛起的政策路径。

一、非均衡发展：义务教育"中部凹陷"及其谷底形成的政策原因

　　新时期以来义务教育政策的演进历程与逻辑，本人在《我国义务教育均衡发展政策的演进逻辑与未来走向》中有论述。循着这条由非均衡发展向均衡发展转型的线索，本节进一步聚焦义务教育"中部凹陷"的谷底形成的政策原因。

---

　　① 本节原载于《中国教育学刊》2013年第12期。
　　② 李克强在国家科技教育领导小组第一次全体会议上强调.注重教育公平 推动科技创新为经济社会发展提供战略支撑[J].管理观察,2013(27):9-10.

具言之，从1985年"普九"目标提出到2000年基本实现这一目标，中央政府将发展基础教育的责任交给地方，并根据其不同经济社会发展情况，提出分区规划、分类指导、分步实施的发展方针。《中共中央关于教育体制改革的决定》指出："不仅要承认全国各省市区之间经济文化发展的不平衡性，而且要承认在一个省、一个市、一个县范围内的发展也是不平衡的，所以必须鼓励一部分地区先发展起来，同时鼓励先发展起来的地区帮助后进地区，达到共同的提高。"相应的，全国普及九年义务教育分为三类地区，其中，约占全国人口一半的中等发展程度的镇和农村作为二片地区（共13个省，此后确定的中部地区6省均在其中），首先抓紧按质按量普及小学教育，同时积极准备条件，在1995年左右普及初中阶段的普通教育或职业和技术教育。1993年《中国教育改革和发展纲要》提出："在地区发展格局上，从各地经济、文化发展不平衡的实际出发。因地制宜，分类指导。"该纲要提出具体化要求：全国不同地区的发展目标和速度可有差异。其中，占总人口40%左右的中等发展程度的农村，当时已普及小学教育，2000年前基本普及九年义务教育。

总之，这一时期义务教育是以非均衡发展为手段和路径，又是以促进非均衡发展为政策目标，达到义务教育基本普及的总体目标。其间，1995—2000年实施的第一期"国家贫困地区义务教育工程"，范围集中在22个省份的852个贫困县，重点是二片地区13个省383个县[①]。这一工程使二片地区项目县全部普及了六年义务教育，但与一片地区的差距并没有由此缩小。1998—2000年，这一工程开始重点投向三片地区。曾满超等人对1999年中小学生均支出进行区域比较，一片、三片小学比为1.71：1，初中比为1.75：1；二片、三片小学比为0.89：1，初中比为0.95：1，二片地区实际低于三片地区[②]。高如峰的研究也得出，2001年，中部和西部地区农村小学生均预算内事业费仅为东部地区的40%和50.9%，初中仅为40.7%和57.4%；中部和西部小学生均预算内公用经费仅为东部地区的18%和29.7%，初中仅为15%和24%[③]。显而易见，最低的都集中在中部地区。至此，义务教育发展

[①] 教育部,财政部.教育部 财政部关于"二片"地区"国家贫困地区义务教育工程"项目完成情况的通报[J].教育部政报,1999(3):128-136.

[②] 曾满超,丁延庆.中国义务教育财政面临的挑战与教育转移支付[J].北京大学教育评论,2003(1):84-94.

[③] 高如峰.中国农村义务教育财政体制的实证分析[J].教育研究,2004(5):3-10.

的"中部凹陷"开始凸显。

2000年10月，《国务院关于实施西部大开发若干政策措施的通知》中指出，将发展科技教育和文化卫生事业作为西部开发的四大重点领域之一，加大国家对西部地区义务教育的支持力度。自2002年起，实施第二期"国家贫困地区义务教育工程"，中央财政投入50亿元，地方财政配套23.6亿元，共计73.6亿元。中央投入向西部地区倾斜，面向西部地区的462个县，占项目县总数的90%，用于资助西部开发地区项目的经费占资金总额的91.8%。从2003年开始，中央政府又启动西部地区"两基"攻坚计划，针对西部地区12个省份和新疆生产建设兵团共410个尚未实现"两基"的县存在的困难，投入100亿元，到2007年西部地区基本实现"两基"。4年间，中央财政就支持西部地区义务教育连续出台了一系列重大政策。与之相比，中部地区义务教育既没有东部地区丰厚的经济基础和良好的教育基础，又没有同等享受中央政府对西部地区的政策扶持，义务教育发展水平不仅没有缩小与东部地区的差距，而且普遍落后于西部地区。根据王珏、张振助等人的研究，2006年，东部、中部、西部地区小学生均预算内公用经费分别为356元、185元、295元，初中生均预算内公用经费分别为523元、252元、419元。中部地区生均经费仅为东部地区生均经费实际水平的一半左右。从这组数据看，中部地区分别只有西部地区的0.62和0.60[1]。王蓉的研究也得出，在全国版图上，义务教育经费的区域性分布从东部到西部呈现了一个"U"字形分布，而谷底是中部地区[2]。中央教育科学研究所2009年在东部、中部、西部共选取三个省九个县898所中小学进行调查研究，结果显示，义务教育"中部凹陷"不仅表现在教育经费支出上东部地区显著高于中西部地区，西部地区略高于中部地区，而且还表现在生均教学仪器设备值等方面。与《国家教育督导报告2005》相比，小学生均教学仪器设备值的东西比值从1.8扩大到2.57，东中比值从1.4扩大到4.82，初中这一指标的东西比值从2.0缩小到1.32，东中比值从1.6扩大到1.69。义务教育"中部凹陷"在原先基础上进一步扩大了。

在义务教育"中部凹陷"形成的同时，一个与之相连并且更深层次和更大

---

① 张珏,张振助.中国义务教育公平推进实证研究[M].北京:教育科学出版社,2011:6.

② 姚洋.中国:审视社会公正和平等[M].//王蓉.我国义务教育投入之公平性研究.北京:中国人民大学出版社,2004:282-306.

力度的改革开始了，就是2000年由安徽最先试点、2003年全面推行的农村税费改革。这项改革主要包括"三个取消"（取消乡统筹费、取消农村教育集资等专门面向农村征收的行政事业性收费和政府性基金与集资、取消屠宰税）、"一个逐步取消"（逐步取消统一规定的劳动积累工和义务工）、"两个调整"（调整农业税政策、调整农业特产税政策）、"一项改革"（改革村提留征收使用办法）。其中，教育费附加是乡统筹费的大头。税费改革对城镇义务教育基本没有影响，却对农村义务教育经费产生了巨大影响。以安徽省为例，税费改革前的1999年，全省农民人均政策性负担为109.4元；税费改革后的2000年，则降低到75.5元，2001年进一步降低到70.4元[①]。农民负担减轻的同时，基层政府的收入减少了许多。据统计，税费改革前，安徽省农村教育费附加平均每年7.1亿元、农村教育集资平均每年3.84亿元，合计约11亿元，约占同期农村教育投入总额的30%。费税改革后，这11亿元收入取消了，当年预算内教育事业费拨款为26.24亿元，比1999年费税改革前的22.94亿元增加了3.3亿元。两比之下，税费改革前后，农村义务教育投入净减少了7.7亿元[②]。2002年，全省农村中小学当年累计欠发教师"国标"工资1411万元，欠发省津补贴50639万元[③]。在此之下，原先"财政收入保工资，教育费附加保运转，教育集资促发展"的农村义务教育经费体制被打破，与新税收政策因应的农村义务教育经费保障机制尚未建立，中部地区农村义务教育更是跌入"中部凹陷"的谷底。

二、填补谷底：中部地区农村义务教育均衡发展的政策实践

面对义务教育"中部凹陷"及其谷底的形成，政府及教育、财政部门从2005年建立义务教育经费保障新机制起，陆续出台一系列补偿性政策。当年12月印发《国务院关于深化农村义务教育经费保障机制改革的通知》，按照"明确

---

① 胡平平,张守祥.农村义务教育投入保障机制及管理体制问题研究[M].北京:科学出版社,2007:3.

② 胡平平,张守祥.农村义务教育投入保障机制及管理体制问题研究[M].北京:科学出版社,2007:5.

③ 胡平平,张守祥.农村义务教育投入保障机制及管理体制问题研究[M].北京:科学出版社,2007:8.

各级责任、中央地方共担、加大财政投入、提高保障水平、分步组织实施"的原则，逐步将农村义务教育全面纳入公共财政保障范围，建立中央和地方分项目、按比例分担的农村义务教育经费保障机制。其中，中央重点支持中西部地区，适当兼顾东部部分困难地区。主要包括：全部免除农村义务教育阶段学生学杂费，对贫困家庭学生免费提供教科书并补助寄宿生生活费。免学杂费资金由中央和地方按比例分担，西部地区为8∶2，中部地区为6∶4；免费提供教科书资金，中西部地区由中央全额承担，东部地区由地方自行承担。同时，落实各省（区、市）制定的本省（市、区）农村中小学预算内生均公用经费拨款标准，所需资金由中央和地方按照免学杂费资金的分担比例共同承担。在此基础上，由中央适时制定全国农村义务教育阶段中小学公用经费基准定额，所需资金仍由中央和地方按上述比例共同承担。建立农村义务教育阶段中小学校舍维修改造长效机制，对中西部地区，中央分省（市、区）测定每年校舍维修改造所需资金，由中央和地方按照5∶5的比例共同承担。此外，中央对中西部及东部部分地区农村中小学教师工资经费给予支持，要求省级人民政府加大对本行政区域内财力薄弱地区的转移支付力度，确保农村中小学教师工资按照国家标准按时足额发放。

2003年《国务院关于进一步加强农村教育工作的决定》提出："中部地区没有实现'两基'目标的县也要集中力量打好攻坚战。""中央继续对中西部困难地区中小学校舍改造给予支持。""中央财政继续设立中小学助学金，重点扶持中西部农村地区家庭经济困难学生就学，逐步扩大免费发放教科书的范围。"2007年11月，财政部、教育部《关于调整完善农村义务教育经费保障机制改革有关政策的通知》规定，从2007年开始，对中西部地区农村义务教育阶段中小学的生均公用经费基本标准，小学低于150元或初中低于250元的省份，分别提高到150元和250元（其县镇标准相应达到180元和280元）；提高中西部地区农村义务教育阶段中小学校舍维修改造的测算单价标准，中部地区每平方米由300元提高到400元，西部地区每平方米由400元提高到500元。

2010年，《教育部关于贯彻落实科学发展观进一步推进义务教育均衡发展的意见》提出：东部地区和中西部有条件地区要在推进教育现代化过程中，不断深化改革，提升义务教育均衡发展水平。广大中西部农村地区要不断夯实义务教育发展基础，在巩固提高义务教育普及水平的基础上，大力推进义务教育均衡发展。这一政策首次将中部地区分为有条件地区和农村地区，分别提出"提升"和"大力推进"义务教育均衡发展的政策目标和任务。此后，《教育规划纲要》提出切实缩小校际差距、加快缩小城乡差距、努力缩小区域差距的政策思路。2011年，中央财政进一步调整完善了保障机制的有关政策，将农村义务教育阶段学校生均公用经费基准定额提高100元，即东部地区年生均小学达到550元、初中达到750元，中西部地区年生均小学达到500元、初中达到700元①。2012年9月，《国务院关于深入推进义务教育均衡发展的意见》要求，中央财政加大对中西部地区的义务教育投入，省级政府要加强统筹，加大对农村地区、贫困地区以及薄弱环节和重点领域的支持力度，继续实施农村义务教育薄弱学校改造计划和中西部农村初中校舍改造工程。

在一系列支持中部地区（特别是农村）义务教育发展政策出台的同时，中央实施的促进中部地区崛起战略也开始发挥重要作用。2006年3月27日，中共中央政治局召开会议，研究促进中部地区崛起工作，此后印发《中共中央、国务院关于促进中部地区崛起的若干意见》。同年10月，《中共中央关于构建社会主义和谐社会若干重大问题的决定》提出，要"落实中央财政转移支付资金重点用于中西部地区，尽快使中西部地区基础设施和教育、卫生、文化等公共服务设施得到改善，逐步缩小地区间基本公共服务差距；坚持公共教育资源向农村、中西部地区、贫困地区、边疆地区、民族地区倾斜，逐步缩小城乡、区域教育发展差距，推动公共教育协调发展"。2007年11月，财政部、教育部印发《关于调整完善农村义务教育经费保障机制改革有关政策的通知》规定，从2007年起，中部六省享受西部大开发政策的243个县（市、区），其免除农村义务教育阶段学生学杂费和提高农村义务教育阶段中小学公用经费保障水平所需资金，中央与地方的分担比例按照8∶2执行（中部其他地区此项分担比例为6∶4）。2010年1月，国务院《促进中部地区崛起规划》提出：完善中央和地方分项目、按比例分担的农村义务教育经费保障机制；巩固"普九"成果，逐步化解农村"普九"债务，推进义务教育均衡发展；加大对中部地区26个比照城市和243个

---

① 财政部.中央财政追加下达2011年农村义务教育学校公用经费补助资金79.3亿元[J].山西财税,2011(8):4.

比照县的支持力度，并不断充实和调整"两个比照"政策，创新支持方式，拓展支持范围和领域，进一步完善促进中部地区崛起的政策体系。

2012年8月，《国务院关于大力实施促进中部地区崛起战略的若干意见》提出"推动义务教育均衡发展，巩固提高九年义务教育水平"，"加大中央财政对中部地区均衡性转移支付的力度，重点支持中部地区改善民生和促进基本公共服务均等化"等政策，"完善并落实好'两个比照'政策。进一步加大中部地区'两个比照'（中部六省中26个城市比照实施振兴东北地区等老工业基地有关政策，243个县市区比照实施西部大开发有关政策）政策实施力度，完善实施细则，确保各项政策落到实处"。

综观以上，一个时期来防止义务教育"中部凹陷"的补偿性政策来自两个方面，一是国家推行的义务教育均衡发展政策，二是国家实施的促进中部地区崛起战略。如何加强两方面政策的对接与汇合，为中部地区农村义务教育均衡发展创造更加有力、有效的政策条件，还需要努力。

三、走向崛起：促进中部地区农村义务教育均衡发展的政策路径

促进中部地区农村义务教育均衡发展的意义、目标与政策路径，不仅要从义务教育均衡发展的全国版图来认识，还应从中部地区区位特点和全面崛起的战略目标来理解。《国务院关于大力实施促进中部地区崛起战略的若干意见》指出，在新形势下大力促进中部地区崛起，不仅要缩小与东部地区发展差距，还应发挥中部地区区位优势，构筑承东启西、连南接北的战略枢纽，激发中部地区内需潜能，拓展发展空间，破解城乡二元结构，加快推进基本公共服务均等化，全面建设小康社会。按照《国务院关于大力实施促进中部地区崛起战略的若干意见》要求，到2020年，中部地区"城镇化率力争达到全国平均水平，基本公共服务主要指标接近东部地区水平，努力实现全面崛起，在支撑全国发展中发挥更大作用"。这意味着在新的政策框架下，中部地区农村义务教育均衡发展不仅需要填补"中部凹陷"，而且要纳入中部地区"全面崛起"的政策目标，由填谷走向崛起。

（一）调整中部地区农村义务教育的补偿性政策覆盖范围

中部地区的范围是随经济和社会发展水平的变化而变化的。2006年《中共中央、国务院关于促进中部地区崛起的若干意见》将中部地区确定为山西、安徽、江西、河南、湖北、湖南6省[1]，原先同属中部地区的黑龙江、吉林、辽宁、河北、山东、海南等6省分别归入东北或东部地区。2007年《国务院办公厅关于中部六省比照实施振兴东北地区等老工业基地和西部大开发有关政策范围的通知》明确，中部六省243个县（市、区）比照实施西部大开发有关政策。2009年9月，国务院《促进中部地区崛起规划》要求"加大对中部地区26个比照城市和243个比照县的支持力度。适应形势发展的需要，不断充实和调整'两个比照'政策，创新支持方式，拓展支持范围和领域，进一步完善促进中部地区崛起的政策体系"。"两个比照"政策针对中部地区783个县（市、区）中的243个县（占总数的31%）。以安徽省为例，30个比照县（市、区）总人口占全省人口的45.2%，其中农村人口占全省农村人口的50.7%，这意味着另外差不多一半的县和人口不在此政策范围内。就中部地区总体而言，243个比照县以外的540个县（市、区）（占总数的69%）、一半以上人口，只是享受中部地区一般性政策。可见，两者差距很大。

应当说，中部地区农村义务教育均衡发展应当包括国务院所明确的中部六省县城以下的农村地区和乡镇义务教育均衡发展状况，以及县级以上政府相关的政策措施与成效。根据以上分析，中部地区243个比照县（占总数的31%）之外三分之二的县（市、区）才是中部地区农村义务教育的主体，反映中部地区农村义务教育均衡发展的基本面。促进中部地区农村义务教育均衡发展，需要落实党的十八大提出的"重点向农村、边远、贫困、民族地区倾斜"，贯彻《国务院关于深入推进义务教育均衡发展的意见》提出的"中央财政加大对中西部地区的义务教育投入"。为此，应将中部地区农村义务教育比照实施西部大开发有关政策的范围，由现行243个县扩展到中部地区所有以农业和农村人口为主的县（不含县级市和市辖区）。只有在政策上实现"中部凹陷"的填谷，才能真正

---

[1] 根据国家统计局2011年6月13日的划分办法,此前的一类地区除中部六省外,重庆、陕西、四川划归西部地区,河北、福建、海南划入东部地区,黑龙江归入东北地区。

促进中部地区农村义务教育均衡发展，为接近东部地区水平提供必要的政策条件。

（二）整合形成具有更大倾斜度的补偿性政策体系

促进义务教育均衡发展的过程，就是缩小义务教育校际、城乡、区域差距的过程。如果说中部地区义务教育均衡发展的校际、城乡差距主要是体制机制造成的，与东部、西部地区具有共性，那么，区域差距则主要是政策原因造成的，具有中部地区的特殊性。因此，中部地区农村义务教育均衡发展不仅需要享受国家关于推动城乡一体化及公共教育资源向农村地区倾斜的一般政策支持，而且还应得到相应的特殊政策支持，以缩小区域间（与东部地区甚至是西部地区）差距为突破口，确立符合中部区位特点的农村义务教育均衡发展路线图。

应当说，目前关于促进中部地区义务教育均衡发展的相关政策可谓是多头并举，路径驳杂。有国家及教育主管部门的义务教育均衡发展政策，有中部崛起战略的相关政策，还有民生工程、基本公共服务体系建设、教育扶贫等方面的政策。这些政策有的重叠，有的脱节；有的呈点状，有的呈线状或面状；有一次性的，也有持续和系列化的，政策的关联性差，运行成本高、效益低。此外，中部地区一些补偿性政策是在特定时间出台的，随着相关政策在全国范围推行，原先政策的扶持力和倾斜度就被抵消了。为此，应当加强中部地区义务教育均衡发展相关政策与促进中部地区崛起战略的对接与联动。一方面，充分利用"两个比照"政策资源，使中部地区农村义务教育能够比照实施西部大开发和"西部地区'两基'攻坚计划"的相关政策，如农村寄宿制学校建设、扶持农村地区家庭经济困难学生就学、实施农村中小学现代远程教育、加强农村地区教师队伍建设等。中央财政予以重点支持，同时适当降低地方政府配套比例，填补自20世纪以来中部地区特别是农村义务教育的政策裂缝和空白。例如，受农村税费改革后续影响，中部地区农村义务教育存在压缩教师编制、有编不用的现象，造成教师老化、弱化，待遇低。据国家教育督导团、全国农村义务教育经费保障机制改革领导小组办公室2007年对中部地区义务教育督查的结果，部分省教师地方津补贴和"三险一金"普遍难以落实，由于中部地区原来收费水平较高，改革前杂费和公用经费中用于发放教师津补贴的资金量和比例也相对较高，实行新机制后教师实际收入下降的问题比西部地区更为突出；农村教师"三险一金"由于财政负担部分不能落实，原有一部分是由学校从收费中开支的，免收学杂费后这项资金失去来源，势必影响教师的实际收入。为此，需要在推行城乡统一教职工编制标准的过程中，注重对中部地区农村的补偿，实行对中部地区农村教师地方津补贴和"三险一金"的专项补助。

（三）推动实施中部地区农村义务教育崛起计划

中部地区及其农村义务教育均衡发展，不是单靠补偿性政策就能够完成的，也不是填平谷底了事。中部地区义务教育均衡发展应全面、深度融入中部崛起战略的相关政策体系，推动实施中部地区农村义务教育均衡发展崛起计划。从国务院2009年颁布的《促进中部地区崛起规划》到2012年颁布的《关于大力实施促进中部地区崛起战略的若干意见》，从2015年延伸到2020年，从凸显中部地区"三个基地、一个枢纽"地位，转向在推动经济发展的同时，大力发展社会事业，切实保障和改善民生。在义务教育方面，从完善中央和地方分项目、按比例分担的农村义务教育经费保障机制，巩固"普九"成果，化解农村"普九"债务，实施中小学校舍安全工程等具体的补偿性政策，提升到一个全新高度"推动义务教育均衡发展，巩固提高九年义务教育水平"。显然，这就不仅要继续"填谷"，更要实现包括义务教育在内的基本公共服务主要指标接近东部地区水平，从而努力实现全面崛起。因此，推动实施中部地区农村义务教育崛起计划，应成为中部地区崛起战略的重要目标和指标，以及中部地区各级政府的重要责任和任务。中部地区应与中央政府在经费等政策上填平补齐的同时，充分利用中部崛起战略实施中的城镇化和城乡一体化发展机遇，打破城乡分割的制度障碍，推动城乡之间教育资源均衡配置，加大城市教育支持农村教育的力度，完善覆盖城乡的公共教育财政体系，推动城市教育公共服务向农村延伸。按照《国务院关于深入推进义务教育均衡发展的意见》的要求："省级政府要加强统筹，加大对农村地区、贫困地区以及薄弱环节和重点领域的支持力度。""省级政府要建立推动有力、检查到位、考核严格、奖惩分明、公开问责的义务教育均衡发展推进责任机制。"国务院办公厅印发的《关于中部六省实施比照振兴东北地区等老工业基地和西部大开发有关政策的通知》也指出："中部六省要进一步完善省以下转移支付制度，加大对比照县的支持力度。"由此可见，促进中部地区农村义务教育均衡发展的崛起动力主要应来自省级政府。省级政府发挥统筹职能，激发调动各职能部门和市、县政府的积极性，明确责任，形成政策合力和联动机制，探索形成适合本省特点的政策路径，是中部地区农村义务教育均衡发展的核心和关键。

省级统筹推进城乡义务教育资源均衡配置的调查分析①

一、研究背景与目的

进入21世纪以来，在各级政府的持续努力和推动下，义务教育均衡发展取得了实质性进展。2014年，国务院教育督导委员会对26个省（区、市）的491个县（市、区）进行了督导评估认定，有464个县（市、区）顺利通过，义务教育均衡发展总体状况良好；同时，还存在未能全面实现教育经费"三个增长"、教师配备不足、部分学校单项办学条件不达标、城乡间办学条件差异较大等突出问题。安徽省作为税费改革后义务教育经费保障机制改革发源地，创造出义务教育均衡发展的"铜陵经验"，在全国范围具有重要示范影响。2013年，安徽省12个通过省级评估的区，报请国务院教育督导委员会和教育部认定，6个通过国家评估认定；2015年有34个县区接受国务院教育督导委员会和教育部认定。根据《安徽省推进县域义务教育均衡发展改革试点实施方案》（简称《方案》）要求：到2015年，全省80%县区实现县域内义务教育基本均衡，其中20%达到优质均衡。因此，任务相当艰巨。

均衡发展作为义务教育的战略性任务，核心是促进教育资源的均衡配置，重点是实现义务教育资源的城乡均衡配置。促进城乡义务教育资源均衡配置，具有促进义务教育均衡发展和城乡协调发展的双重功能。党的十八大报告提出："要推动城乡发展一体化，加快完善城乡发展一体化体制机制，……促进城乡要素平等交换和公共资源均衡配置，形成以工促农、以城带乡、工农互惠、城乡一体的新型工农、城乡关系。"还要求"大力促进教育公平，合理配置教育资源，重点向农村、边远、贫困、民族地区倾斜"。十八届三中全会《中共中央关

① 本节原载于《湖南师范大学教育科学学报》2016年第5期，原题为《城乡义务教育资源均衡配置的省级统筹机制》。

于全面深化改革若干重大问题的决定》指出："大力促进教育公平，统筹城乡义务教育资源均衡配置"，"实行公办学校标准化建设和校长教师交流轮岗"。安徽省"十二五"规划提出："巩固提高义务教育质量和水平，推进均衡发展，着力解决进城务工人员子女上学问题。"2012年，安徽省教育改革和发展规划纲要领导小组出台《安徽省推进县域义务教育均衡发展改革试点实施方案》，提出要将推进县域义务教育均衡发展作为完善公共服务体系的重中之重，坚持"政府主导、省市统筹，以县为主、区域推进"的原则，努力缩小城乡、区域、校际之间义务教育发展水平差异，促进义务教育均衡发展。总之，合理配置公共教育资源，在省域范围、省级层面加强统筹，促进城乡义务教育资源均衡配置，是促进教育公平、加快城乡发展一体化发展的题中应有之义。

国内关于城乡义务教育资源均衡配置的研究，呈现以下特点：①关于义务教育均衡发展的研究，多是国家层面和县域层面，省级层面仅有北京、河北、山东、广西、新疆等的研究；少数学者关注到东、中、西部义务教育均衡发展的比较研究，提出"中部凹陷"问题。②对农村义务教育发展特别是资源配置现状及其与城市的差距分析较多，但视角较为单一，仅从投入方面进行研究，停留在现状描述上，缺少对省级政府统筹之下促进城乡义务教育资源均衡配置的实证研究。③部分学者试图寻找一些用来衡量和比较城乡义务教育资源均衡配置的指标或观测点，制定一套用以进行义务教育均衡发展评估和监测的指标体系，但多是理论构建和设想，缺少城乡义务教育资源均衡配置对其产出结果的实证支撑。④一些学者开展义务教育资源均衡配置的政策研究，多是历史回顾与反思，或是基于教育公平政策理念的论述与倡导，缺少实证研究作支撑。

安徽省内对这一问题的研究主要集中在从费改税以来建立义务教育经费保障新机制的政策背景、实践探索与回顾总结，缺少对义务教育免费后城乡义务教育资源均衡配置的后续跟进研究。基于安徽省义务教育学校办学标准，探索义务教育均衡发展的监测指标体系，同样缺少具体的实证调查研究。基于安徽新农村建设目标和发展目标，研究农村义务教育存在教育资源分配不均衡等问题。以铜陵、郎溪、当涂等地为例，研究市县层面义务教育均衡发展经验与问题，缺少省域范围、省级层面整体研究。

总体而言，关于城乡义务教育资源均衡配置的研究，呈现一种"哑铃式"

格局，即一种是从全国或区域（东、中、西部）范围，开展城乡义务教育资源均衡配置研究；一种是开展县域范围城乡义务教育资源均衡配置研究，相比之下，从省域范围和省级层面对城乡义务教育资源均衡配置现状、存在问题及原因进行实证研究，较为稀见。如何在安徽省城乡经济社会发展特点与义务教育均衡发展一般内涵、指标和实施策略之间，进行合理而可行的政策选择，从省级层面、省域范围确立政府职能分工，建立合理有效体制机制，形成推动城乡义务教育资源均衡配置的政策举措，增强政策针对性和可操作性，是一个亟待研究的课题。

本研究以促进教育公平为宗旨，以建立城乡义务教育发展一体化体制机制为核心，在调查分析安徽省城乡义务教育资源均衡配置现状及其制约因素基础上，提出进一步促进城乡义务教育资源均衡配置的政策措施。研究目的在于：①从省域范围和省级层面对城乡义务教育资源均衡配置现状、存在问题进行实证研究，探寻制约安徽省城乡义务教育资源均衡配置的体制性因素，为促进城乡义务教育资源均衡配置政策制定提供依据。②立足实证调查所探寻出的制约城乡义务教育资源均衡配置的体制机制因素，为安徽省进一步确立义务教育资源均衡配置的政策目标、举措及实施途径，提出针对性和可操作性的政策建议。

二、省域城乡义务教育资源均衡配置现状调查[①]

本研究基本思路是，以安徽省义务教育均衡发展政策实施为背景，在搜集国内外理论研究和实践经验等文献资料基础上，从教育部及安徽省义务教育均衡发展评估和监测指标体系中，抽取可以表征城乡义务教育资源均衡配置的指标，从学校总体布局、学校标准化建设完成率、学校公用经费、"三通两平台"建设、教师成分构成、校长教师定期交流制度实施、新招聘教师配置，以及教师职务评聘与待遇、教师继续教育经费等方面，调查分析安徽省城乡义务教育资源均衡配置情况。重点从择校类型和原因、学校标准化建设缺口、学校公用经费存在的问题、教育信息化面临的突出问题、教师队伍的突出问题、制约教师工作积极性的主要原因、义务教育发展面临的突出问题等方面，分析城乡义

---

① 本部分研究的比例数据因计算过程中使用了"四舍五入"法存在误差。

务教育资源均衡配置存在主要问题及原因。

本研究共选取42个县区（占全省108个县区总数的38.9%），每个县区抽取1个学区，形成调研样本，通过问卷调查与系统访谈，对调查获得的数据进行统计分析，以揭示安徽省城乡义务教育资源均衡配置的总体状况。为增强安徽省城乡义务教育资源均衡配置的针对性，本研究将全省总样本分为四个维度：①国家扶贫开发工作重点县（13个，其中10个属于全国集中连片特殊困难地区）；②皖北县区（5个）；③皖中皖南县区（12个）；④地级市所辖县区（12个）。县区维度相互重叠的不重复计算。以此分析比较全省城乡义务教育资源总体状况及四类地区具体分布情况。与此同时，课题组还深入宣城、六安、安庆等地相关县区进行调查研究，探寻制约城乡义务教育资源均衡配置的体制机制影响因素。

（一）省域义务教育均衡发展总体状况与问题

义务教育发展不均衡，一般包括城乡不均衡、区域不均衡、校际不均衡和群体不均衡等四种形态。调查发现，对于"你所在县区义务教育发展最突出问题是什么"，全省总样本选择"农村与城镇之间不均衡"的有59.52%，反映出城乡不均衡在我省义务教育发展不均衡中处于首位；从高到低国家扶贫开发工作重点县（简称"重点扶贫县"）、地级市所辖县区、皖中皖南县区、皖北县区的选择比例分别为69.23%、64.28%、58.33%、50%，国家扶贫开发工作重点县情况最不乐观。其次是区域不均衡，全省总样本选择"本地学校学生流失严重"的有23.80%，皖中皖南县区、国家扶贫开发工作重点县、皖北县区、地级市所辖县区选择比例分别为33.33%、30.76%、21.42%、0，皖中皖南县区和国家扶贫开发工作重点县情况最不乐观。第三位是校际不均衡，全省总样本选择"中心校、完小与村小、教学点之间不均衡"的有9.52%，其中，地级市所辖县区高达25%，皖北县区21.42%，皖中皖南县区8.33%，国家扶贫开发工作重点县0。这反映农村义务教育校际之间处于总体低位均衡状态，国家扶贫开发工作重点县更是如此。第四位是群体不均衡，全省总样本选择"特殊学生群体（留守儿童、进城农民工子女教育等）教育问题多"的有4.76%，其中，国家扶贫开发工作重点县、皖中皖南县区、皖北县区、地级市所辖县区的选择比例分别为0、0、

14.28%、16.66%。当然，这并不能说明皖中皖南县区和国家扶贫开发工作重点县不存在群体不均衡问题，只是城乡、区域不均衡更为严重，遮蔽了群体不均衡问题。

总体上看，全省义务教育均衡发展最突出问题是城乡不均衡，第二位是区域不均衡，国家扶贫开发工作重点县、皖北县区、皖中皖南县区本地学校学生流失严重。而且地级市所辖县区、皖北县区留守儿童、进城农民工子女教育问题相对突出。（见图1）

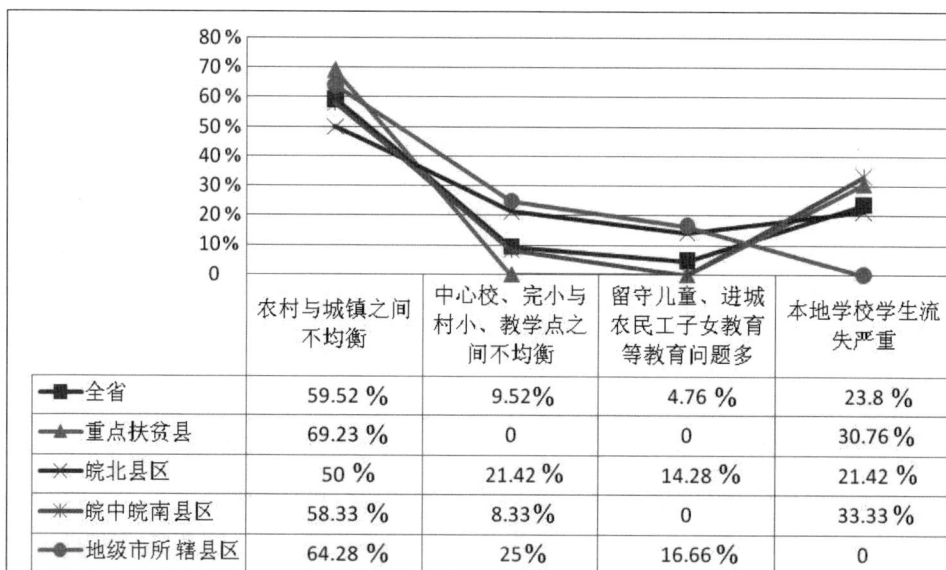

	农村与城镇之间不均衡	中心校、完小与村小、教学点之间不均衡	留守儿童、进城农民工子女教育等教育问题多	本地学校学生流失严重
全省	59.52%	9.52%	4.76%	23.8%
重点扶贫县	69.23%	0	0	30.76%
皖北县区	50%	21.42%	14.28%	21.42%
皖中皖南县区	58.33%	8.33%	0	33.33%
地级市所辖县区	64.28%	25%	16.66%	0

图1 义务教育发展不均衡类型分布

上述关于义务教育发展不均衡类型和程度的调查结论，可以从择校生和择校原因进一步得到验证。（见图2）对于所在县区择校类型调查发现，从本地学校转到城镇公办学校排在第一位，从本学区薄弱学校转到优质学校排在第二位，随父母到务工所在地学校就读排在第三位，从本地学校转到城镇民办学校列第四位，从本学区学校转到其他学区排在最后一位。从具体维度分析，首先，全省与重点扶贫县、皖北县区、地级市所辖县区的择校类型高度一致，主要类型是从本地学校转到城镇公办学校。值得注意的是，皖中皖南县区的择校去向是将城镇民办学校放在第一位。其次，农村义务教育校际不均衡驱使家长将孩子从村小、教学点转到中心学校或完小等相对优质的学校，或随父母到务工所在地学校就读，而从农村本学区转到其他学区就读的最少，反映出农村学区之间学校处于一种低位均衡状态。从具体维度分析，重点扶贫县义务教育城乡不均衡最严重，农村学校处在发展水平总体薄弱的低位均衡状态，造成大量学生随父母到务工所在地就读；地级市所辖县区在城乡不均衡总态势下，校际不均衡问题最为突出，学生家长多选择将孩子送到质量较好的学校上学。皖中皖南县区从本地学校转到城镇民办学校或随父母到务工所在地学校就读排在第一、二位，反映本地义务教育学校处于低位均衡状态，城镇公办学校承载能力不够或质量不高，城镇民办学校发挥自身优势并成为农村学生择校的主要去向。

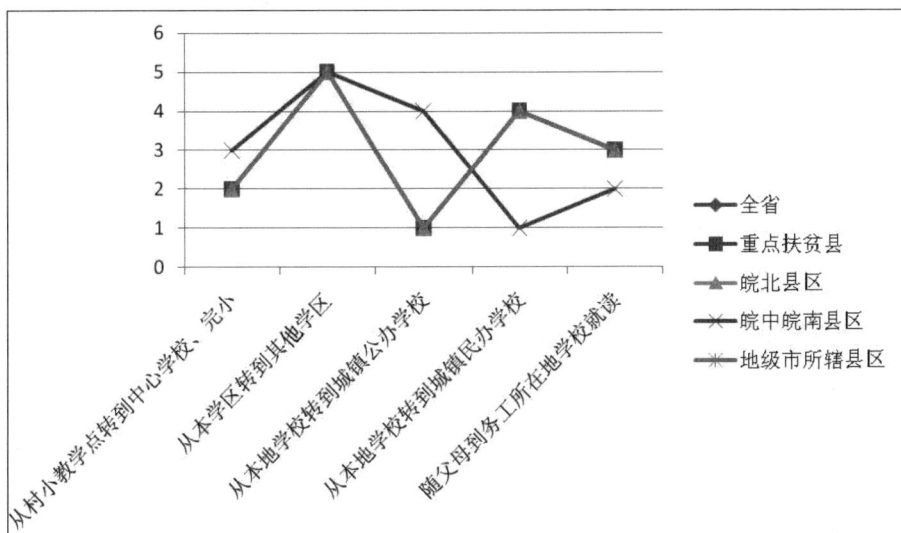

图2 义务教育学生择校类型（1为排序第一）

从择校原因看，全省及国家扶贫开发工作重点县、皖北县区、地级市所辖县区、皖中皖南县区择校主要原因基本一致。首要原因是学校办学条件不均衡，第二原因是学校管理和教育质量不均衡，其他原因依次是家长教育期望高、学生就学不方便、家长为了照看孩子。可见，家长不再满足于有学上，而是希望孩子获得更好的办学条件、学校管理及教育质量。排在后面的原因依次是家长教育期望高、学生就学不方便、家长为了照看孩子。（见图3）

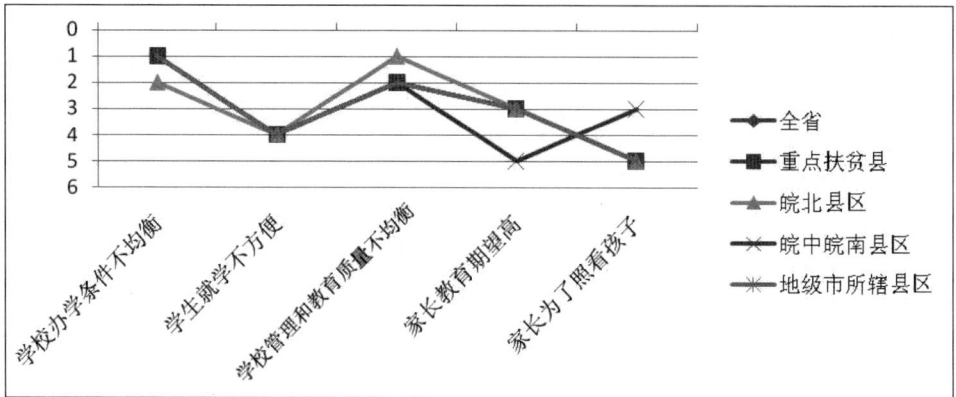

图3 义务教育学生择校原因排序（1为排序第一）

（二）城乡义务教育资源均衡配置具体情况调查

（1）学校布局结构情况。学校布局结构是城乡义务教育资源均衡配置的重要方面。近年来，城镇化浪潮导致很多农村学校过度撤并，出现教育资源配置的城市中心倾向，带来农村学生上学远、上学难，导致或加剧了学生辍学或择校。为此，本研究将"所在学区学校总体布局"作为分析城乡义务教育资源均衡配置的指标之一。对全省、国家扶贫开发工作重点县、皖北县区、皖中皖南县区、地级市所辖县区抽样调查发现，认为本学区学校总体布局"比较合理"的，分别占52.38%、69.35%、57.14%、33.33%、50%，皖中皖南县区最低；认为"不太合理"的分别占38.09%、23.07%、35.715、50%、41.66%，皖中皖南县区最高。这反映出我省近年来义务教育布局结构调整总体比较合理，尤其是重点扶贫县和皖北县区的义务教育布局结构明显改善并趋于合理化，但认为"不太合理"的也占到近40%；皖中皖南县区选择布局"比较合理"的最低、"不太合理"的最高，反映出近年来国家扶贫开发工作重点县、皖北县区的学校布局结构更趋合理化，而皖中皖南县区在政策上可能有所忽略。（见图4）

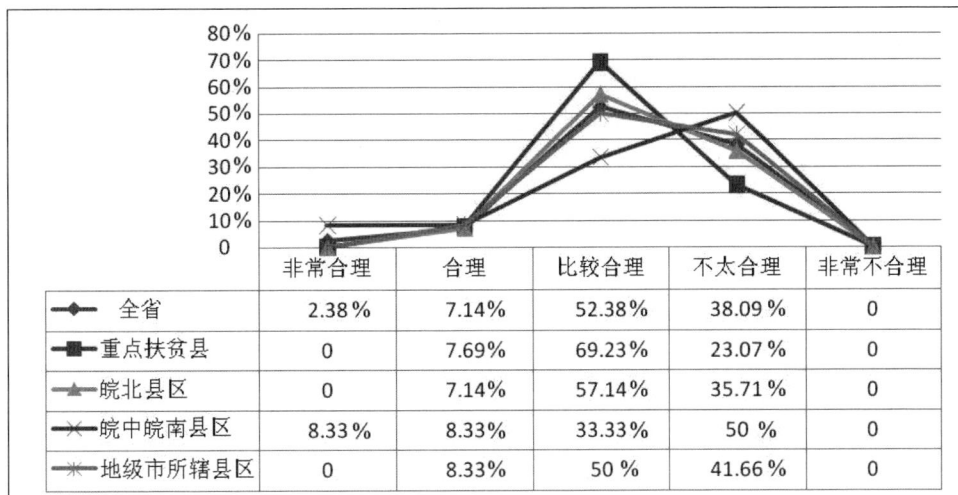

	非常合理	合理	比较合理	不太合理	非常不合理
全省	2.38%	7.14%	52.38%	38.09%	0
重点扶贫县	0	7.69%	69.23%	23.07%	0
皖北县区	0	7.14%	57.14%	35.71%	0
皖中皖南县区	8.33%	8.33%	33.33%	50%	0
地级市所辖县区	0	8.33%	50%	41.66%	0

图4　义务教育学校布局总体情况

（2）学校标准化建设情况。课题组在调查了解义务教育学校布局结构状况基础上，进一步分析学校标准化建设情况。按照《安徽省推进县域义务教育均衡发展改革试点方案》规定，义务教育初步均衡的学校标准化建设完成率要求达到45%，基本均衡的学校标准化建设完成率在85%以上；并规定2012年学校标准化建设完成率达到45%，2015年义务教育学校标准化建设基本完成。本调查研究发现，全省总样本学校标准化建设完成率达到85%以上的比例为23.80%，达到75%—84%的比例为14.28%，达到65%—74%的比例为4.76%，达到55%—64%的比例为11.90%，达到45%—54%的比例为11.90%，在45%以下的比例为35.71%。国家扶贫开发工作重点县、皖北县区和地级市所辖县区的学校标准化建设完成率主要集中在85%以上和45%以下两个区间上，反差明显。具体表现在，地级市所辖县区学校标准化建设完成率在85%以上的比例高达33.3%，而国家扶贫开发工作重点县的比例为0；另一方面，国家扶贫开发工作重点县学校标准化建设完成率在45%以下的比例为48.46%，地级市所辖县区的比例已降至21.66%。可以看出，国家扶贫开发工作重点县学校标准化建设完成率总体偏低，而地级市所辖县区呈现高高低低不均衡态势；皖北县区存在两极化状态；皖中皖南县区分布在三个端点上，完成率在85%以上、55%—64%、45%以下各占三分之一。（见图5）

	85%以上	75%—84%	65%—74%	55%—64%	45%—54%	45%以下
全省	23.80%	14.28%	4.76%	11.90%	11.90%	35.71%
重点扶贫县	0	28.46%	7.69%	0	15.38%	48.46%
皖北县区	21.42%	21.42%	0	0	21.42%	35.71%
皖中皖南县区	33.33%	0	0	33.33%	0	33.33%
地级市所辖县区	33.33%	20%	8.33%	8.33%	16.66%	21.66%

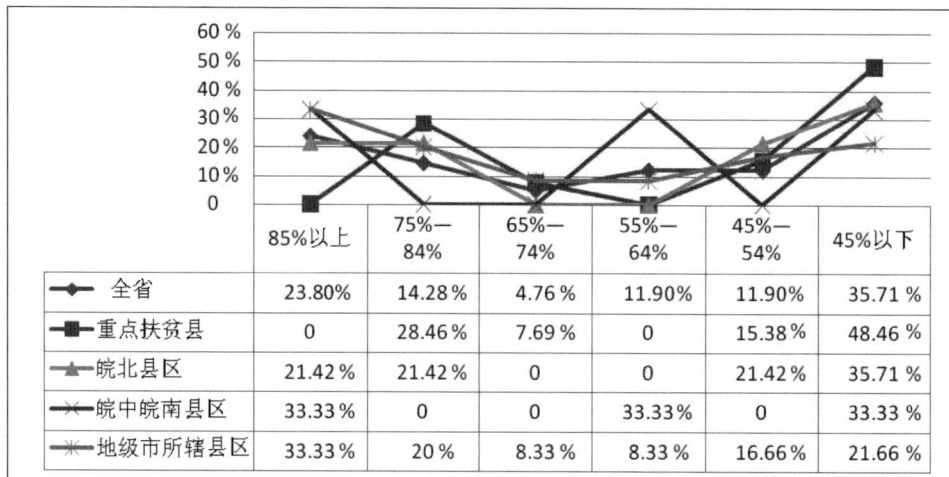

图5 义务教育学校标准化建设情况

在义务教育学校标准化建设主要缺口上[①]，全省排在前四位的分别是生均校舍建筑面积（不含宿舍）、生机比、生均运动场地面积、生师比。其中，国家扶贫开发工作重点县主要缺口排在前四位的是生机比、生师比、生均运动场地面积、实验室数量，生均校舍建筑面积排第五，反映出重点扶贫县学生流出率相对较高，校舍空置、闲置问题严重；皖北县区主要缺口排在前四位的是生机比、生均校舍建筑面积、生师比、生均运动场地面积；地级市所辖县区主要缺口是生均校舍建筑面积、生师比、生均运动场地面积、实验室数量，反映出随着城镇化进程加快，越来越多的学生集中到城镇就读，带来城镇学校生均校舍建筑面积、生均运动场地面积、生师比相对紧张；皖中皖南县区主要缺口排在前四位的是生均运动场地面积、生师比、生机比、生均校舍建筑面积，反映出这类

---

① 教育部《县域义务教育均衡发展督导评估暂行办法》规定，以生均教学及辅助用房面积、生均体育运动场馆面积、生均教学仪器设备值、每百名学生拥有计算机台数、生均图书册数、师生比、生均高于规定学历教师数、生均中级及以上专业技术职务教师数8项指标，评估县级政府均衡配置教育资源情况。2013年《安徽省义务教育发展基本均衡县督导评估实施细则》将义务教育发展基本均衡指标确立为：生均占地面积、生均绿化面积、生均校舍建筑面积（不含宿舍）、生均运动场地面积、生均图书册数、生机比、实验室数量、生师比。2014年又将生均绿化面积、生师比、生均占地面积三项指标删除，增加了接入互联网带宽、教学软件资源配备量、教师学历合格率、多媒体教室、课程方案实施情况五项指标，成为新的十项指标。鉴于新指标尚未普遍实施，本课题采用2013年指标。

县区在学校标准化、教师补充等方面享受到的倾斜政策少，缺口大。（见图6）

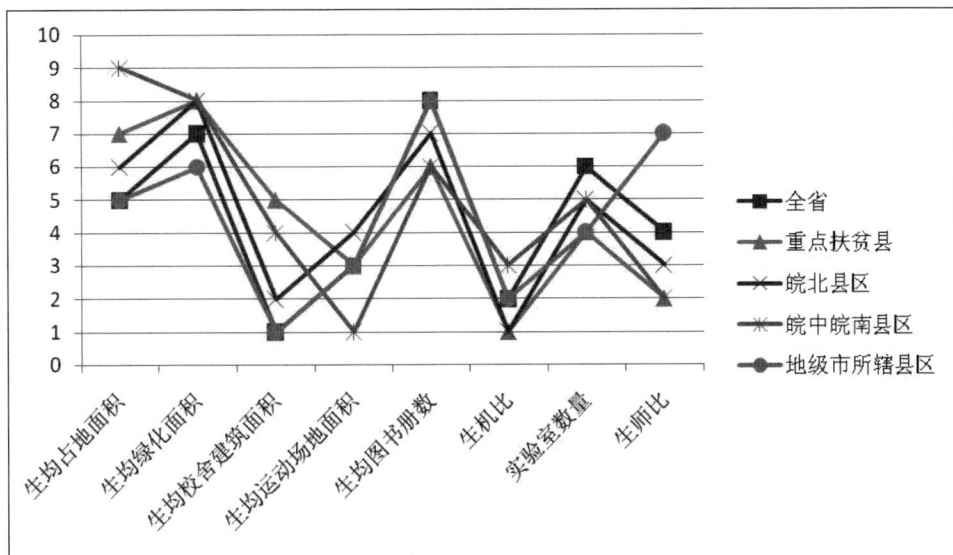

图6　学校标准化建设主要缺口排序（1为排序第一）

（3）义务教育学校经费状况。随着近年来国家和我省义务教育经费保障机制不断完善，城乡义务教育学校办学经费得到明显改善。全省总样本认为经费"基本够用"达50%，认为经费"非常充裕"和"充裕"的均为2.38%，认为经费"不太够用"和"非常紧张"的分别为38.09%和7.14%。其中，地级市所辖县区认为经费"非常充裕"的为8.33%，国家扶贫开发工作重点县、皖北县区和皖中皖南县区认为经费"非常充裕"的均为0。国家扶贫开发工作重点县认为经费"基本够用""不太够用"的分别为53.84%、38.46%。皖北县区认为经费"基本够用""不太够用"的分别为42.8%、57.14%。皖中皖南县区认为经费"基本够用"的比例超过全省总体水平，达66.66%，但认为经费"非常紧张"的也有16.66%。总体上看，以上数据反映出全省范围内教育经费城乡与区域差距呈叠加态势。（见图7）

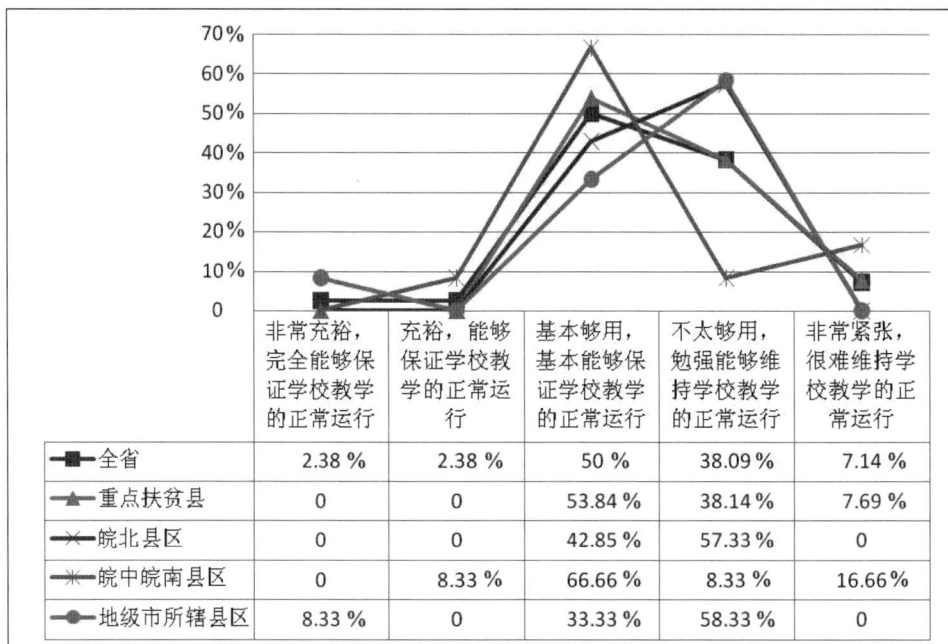

	非常充裕，完全能够保证学校教学的正常运行	充裕，能够保证学校教学的正常运行	基本够用，基本能够保证学校教学的正常运行	不太够用，勉强能够维持学校教学的正常运行	非常紧张，很难维持学校教学的正常运行
全省	2.38 %	2.38 %	50 %	38.09 %	7.14 %
重点扶贫县	0	0	53.84 %	38.14 %	7.69 %
皖北县区	0	0	42.85 %	57.33 %	0
皖中皖南县区	0	8.33 %	66.66 %	8.33 %	16.66 %
地级市所辖县区	8.33 %	0	33.33 %	58.33 %	0

图7 义务教育学校公用经费情况

对于所在学区学校公用经费存在的问题，全省总样本选择"本县区城乡学校之间公用经费不平衡"和"本县区与我省发达地区和城市之间公用经费不平衡"的排在第一、第二位，分别是52.38%和38.09%，认为"学区内校际之间公用经费不平衡""本县区内学区之间公用经费不平衡"和"本县区与临近县区之间学校公用经费不平衡"的分别为7.14%、2.38%、0。这反映出农村校际之间、县际之间义务教育公用经费实现了统一标准和总体均衡。但由于历史原因和城乡二元体制等因素，县区内城乡学校之间公用经费不平衡、本县区与我省发达地区和城市之间公用经费不平衡问题依然突出，成为我省城乡义务教育资源均衡配置的主要障碍。国家扶贫开发工作重点县、皖中皖南县区选择"本县区内城乡学校之间公用经费不平衡"的分别为53.84%、41.66%，均高于全省平均水平（38.09%），说明这两类地区城乡之间教育公用经费不平衡更为突出。（见图8）

此外，全省总样本选择"本县区与我省发达地市之间公用经费不平衡""本县区城乡学校之间公用经费不平衡"的为52.38%和38.09%，反映出教育经费区域和城乡不均衡双重叠加。经济发展水平相对较高地市义务教育投入水平也相应较高，包括教师绩效工资、教育装备等方面，地级市之间教育经费不均衡问题相当突出。

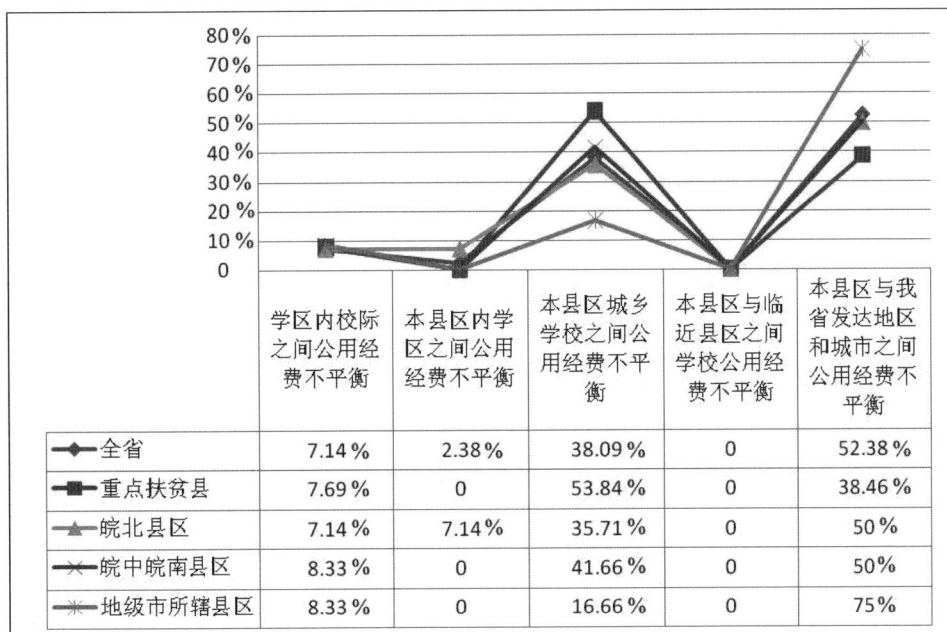

	学区内校际之间公用经费不平衡	本县区内学区之间公用经费不平衡	本县区城乡学校之间公用经费不平衡	本县区与临近县区之间学校公用经费不平衡	本县区与我省发达地区和城市之间公用经费不平衡
◆全省	7.14%	2.38%	38.09%	0	52.38%
■重点扶贫县	7.69%	0	53.84%	0	38.46%
▲皖北县区	7.14%	7.14%	35.71%	0	50%
✕皖中皖南县区	8.33%	0	41.66%	0	50%
✳地级市所辖县区	8.33%	0	16.66%	0	75%

图8　义务教育学校公用经费存在的问题

（4）"三通两平台"建设情况。我省中小学教育信息化主要包括宽带网络校校通、优质资源班班通、网络学习空间人人通，建设教育资源公共服务平台、教育管理公共服务平台，简称"三通两平台"。教育信息化在促进城乡教育公平和优质教育资源共享等方面有着巨大作用。《安徽省教育信息化中长期发展规划（2013—2020年）》确立的目标是，到2017年"三通两平台"建设任务基本完成。为此，课题组将"三通两平台"建设使用及存在的突出问题，作为城乡义务教育资源均衡配置的重要指标。

调查显示，全省总样本选择"全面建设到位，功能得到全面发挥""大部分建设到位，功能得到较好发挥""基本建设到位，功能基本得到发挥""部分建设到位，部分功能得到发挥""基本建设未到位，功能基本未得到发挥"的比例分别为9.52%、16.66%、9.52%、50%和19.04%。这反映了"三通两平台"虽然部分建设到位,功能得到一定发挥,但存在缺口的比例占50%,基本建设未到位、功能基本未得到发挥的各占五分之一。从具体维度看,国家扶贫开发工作重点县主要处在"部分建设到位,部分功能得到发挥""基本建设未到位,功能基本未得到发挥"状态,二者比例分别为61.53%、23.07%,说明基础建设缺口大,功能尚未得到有效发挥。皖北县区主要处于"部分建设到位,部分功能得到发挥""基本建设未到位,功能基本未得到发挥"状态分别为57.14%、21.42%,总体落后。地级市所辖县区呈现多极化态势,"全面建设到位,功能得到全面发挥"和"大部分建设到位,功能得到较好发挥"的比例分别达到16.66%、25%,但"基本建设未到位,功能基本未得到发挥"的比例也高达33.33%。皖中皖南县区处在三个端点上,"大部分建设到位,功能得到较好发挥""部分建设到位,部分功能得到发挥""基本建设未到位,功能基本未得到发挥"的比例分别为25%、58.33%、16.66%。(见图9)总体上看,反映出全省地市之间不均衡和地市内城乡和校际不均衡;同时,已装备资源未得到有效应用,浪费严重。

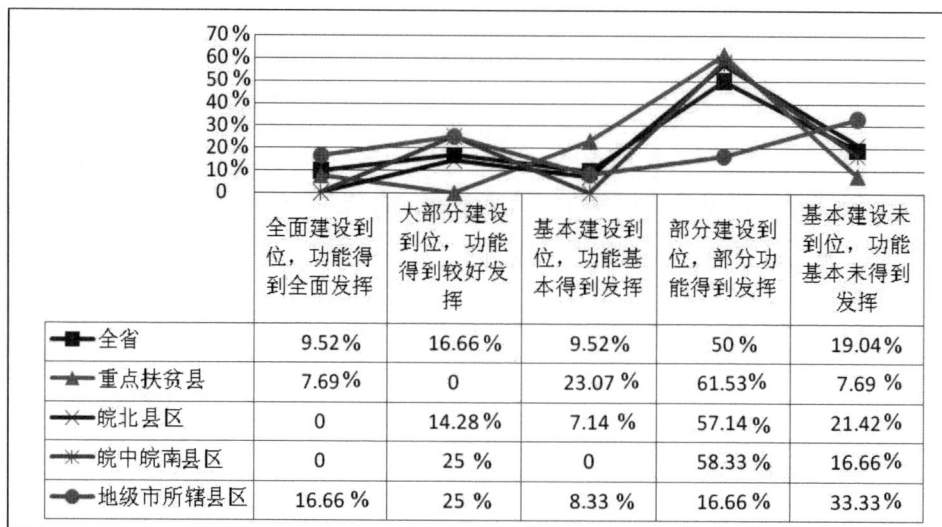

	全面建设到位,功能得到全面发挥	大部分建设到位,功能得到较好发挥	基本建设到位,功能基本得到发挥	部分建设到位,部分功能得到发挥	基本建设未到位,功能基本未得到发挥
全省	9.52%	16.66%	9.52%	50%	19.04%
重点扶贫县	7.69%	0	23.07%	61.53%	7.69%
皖北县区	0	14.28%	7.14%	57.14%	21.42%
皖中皖南县区	0	25%	0	58.33%	16.66%
地级市所辖县区	16.66%	25%	8.33%	16.66%	33.33%

图9 "三通两平台"建设使用情况

在中小学教育信息化存在最突出问题上，全省总样本的选择集中在"硬件条件不到位""校长和教师的信息技术能力跟不上"方面，比例分别为28.57%、33.33%，选择"校长和教师的思想观念跟不上"和"技术维护和管理制度跟不上"的比例均为14.28%。国家扶贫开发工作重点县的突出问题是"硬件条件不到位"，选择比例为46.15%，其次是"校长和教师的信息技术能力跟不上""技术维护和管理制度跟不上"，选择比例分别为23.07%、15.38%。皖北县区的突出问题是"硬件条件不到位""校长和教师的信息技术能力跟不上"，选择比例分别为35.71%和42.85%。地级市所辖县区与皖北县区类似，突出问题是"硬件条件不到位""校长和教师的信息技术能力跟不上"，选择比例分别为33.33%、41.66%。皖中皖南县区的突出问题是"校长和教师的思想观念跟不上""校长和教师的信息技术能力跟不上"，选择比例均为33.33%。（见图10）可见，无论就全省而言，还是各类不同地区，中小学教育信息化在加强硬件建设的同时，应将校长和教师的观念更新和技术培训作为工作重点。

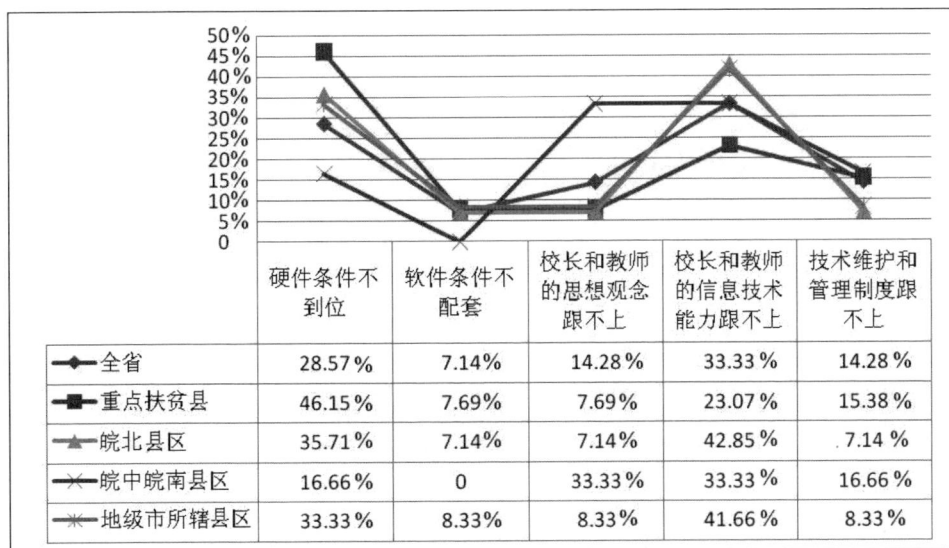

	硬件条件不到位	软件条件不配套	校长和教师的思想观念跟不上	校长和教师的信息技术能力跟不上	技术维护和管理制度跟不上
全省	28.57%	7.14%	14.28%	33.33%	14.28%
重点扶贫县	46.15%	7.69%	7.69%	23.07%	15.38%
皖北县区	35.71%	7.14%	7.14%	42.85%	7.14%
皖中皖南县区	16.66%	0	33.33%	33.33%	16.66%
地级市所辖县区	33.33%	8.33%	8.33%	41.66%	8.33%

图10　中小学教育信息化存在的最突出问题

（5）城乡义务教育教师资源配置情况。城乡义务教育资源均衡配置关键是教师资源。但教师资源均衡配置最为复杂，教师作为人力资源，不仅是一种配置的客体和对象，而且具有主观能动性，受到教师积极性及影响教师工作积极性的职称、待遇、培训、住房等诸多因素制约。因此，本研究在考察我省城乡教师资源均衡配置状况时，既考察城乡教师基本素质、校长教师定期交流制度、近三年新招聘教师配置等，也考察职称、待遇、培训等影响教师工作积极性的制约因素。

第一，义务教育教师资源配置基本情况。全省总样本认为义务教育教师队伍的突出问题依次为：年龄结构老化现象严重，青年教师接不上茬；学科结构不合理，音乐、美术、体育、英语、信息技术教师短缺；队伍不稳定；生师比不合理；职称结构不合理；职业倦怠，积极性不高。从具体维度进行考察，国家扶贫开发工作重点县的突出问题是教师学科结构不合理、教师队伍不稳定。皖北县区的突出问题是生师比不合理。地级市所辖县区的突出问题是教师学科结构不合理，教师年龄结构老化，缺少补充和更新机制。皖中皖南县区的突出问题是教师队伍不稳定，教师职业倦怠，教师学科结构不合理。（见图11）

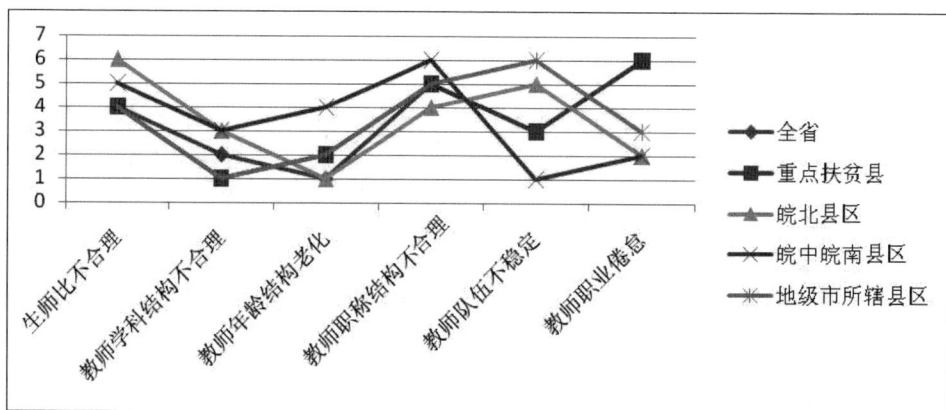

图11 义务教育教师队伍存在问题排序（1为排序第一）

通过对不同维度的比较发现，随着国家和我省对国家扶贫开发工作重点县采取一系列倾斜政策，教师待遇得到一定改善，教师职业倦怠和积极性得到明显改观；特岗教师及新补充教师优先补充到农村地区，使这类地区的生师比和教师年龄结构得到改善，但教师队伍不够稳定的问题也开始显现。地级市所辖县区的首要问题是教师学科结构不合理，其次是教师年龄结构老化现象严重。

皖中皖南县区教师队伍不稳定问题排在第一位，皖中皖南县区、皖北县区教师职业倦怠、教师待遇问题相对突出。

通过对图12的分析发现，全省总样本选择本学区校长和骨干教师"以师范毕业生为主"的占54.76%，选择"以'民转公'教师和师范毕业生为主"的占32.31%。从具体维度看，国家扶贫开发工作重点县排在第二、第三位的是"以'民转公'教师为主"和"以特岗教师和新入编教师为主"，说明国家扶贫开发工作重点县义务教育校长和骨干教师的来源和构成发生了变化，但"民转公"教师仍然是重要力量。皖中皖南县区"以师范毕业生为主"，选择比例高达75%，反映出一段时间以来由于没有教师补充机制，教师年龄和结构断层成为潜在问题。

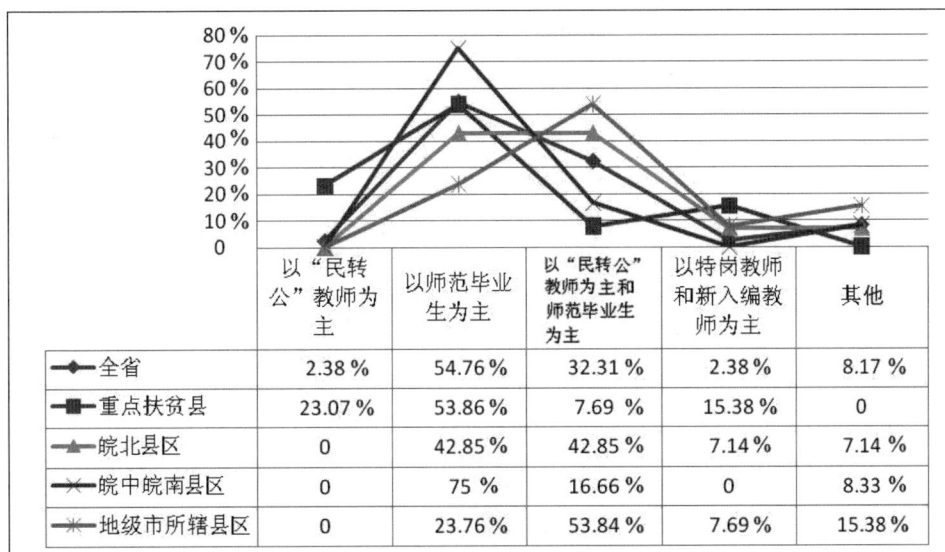

	以"民转公"教师为主	以师范毕业生为主	以"民转公"教师为主和师范毕业生为主	以特岗教师和新入编教师为主	其他
全省	2.38%	54.76%	32.31%	2.38%	8.17%
重点扶贫县	23.07%	53.86%	7.69%	15.38%	0
皖北县区	0	42.85%	42.85%	7.14%	7.14%
皖中皖南县区	0	75%	16.66%	0	8.33%
地级市所辖县区	0	23.76%	53.84%	7.69%	15.38%

图12 义务教育校长和骨干教师构成情况

第二，促进义务教育校长教师资源均衡配置的政策落实情况。通过对图13的分析发现，我省已建立的义务教育校长、教师定期交流制度实施情况相当不均衡。全省"启动并取得初步成效"的仅占19.04%，"启动但未见成效"的占30.95%，"未启动"此项工作的占33.33%，"校长教师阻力大"的占14.28%。从具体维度看，地级市所辖县区实施相对较好，但实际效果并不理想，其中，"启动但未见成效"的占50%，"校长教师阻力大"的占25%；国家扶贫开发工作重点县实施情况很不均衡，"未启动"此项工作在三类地区中最高，占53.84%，但"启动并取得初步成效"的也有23.07%。从城乡比较看，农村学校及教师作为这一政策受益方，政策实施阻力小，而城镇学校及教师作为这一政策的利益受损方，政策实施阻力最大。皖中皖南县区此项工作处在"启动但未见成效"和"未启动"两个端口上，分别为41.66%、33.33%，推进力度和效果总体不够。

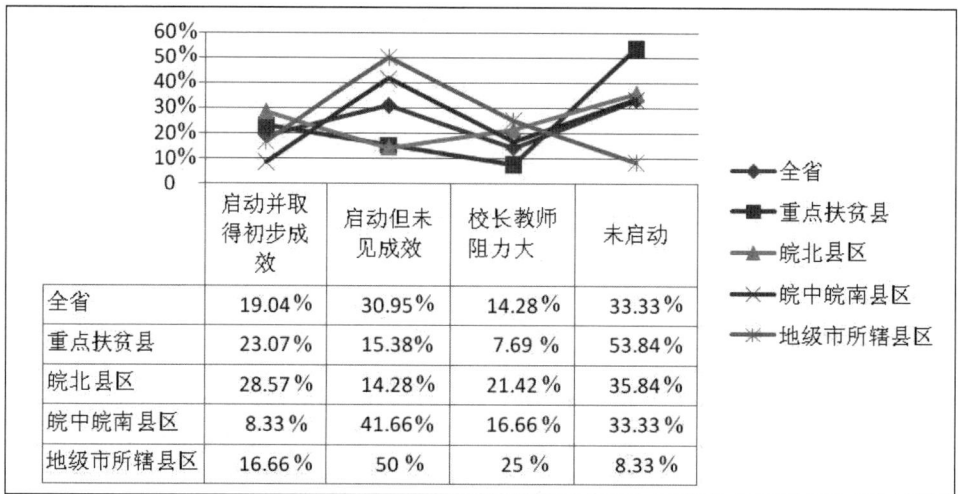

	启动并取得初步成效	启动但未见成效	校长教师阻力大	未启动
全省	19.04%	30.95%	14.28%	33.33%
重点扶贫县	23.07%	15.38%	7.69 %	53.84%
皖北县区	28.57%	14.28%	21.42%	35.84%
皖中皖南县区	8.33%	41.66%	16.66%	33.33%
地级市所辖县区	16.66%	50 %	25 %	8.33%

图13　校长、教师定期交流制度实施情况

从图14分析看，国家和我省制定了农村义务教育学校教师职务评聘和待遇方面的倾斜政策，这对促进义务教育教师资源城乡均衡配置起到一定推动作用，但实际成效尚不明显。从全省样本看，"制定出台政策，落实到位"的占19.04%，"制定出台政策但落实少"的占33.33%，"未制定出台政策"的占28.57%，"制定出台政策，但执行阻力大"的占19.04%。从具体维度看，重点扶贫县制定出台了向农村地区和薄弱学校倾斜的政策，落实到位的最低，仅7.60%；未制定出台向农村地区和薄弱学校倾斜的政策最高，达38.56%。皖北县区制定出台了向农村地区和薄弱学校倾斜的政策，但落实少为最高，达42.85%。地级市所辖县区制定出台了倾斜政策，落实到位达25%，但落实少也占25%，未制定出台政策也有33.33%。

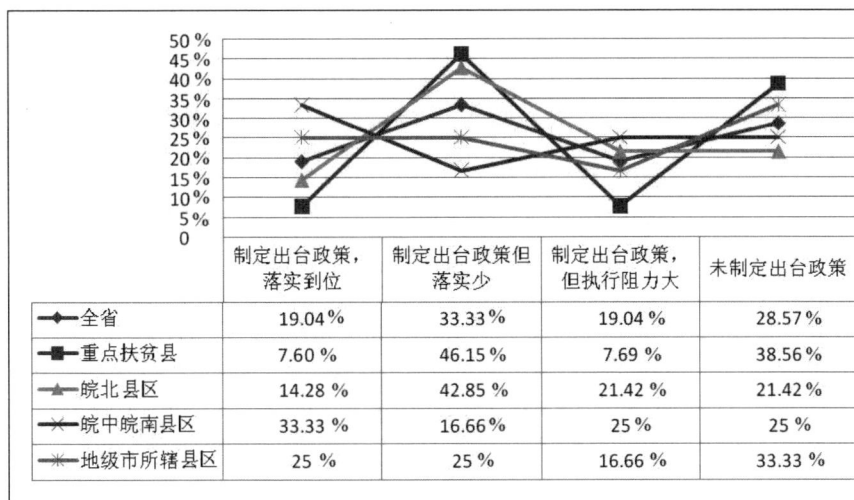

	制定出台政策，落实到位	制定出台政策但落实少	制定出台政策，但执行阻力大	未制定出台政策
全省	19.04%	33.33%	19.04%	28.57%
重点扶贫县	7.60%	46.15%	7.69%	38.56%
皖北县区	14.28%	42.85%	21.42%	21.42%
皖中皖南县区	33.33%	16.66%	25%	25%
地级市所辖县区	25%	25%	16.66%	33.33%

图14　教师职称待遇对农村倾斜政策实施情况

通过对图15分析发现，2012—2014年安徽省新招聘教师"优先补充到农村学校"的占69.04%，"部分补充到农村学校"的占26.19%。其中，国家扶贫开发工作重点县"优先补充到农村学校"的占比最高，达92.30%。皖北县区和皖中皖南县区也都能将新招聘教师优先补充到农村学校。地级市所辖县区情况比较复杂，50%优先补充到农村学校，其他学校也占到一半。

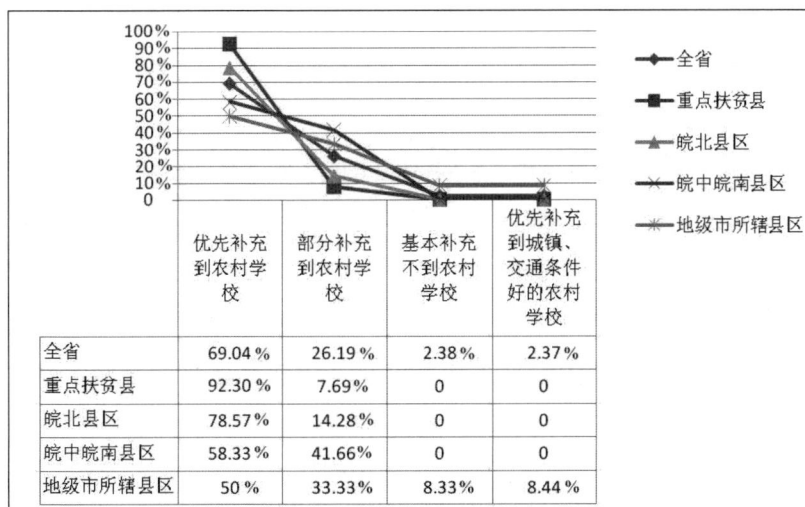

	优先补充到农村学校	部分补充到农村学校	基本补充不到农村学校	优先补充到城镇、交通条件好的农村学校
全省	69.04%	26.19%	2.38%	2.37%
重点扶贫县	92.30%	7.69%	0	0
皖北县区	78.57%	14.28%	0	0
皖中皖南县区	58.33%	41.66%	0	0
地级市所辖县区	50%	33.33%	8.33%	8.44%

图15　安徽省2012—2014年新招聘教师配置情况

第三，影响城乡教师工作积极性和专业发展的因素分析。进一步调查发现，影响教师工作积极性首要因素是基本工资偏低，其他依次为工作条件差、住房等福利待遇低，社会地位不高，晋升发展的机会少，绩效工资偏低、分配不合理，管理和评价制度不完善，教学工作量过重。国家扶贫开发工作重点县与全省基本一致，皖北教学工作量过重相对突出，比全省高两位。地级市所辖县区学校工作条件差、住房等福利待遇低排在首位，基本工资偏低排在第二位，晋升发展机会少比全省高一位，绩效工资偏低、分配不合理，社会地位不高以及管理和评价制度不完善比全省低一位。（见图16）

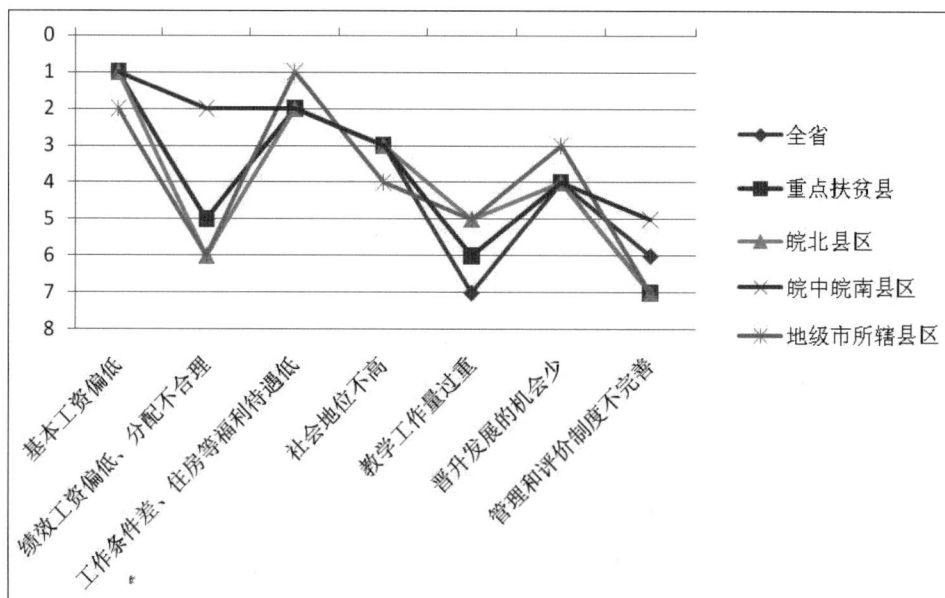

图16　影响教师工作积极性因素排序（1为排序第一）

落实教师继续教育经费是教师专业发展的重要影响因素。教育部县域义务教育均衡发展评估办法要求：教师继续教育经费按照有关规定全额拨付并专款专用。《安徽省人民政府办公厅关于加强中小学教师队伍建设的意见》规定："县级以上教育行政部门的继续教育经费由同级财政安排，经费标准不低于中小学教师工资总额的1.5%，并在地方教育事业费中专项列支。地方教育附加中按不低于5%的比例用于义务教育阶段教师的培训。农村义务教育学校按照学校年度公用经费预算总额5%安排教师培训。"本调查研究分析，全省落实情况呈多极化态势，"按照规定拨付并专款专用"占16.66%，"基本按规定拨付并专款专用"占26.19%，"按规定拨付但额度不足"占27.09%，"基本按规定拨付但不能专款专用"占10.02%，"不能按规定拨付和专款专用"占19.04%。其中，国家扶贫开发工作重点县"不能按规定拨付和专款专用"最严重，占53.86%。地级市所辖县区"按照规定拨付并专款专用"和"基本按规定拨付并专款专用"最好，分别为45.66%、22.25%。皖北县区县际之间很不平衡，基本按规定拨付并专款专用的有35.71%，但"不能按规定拨付和专款专用"的也有28.57%。皖中皖南县区落实较好，完全落实和基本落实总体达到一半。（见图17）

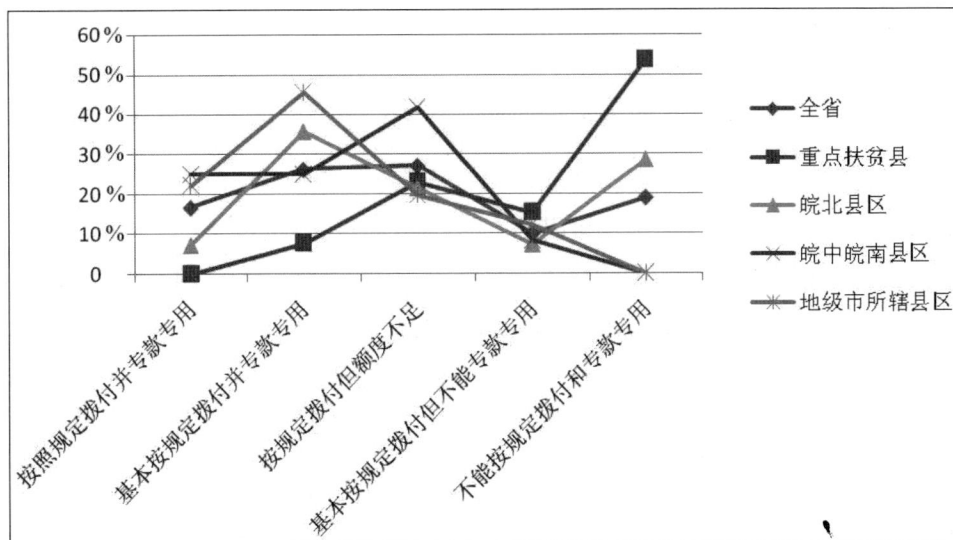

图17　教师继续教育经费落实情况

（三）城乡义务教育资源均衡配置状况的总体分析

总体上看，全省义务教育资源配置最突出问题是城乡不均衡，同时，国家扶贫开发工作重点县、皖北县区、皖中皖南县区存在城乡和区域不均衡双重叠加现象，学生流失现象较为严重；地级市所辖县区主要问题是在城乡不均衡背景下校际不均衡，进城农民工子女教育问题相对突出；皖北县区主要是留守儿童教育问题相对突出。值得注意的是，皖中皖南县区择校生将城镇民办学校放在第一位，反映出当地义务教育处于校际低位均衡状态，城镇公办学校承载能力不够或质量不高，城镇民办学校成为农村学生择校的主要去向。从学生择校类型和原因看，首要是学校办学条件不均衡。可见，城乡义务教育发展不均衡集中在资源配置不均衡上，总体特征如下：

（1）学校布局结构不合理较为突出，农村学校普遍较为薄弱。安徽省近年来义务教育学校布局结构总体趋于合理，尤其是国家扶贫开发工作重点县和皖北县区学校布局结构明显改善。但国家扶贫开发工作重点县受地理和政策因素双重影响，学校布局结构与校际差异系数之间矛盾较为突出。

（2）义务教育学校标准化建设进程很不均衡，缺口存在地区差异。国家扶贫开发工作重点县完成率总体偏低，地级市所辖县区高高低低不均衡，皖北县区存在两极化状态，皖中皖南县区完成率更是参差不齐。在学校标准化缺口上，全省前四位是生均校舍建筑面积（不含宿舍）、生机比、生均运动场地面积、生师比。其中，国家扶贫开发工作重点县缺口是生机比、生师比、生均运动场地面积、实验室数量，而学生流出带来校舍空置、闲置问题不容小视；皖北县区缺口是生机比、生均校舍建筑面积、生师比、生均运动场地面积；地级市所辖县区面临城镇化带来学校扩容压力，主要缺口是生均校舍建筑面积、生师比、生均运动场地面积、实验室数量。皖中皖南县区在学校标准化建设、教师补充等方面政策支持少，主要缺口是生均运动场地面积、生师比、生机比、生均校舍建筑面积。

（3）办学经费县区内城乡不平衡、省内区域间不均衡双重叠加。全省义务教育学校办学经费总体处在"基本够用"和"不太够用"状态。国家扶贫开发工作重点县和皖北县区处在"基本够用"和"不太够用"状态，其中，"不太够用"高于全省总体水平。皖中皖南县区"基本够用"超过全省总体水平。地级市所辖县区"不太够用"相对突出，主要是学校扩容和发展带来经费压力。随着义务教育经费保障机制建立与完善，城乡、县际、校际之间公用经费实现了统一标准和总体均衡，但由于历史原因和城乡二元体制等因素，县区内城乡学校之间经费不平衡、本县区与我省发达地区和城市之间经费不平衡问题仍然突出，特别是区域不均衡和城乡不均衡双重叠加，亟待加强省级统筹，缩小区域差距。

（4）教育信息化硬件条件不到位、校长教师信息技术能力跟不上。全省中小学教育信息化进程很不均衡，多处在部分建设到位，部分功能得到发挥的状态。国家扶贫开发工作重点县、皖北县区取得较大进展，但基础建设缺口大，功能尚未得到有效发挥；不同地市之间不均衡和地市内部城乡和校际不均衡，已装备的资源未得到有效应用，浪费较为严重。全省中小学教育信息化突出问题集中在硬件条件不到位、校长教师信息技术能力跟不上。可见，加强硬件建设与信息技术能力培训同等重要。

（5）教师队伍突出问题是年龄老化严重，学科结构不合理。全省义务教育阶段的校长和骨干教师以师范毕业生为主，一些县区校长和骨干教师由"民转公"教师和师范毕业生共同构成；国家扶贫开发工作重点县特岗教师和新入编教师比例快速增加，成为义务教育重要师资力量。全省义务教育生师比、队伍不稳定等问题得到一定缓解，突出问题是年龄结构老化现象严重，学科结构不合理。国家扶贫开发工作重点县由于教师补充机制逐步完善，教师年龄结构、生师比和待遇得到一定改善，职业倦怠明显改观，问题是学科结构不合理，"特岗计划"带来教师队伍不够稳定；皖北县区生师比不合理，教师待遇不高，职业倦怠等问题较为突出；地级市所辖县区突出问题是教师学科结构不合理，缺少补充和更新机制；皖中皖南县区问题是教师队伍不稳定，且年龄结构断层成为潜在的突出问题。

三、促进省域城乡义务教育资源均衡配置的政策建议

我省城乡义务教育资源配置不均衡问题，既有全省的共性，也呈现不同区域特点，区域之间差异较大。基于以上，政府在推进义务教育资源均衡配置过程中，应实行全面攻坚下的重点突破、整体推进下的分类施策，省级统筹下的协同治理，形成具有国家水准和安徽特色的义务教育均衡发展政策体系。

（一）围绕城乡资源均衡配置突出问题，进行重点突破

一是将促进资源配置城乡均衡作为首要目标，把解决从本地学校转到城镇公办学校的择校问题作为首要举措，把解决学校办学条件不均衡问题作为首要

条件，形成促进城乡义务教育资源均衡配置的基本政策路径。

二是合理确定县域内教学点、村小、中心小学、初中学校布局，以及寄宿制学校和非寄宿制学校比例，保障学校布局与村镇建设和学龄人口居住分布相适应，处理好提高教育质量和方便就近上学的关系，适应城镇化深入发展和社会主义新农村建设的新形势。

三是学校标准化建设要以主要缺口为突破口，将生均校舍建筑面积、生机比、生均运动场地面积、生师比的改善作为工作重点。

四是针对义务教育经费呈现城乡与区域差距的叠加态势，重点解决县区内城乡学校之间经费不平衡、本县区与我省发达地市之间经费不平衡问题，设置全省底线和红线标准，使省域内经济水平相对较高与较低地市教育投入和保障水平差距保持在合理区间内。

五是"三通两平台"取得较大进展，但硬件条件不到位、校长和教师的信息技术能力跟不上，是突出问题；不同地市之间和地市内部城乡、校际不均衡同时存在，已装备资源尚未得到有效应用。因此，在加大硬件配备的同时，应加强校长教师观念更新和信息技术能力培训。

六是加强教师队伍建设，工作重点为着力加强青年教师培养，缓解年龄断层问题；加大短缺学科教师补充力度；解决队伍不稳定、生师比不合理、职称结构不合理和职业倦怠问题。近年来，在促进教师资源均衡配置各项政策基础上，高度重视教师工作积极性和专业发展的影响因素。根据调查，调动中小学教师积极性要解决的问题依次是：基本工资偏低，工作条件差，住房等福利待遇低，社会地位不高，晋升发展机会少，管理和评价制度不完善，教学工作量过重。

（二）找准不同地区城乡资源配置主要矛盾，实行分区施策

我省城乡义务教育资源配置存在较为明显的区域差异，既是历史形成的，也是政策形成的。为此，应抓住不同地区城乡义务教育资源配置主要矛盾，实行分区施策。

一是国家扶贫开发工作重点县要以生机比、生师比、生均运动场地面积、实验室数量为重点，加强学校标准化建设。教育信息化重点解决基础设施缺口

大、功能尚未得到有效发挥问题；同时，要更新校长和教师思想观念，建立健全技术维护和管理制度，提高校长和教师信息技术应用能力。教师队伍建设应重点解决学科结构不合理，队伍不稳定问题；同时，积极启动校长教师定期交流制度，落实教师职务评聘和待遇向农村地区和薄弱学校倾斜政策，按规定全额拨付教师培训经费并做到专款专用。

二是皖北县区应将促进城乡均衡与区域均衡相结合，重点解决学生从本地学校转到城镇公办学校问题；将生机比、生均校舍建筑面积、生师比、生均运动场地面积的改善作为工作重点，推进学校标准化建设，打破不同县区两极化状态。"三通两平台"应解决硬件条件不到位、校长和教师信息技术应用能力跟不上问题。教师队伍以解决生师比为重点，适当增加教师编制，逐步解决大班额和教师工作量相对过重问题；落实校长教师资源均衡配置相关政策，解决相关保障和管理问题。

三是省政府应采取针对性措施对皖中皖南县区给予一定支持，防止出现政策真空和脱节。针对这类县区的农村学生多将城镇民办学校作为择校首选的现象，政府在重视民办教育发展的同时，加强对民办学校规范化管理，大力发展城镇公办学校，促进农村学校标准化建设，以防止民办学校对义务教育垄断而降低义务教育的公益性。因此，应建立健全教师补充机制和待遇改善机制，落实教师培训经费，改善教师工作和生活条件，调动教师工作积极性，克服部分教师职业倦怠。

四是地级市所辖县区应以生均校舍建筑面积、生师比、生均运动场地面积、实验室数量的改善为工作重点，进一步加强学校标准化建设，适当扩大学校规模和班级轨数，增加教师编制，解决大班额问题。针对不同地市所辖县区间教育经费、教育信息化不平衡的现状，各地市应根据各自情况加强制度建设和科学管理。教师队伍建设重点应解决学科结构不合理、年龄结构老化、缺少补充和更新机制问题，促进校长教师资源均衡配置政策的落实，实现城乡教师同等待遇。

（三）创新城乡资源均衡配置省级统筹机制，推行协同治理

促进城乡义务教育资源均衡配置主要责任是政府，但政府不能包打天下，

而应通过创新省级统筹机制，推行政府、学校、社会共同参与的协同治理。

一是各级政府之间协同治理。省级政府重在解决省域内区域之间不均衡和县级政府无力承担的问题。如，落实国务院关于义务教育学校教师绩效工资所需资金的政策，在一般性转移支付上建立基于县区基本公共教育服务数量和水平不低于当地教育总支出水平70%的省级纵向财政转移支付制度，实行义务教育教师工资省级发放、县级管理。国家重点扶贫县和皖北县区，实行与教育绩效责任挂钩以一般性财政转移支付为基数、额外增加5%的专项财政转移支付制度，建立县区政府"契约式"绩效责任追究机制。如，制定我省落实连片特困地区乡村教师生活补助政策实施办法，在"地方自主实施、中央综合奖补"基础上，实行"县级自主实施、省级综合奖补"的乡村教师生活补助政策。

二是政府部门之间协同治理。落实国务院要求，教育、发展改革、财政、人力资源和社会保障、编制等部门各负其责，密切配合，形成协力推进义务教育均衡发展工作机制。省政府将义务教育资源配置职能整合成为一个更大的部门或机构，建立一站式服务和统一管理平台；形成省域、市区、县域整体规划、资源共享、区域联动、城乡统筹、协调发展的义务教育一体化发展新机制。

三是政府与学校、社会协同治理。教育行政部门应充分发挥义务教育学区委员会职能，完善学区治理结构；指导学区加强均衡配置功能与机制建设，坚持校际资源配置统一标准和要求，对本学区教学、教研、队伍、资源和考核评价实行统一管理，防止中心学校的设立而导致学区内校际不均衡。同时，政府应建立制度化沟通渠道和参与平台，广泛听取学生家长、学校师生、村民自治组织和乡镇人民政府的意见，形成政府主导、社会协同、共建共享的教育治理结构。

义务教育城乡一体化发展指数建构与实证分析①

立足新发展阶段，如何在十八大提出均衡发展义务教育和十九大提出推动城乡义务教育一体化发展的基础上，实现向十九届五中全会提出的"推动义务教育优质均衡发展和城乡一体化"的跃迁，成为"十四五"乃至未来更长时段义务教育面临的新目标和新任务。一个时期来，义务教育在政策导向和评估驱动下主要以均衡发展为核心目标。教育部自2013年启动国家督导评估认定工作至2021年底，我国2 895个县级行政单位已全部实现县域义务教育基本均衡发展。在此背景下，无论是政府部门还是学术界，都将开始将义务教育发展重心从基本均衡转向优质均衡，而对推动义务教育城乡一体化发展的政策落实和研究探讨不足。本节基于现有研究，旨在建构义务教育城乡一体化发展指数，并通过实证分析考察省域义务教育城乡一体化发展实际进展，为精准有效推进义务教育城乡一体化发展提供实证依据与决策参考。

一、文献回顾

城乡义务教育一体化作为城乡教育一体化的重点领域和目标，既面临着解决义务教育城乡二元分治带来的发展水平差距及教育公平问题，也是在宏观上推进实现经济社会发展城乡一体化的一个具体目标和方面，进而形成城市与乡村两种不同文化形态、经济形态和社会形态的人类生活空间，在一个相互依存的区域范围内融合发展、协调共生的城乡关系②。作为21世纪以来党和国家提出"城乡经济社会发展一体化"衍生形成的教育发展目标和发展方式，学术界对义务教育城乡一体化研究主要包括以下方面。

---

① 本节原载于《教育学报》2023年第3期，与唐菡悄合作。
② 林存银,褚宏启.城乡教育一体化及其制度保障[J].教育科学研究,2011(5):5-9,13.

（一）城乡义务教育一体化内涵特质研究

义务教育作为一个基本公共服务，其发展目标和发展方式与国家主体发展战略密切相关。义务教育城乡一体化体制机制的构建是建立在"城乡一体化"的基础上，以此实现义务教育资源要素配置和功能发挥的城乡一体化。1995年王克勤最早提出义务城乡教育一体化的概念，认为应在教育发展中把城乡教育置于由城市和乡村所构成的同一个大系统之中，推动城乡教育相互支持，相互促进，协调发展[①]。城乡教育一体化的提出反映了现代化与城市化进程中政府对于城乡关系变化的新认识[②]。此后的研究大致形成两种不同路线。

一是以公共服务均等化为聚焦点的义务教育城乡一体化，即以"社会基本公共服务均等"为基础，最大限度地缩小城乡教育差距，实现义务教育这一基本公共服务的城乡均衡配置。即对城市和农村的教育进行整体性、系统性的统筹协调，让城乡教育资源能够在同一区域内自由流动[③]。均衡是教育城乡一体化的阶段性目标，统筹是教育城乡一体化的技术手段[④]。可见，城乡教育一体化是城乡教育均衡发展理念的变革[⑤]，是在均衡发展基础上的更高要求[⑥]。二是以教育公平为聚焦点的义务教育城乡一体化，即应建立在"促进教育公平"的基础上，关注城乡儿童人人能公平享有均等的义务教育机会。即在教育公平价值取向下，打破城乡二元分治的体制机制藩篱，建设城乡教育共同体，在保持与发挥城乡教育区域性特色与优势的基础上，促进城乡教育互动联结、相互帮扶、相互作用、消解差距，逐步实现城乡教育公平、共生共荣、协调发展的动态进

① 王克勤.论城乡教育一体化[J].普教研究,1995(1):6-8.

② 褚宏启.教育制度改革与城乡教育一体化:打破城乡教育二元结构的制度瓶颈[J].教育研究,2010,31(11):3-11.

③ 邬志辉.城乡教育一体化的制度束缚与破解[J].华南师范大学学报(社会科学版),2013(1):29-32,157.

④ 李玲,宋乃庆,龚春燕,等.城乡教育一体化:理论、指标与测算[J].教育研究,2012,33(2):41-48.

⑤ 杨卫安.城乡教育一体化:问题指向、内涵阐释与方法论选择[J].湖南师范大学教育科学学报,2015,14(5):78-83.

⑥ 张力.城乡一体化发展是义务教育均衡发展的更高要求[J].中国教育学刊,2017(12):3-5.

程。可见，义务教育城乡一体化本质是促进教育公平、缩小城乡差距，实现城乡资源共享、相互融合、协调共生、共同发展[①]。相关研究显示，虽然我国加大了农村的倾斜性投入却并未有效地缩小城乡义务教育质量的差距[②]，事实上改革开放以来，城乡学生升入高中和大学的机会不平等有扩大趋势[③]，教育不平等问题尚待进一步解决。

（二）义务教育城乡一体化要素保障与治理研究

在城乡教育经费投入一体化方面，涉及教育经费供给机制、财政体制等方面。学者们从生均人员经费、生均日常公用经费、生均办学条件经费[④]、学生生均教育经费[⑤]等方面对城市内部、农村内部、城乡之间和城乡义务教育经费投入一体化水平进行了测度。从投入战略、主体、方式等方面提出促进城乡教育一体化投入政策建议：实施"城乡均衡战略"[⑥]，强化"省级统筹"[⑦]，加强财政和行政管理体制等综合改革[⑧]。

在实现城乡教师队伍一体化的研究中，学者们讨论最多是城乡教师队伍配置及城乡教师流动制度。一方面，城乡教育质量的差距主要原因在于城乡教师队伍素质和水平的差异[⑨]，引起城乡义务教育教师队伍结构性失衡。另一方面，

---

① 张旺.城乡教育一体化:教育公平的时代诉求[J].教育研究,2012,33(8):13-18.

② 宗晓华,杨素红,秦玉友.追求公平而有质量的教育:新时期城乡义务教育质量差距的影响因素与均衡策略[J].清华大学教育研究,2018,39(6):47-57.

③ 吴愈晓.中国城乡居民的教育机会不平等及其演变(1978—2008)[J].中国社会科学,2013(3):4-21,203.

④ 闫德明.城乡义务教育经费投入一体化水平实证研究:以X省为例[J].教育发展研究,2015,35(3):16-21.

⑤ 成刚.促进城乡教育一体化的投入体制研究[J].教育科学研究,2011(6):17-20.

⑥ 王元京,胡凯,张椠成,高振华.重构城乡义务教育投入模式[J].经济学动态,2010(6):28-33.

⑦ 葛新斌.免费时代农村教育的"人财困局"[J].华南师范大学学报(社会科学版),2013(1):25-29,157.

⑧ 陈静漪,宗晓华.从城乡分立到城乡一体化:中国农村义务教育供给机制演进路径分析[J].西南大学学报(社会科学版),2012,38(5):75-82,174.

⑨ 王鹏炜,司晓宏.城乡教育一体化进程中的教师资源配置研究:以陕西省为例[J].陕西师范大学学报(哲学社会科学版),2011,40(1):156-161.

"以向上为目的"的"个体地位获得流动"造成乡村优质教师资源短缺①，进一步拉大了城乡教师资源配置的差距。为从根本上解决城乡教师资源配置均衡问题，要建立多种途径促进农村教师的专业发展，培养属于农村学校自己的优秀师资队伍的"内生型"均衡模式②。教育的纯公共属性决定了政府是义务教育一体化发展的主要责任承担者。长期以来，我国形成了以"行政授权"为特征的行政管理体制，由于地方政府供给能力不足等问题使得城乡义务教育一体化出现制度性的困境③。同时，农村义务教育阶段的学校作为政府的附属机构，政府必然会倾向于首先满足自身利益的最大化，然后才会考虑学校的利益④。为此，政府在均衡城乡教育发展中要负起规划、投入和维护公平三种责任⑤。

（三）城乡义务教育一体化评价指标体系研究

国内最早由袁振国（2003）提出建立教育发展均衡系数⑥，随后学者们纷纷构建出义务教育均衡发展的监测指标。包括从宏观（教育供给与需求的均衡）、中观（教育资源配置的均衡）、微观（内部课程教学资源配置的均衡、教育结果的均衡、教育评价的均衡）三个层面出发，构建了15个教育均衡发展要素⑦；从"投入—过程—结果"三大领域的师资配置、经费投入、硬件资源配置、课程教学、学生质量五大维度，构建了包含25个指标项目的评估指标体系⑧。

为实现城乡义务教育一体化发展的横向和纵向对比，在义务教育发展指标的基础上，构造出城乡义务教育一体化发展指数，有研究者构建出包括入学率、择校生比例、生均公用经费等40项指标的义务教育均衡发展的监测指标和相应

① 邬志辉.恢复和建设是布局调整的重要内涵[N].中国教育报,2012-08-14(004).

② 叶飞.从"外源型"均衡走向"内生型"均衡:论城乡教师资源均衡发展路径[J].教育理论与实践,2013,33(4):29-32.

③ 邵泽斌.我国义务教育管理体制的理论逻辑与政策思考[J].教育研究与实验,2013(3):7-12.

④ 李森.城乡二元结构下的教育公平:政策性弊端及其革新路径探索[J].清华大学教育研究,2012,33(05):47-54.

⑤ 张黎.政府在均衡城乡教育发展中的责任承担[J].求索,2009(08):161-162.

⑥ 袁振国.建立教育发展均衡系数 切实推进教育均衡发展[J].人民教育,2003(06):11-13.

⑦ 翟博.教育均衡发展:理论、指标及测算方法[J].教育研究,2006,27(3):16-28.

⑧ 李玲,黄宸,薛二勇.新阶段城乡义务教育一体化发展评估研究[J].教育研究,2017,38(03):38-45.

的测量工具①。将城乡义务教育一体化指标分为目标层、准则层和指标层三部分，然后逐一分解，构造出包括城乡学校教师年交流比例、学校间生均教育事业费收入差异、学校间生均占地面积差异等在内的23项指标和权重的义务教育一体化发展指数。

　　为深入获取我国城乡义务教育一体化发展的实际进程，有研究者以地区或省域为空间开展实证研究。如以西部地区为例，测度5个少数民族自治县城乡义务教育一体化发展指数，显示通过增加教育投入使城乡义务教育一体化发展水平有了较大提高，但总体仍处于较低水平状态②。有研究者从教育机会、办学条件、教师队伍、教育经费投入、教育质量五个方面的一体化进行数据获取，采用德尔菲法和加权平均法确立指标权重大小，比较安徽省不同地市间义务教育城乡一体化发展水平的差异③。

　　综观以上，现有研究表现出以下特点及不足：一是多数研究集中对义务教育均衡发展内涵界定和理论探讨，对城乡义务教育一体化发展概念特征、现状特点、指标体系有了较为深入探讨，但义务教育城乡一体化发展与义务教育均衡发展概念混淆现象时有发生。本研究认为，义务教育城乡一体化发展不仅强调实现城乡义务教育资源配置均衡，更强应调城乡教育统筹，缩小城乡教育差距，逐渐实现义务教育城乡一体化发展目标。二是学者们对义务教育城乡一体化发展指标体系虽然开展了一定研究，但稀见对指标体系的验证，义务教育城乡一体化发展的实证分析不足。为此，本研究尝试进行义务教育城乡一体化发展指数建构并开展相应的实证分析，探寻义务教育城乡一体化发展实际水平及其制约因素，以此为调整和完善义务教育城乡一体化发展政策提供实证依据。

　　① 朱家存,阮成武,刘宝根.区域义务教育均衡发展监测指标体系研究:基于安徽省义务教育政策实践[J].教育研究,2010(11):12-17,59.
　　② 常金栋,李玲.西部民族地区城乡义务教育一体化发展的实证研究:基于H省的调研[J].民族教育研究,2012,23(2):50-54.
　　③ 张飞.安徽省市域城乡义务教育一体化发展研究[D].昆明:云南师范大学,2021.

二、模型建立与指标选取

（一）内涵结构与分析框架

义务教育城乡一体化发展不同于义务教育均衡发展，更多体现为教育资源的城乡统筹与协调，既蕴含教育资源的均衡发展，也关注教育资源的城乡融合与共享。从义务教育推进的时序逻辑（教育起点—教育过程—教育结果）和教育公平（机会公平、过程公平和结果公平）的目标取向看，实现义务教育城乡一体化发展关键在于教育起点、教育过程和教育结果的城乡一体化。因此，包括入学机会、资源配置、平等对待和教育结果在内的指标应纳入义务教育城乡一体化体系和内涵，将其划分为机会获取一体化、过程投入一体化和质量结果一体化三个维度。其中，机会获取一体化是消除因家庭出身、性别、种族、地域、财富、信仰差异造成的不平等，为城乡适龄儿童公平提供进入义务教育学校的机会和环境，消除学生入学条件和入学机会的差别，故包括入学率、教育承载能力等指标。过程投入一体化是在尊重个体差异的前提下，确保适龄儿童在接受义务教育过程中受到平等对待，消除教育过程中资源获取和学习过程中获得平等对待的城乡差别，故包括办学条件、师资队伍等指标。质量结果一体化是经过同等条件的培养，学生获得教育效果和学习成效相对均等，消除适龄儿童通过义务教育取得教育效果和升学机会的城乡差别，故此应包括升学率、巩固率、学生综合素质等指标。（见图1）

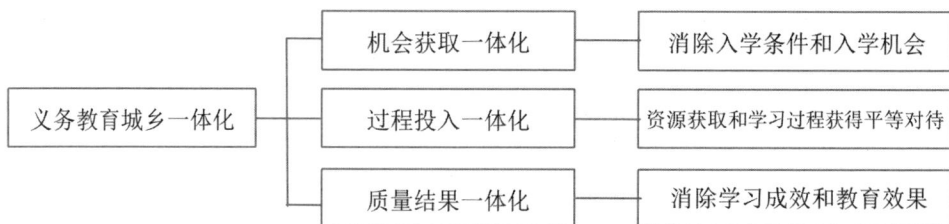

图1　义务教育城乡一体化发展的分析框架

（二）变量设置与数据来源

考虑数据的科学性和研究的可行性，在具体的测量指标选取中，机会获取城乡一体化重点考察入学条件这一指标，将校际差异系数和教育承载能力（校生比）纳入测量的范围；过程投入城乡一体化主要围绕资源获取这一要素，强调物质性资源的投入，将教学及辅助用房、体育运动场馆等教学条件，教学仪器设备、计算机、图书等教学设施和教师数量、结构列入测度指标；质量结果城乡一体化兼顾个体和社会两层面，开展对接受义务教育人数和学生升学率等指标的测定。（见表1）

表1　义务教育城乡一体化发展变量选择和指标体系

编码	维度指标	子编码	数据指标
A_1	机会获取城乡一体化	A_{11}	校际差异系数
		A_{12}	校生比
A_2	过程投入城乡一体化	A_{21}	生均教学及辅助用房面积
		A_{22}	生均体育运动场馆面积
		A_{23}	生均教学仪器设备值
		A_{24}	每百名学生拥有计算机台数
		A_{25}	生均图书册数
		A_{26}	师生比
		A_{27}	生均高于规定学历教师数
		A_{28}	生均中级及以上专业技术职务教师数
A_3	质量结果城乡一体化	A_{31}	每十万人口小学/初中平均在校生数
		A_{32}	升学率（初升高）

在政策目标上，2016年国务院《关于统筹推进县域内城乡义务教育一体化改革发展的若干意见》提出，到2020年"县域义务教育均衡发展和城乡基本公共教育服务均等化基本实现"。鉴于目前国家及各地区尚没有形成义务教育城乡一体化发展的评估制度或监测数据，为此，本研究选取东、中、西部有代表性的三个省（浙江、安徽、四川）作为样本，从国家数据平台、教育部官方网站抽取样本省份县域义务教育均衡发展和城乡基本公共教育服务均等化的相关数据：①校生比（学生人数/学校数）、每十万人口小学平均在校生数、每十万人口初中平均在校生数、

升学率等原始数据选取《2020年中国统计年鉴》《2020年浙江省统计年鉴》《2020年安徽省统计年鉴》《2020年四川省统计年鉴》及2020年浙江省、安徽省和四川省各市（州）统计年鉴。②校际差异系数、师生比、教师学历、教师专业技术职务、生均教学及辅助用房面积、生均体育运动场馆面积、生均教学仪器设备值、每百名学生拥有计算机台数、生均图书册等数据，选取2014—2021年国家教育督导检查组发布的《对浙江省义务教育均衡发展督导检查反馈意见》《对安徽省义务教育均衡发展督导检查反馈意见》《对四川省义务教育均衡发展督导检查反馈意见》义务教育学校校际差异系数表的相关数据。

（三）指数建构与计算公式

选取3项维度指标和14项数据指标，有序将各项指标全方位集成以展示县（区）域城乡教育一体化发展总体水平或程度。这种指标的有序集成即为"义务教育城乡一体化发展指数"，由此构建以该指数为评价指标的统计评价体系。指数计算公式如下：

义务教育城乡一体化发展指数 $I = \sum_{i=1}^{n} A_i B_i$ （1）

A_i 指义务教育城乡一体化发展评价指标的数值，B_i 指义务教育城乡一体化发展各评价指标对应的权重。

三、实证分析

（一）义务教育城乡一体化水平测度

为适应数据性质、契合统计原理、确保结果可靠性，不仅需要实现数据间的可比性，同时必须设置适切的指标权重。为此，在指数计算中引入"差异系数"统计指标和层次分析法、主成分分析法开展变量处理，开展县（区）域间的差异比较。

（1）义务教育城乡一体化发展指标的标准化。本研究选取校际差异系数、校生比、生均教学及辅助用房面积、生均体育运动场馆面积等数据构建"义务教育城乡一体化发展指数"。由于各项评价指标的性质不同，量纲和数量级也存在巨大差别，无法直接对不同性质、不同单位的原始数值开展运算分析。因此，根据"义务教育城乡一体化发展"的内涵特性，对各项指标的城乡差异展开比较，抽离出城区、镇区（镇和乡村）的数据进行差异对比。基于"校际差异系数"的构造原理，引入"差异系数"以解决不同性质数据问题，实现数据间的可比性。因此，运用"差异系数"对数据进行处理，有助于提高研究结果的准确性。

$$城乡差异系数 R_i = \frac{s_i}{u_i} \qquad （2）$$

R_i 指义务教育城乡一体化发展数据指标的差异系数，其中，R_{12}，R_{21}，…，R_{32} 分别表示城乡校生比差异系数、城乡生均教学及辅助用房面积差异系数……城乡升学率差异系数。s_i 指义务教育城乡一体化发展数据指标的标准差，其中，s_{12}，s_{21}，…，s_{32} 分别表示城乡校生比标准差、城乡生均教学及辅助用房面积标准差……城乡升学率标准差。u_i 指义务教育城乡一体化发展数据指标的均值，其中，u_{12}，u_{21}，…，u_{32} 分别表示城乡校生比均值、城乡生均教学及辅助用房面积均值……城乡升学率均值。

（2）义务教育一体化发展指数权重的确立。根据公式（1），义务教育一体化发展指数不仅受机会获取、过程投入和质量结果三方面指标数值（A_{12}）的影响，各指标所占的权重（B_{12}）也决定着指数的大小。对此，目前的大部分研究都采用平均分配的方式确定权重，抑或倾向于4∶4∶2的权重值[1]。不可否认，这些权重的设置以人的直观性判断确立，个体价值偏好高。为提高研究的科学性和准确性，避免因人的主观性导致权重预测与实际情况相矛盾的现象发生，本研究综合运用主观判断的层次分析法（AHP法）和客观赋值的主成分分析法，将这两种方法求得的综合值的算术平均值作为最终的权重值。

首先，运用层次分析法确定指标的主观赋值权重。AHP法是将个体定性化的经验判断与数理定量分析相结合，通过两两指标比较方式确定各指标的重要程度，以此确定各指标权重大小，以有效分析目标体系层次间的非序列关系，

---

① 薛二勇.强化省级统筹 推进城乡教育一体化发展的政策创新[J].教育研究,2014,35(6):41-47.

由美国运筹学家萨蒂于1978年提出[1]，通过对包括教育行政部门管理者、义务教育学校校长和教育政策研究学者进行问卷调查，采用AHP层次分析法软件整理问卷结果，获得主观性权重。其次，运用主成分分析法确定指标的客观赋值权重。主成分分析法是一种降维的统计分析，是将原有多个变量重新组合生成少数相互无关的综合变量，以抽取较少的变量而尽可能多地反映原来变量的信息。采用SPSS软件开展主成分分析获得客观性权重。最后，确定综合权重。计算层次分析法确定的主观赋值权重和主成分分析法确定的客观赋值权重的综合值，将主观性权重和客观性权重的算术平均值作为最终的权重值，从而得出维度指标和数据指标的权重。（见表2）

表2　义务教育城乡一体化发展变量指标权重一览

维度指标	全局权重	数据指标	同级权重
机会获取一体化	27.17%（30.50%、23.84%）	校际差异系	63.42%（76.83%、50.00%）
		校生比	36.59%（23.17%、50.00%）
过程投入一体化	47.9%（56.91%、38.95%）	生均教学及辅助用房面积	12.51%（14.83%、10.19%）
		生均体育运动场馆面积	13.46%（13.30%、13.62%）
		生均教学仪器设备值	10.19%（10.15%、9.93%）
		每百名学生拥有计算机台数	11.95%（9.79%、14.12%）
		生均图书册数标准化值	12.89%（13.47%、12.32%）
		师生比	14.78%（15.82%、13.74%）
		生均高于规定学历教师数	14.19%（14.82%、13.55%）
		生均中级及以上专业技术职务教师数	10.03%（7.51%、12.54%）
质量结果一体化	24.9%（12.59%、37.22%）	每十万人口小学/初中平均在校生数	55.43%（60.85%、50.00%）
		升学率	44.58%（39.15%、50.00%）

根据公式（1）（2），义务教育城乡一体化发展指数Y的取值区间为0-1。其中，数值越大（越接近于1），表明义务教育城乡差异越大，即该地区义务教育城乡一体化程度越低；指数值越小（越接近于0），表明义务教育城乡差异越小，

---

① SAATY T L.Modeling unstructured decision problems-the theory of analytical hierarchies [J]. Math Compute Simulation, 1978:147-158.

即该地区义务教育城乡一体化程度越高。

（二）义务教育城乡一体化发展指数测度

根据公式（1）（2）的内涵，收集三省48个市（州）义务教育发展的相关数据，运用本研究构建的义务教育城乡一体化发展指数，在机会获取、过程投入和质量结果三个维度分别研究基础上进行综合研判，对现阶段义务教育城乡一体化发展指数进行测度分析。

（1）小学阶段城乡一体化发展指标测度。图2显示各地区小学阶段机会获取、过程投入、质量结果城乡一体化发展程度，得出以下结论：城区一体化发展差异对比，东、中、西部城区内部小学阶段一体化发展水平，由高到低依次是东部（0.2087）、西部（0.2392）、中部（0.2913）。镇区一体化发展差异对比，三省镇区小学阶段一体化发展指数依次是0.2105、0.2761、0.2788。一体化发展三维度内部对比，各省城乡内部一体化发展水平出现指标维度之间的分化，其中，质量结果一体化发展程度最低。具体表现在，一是中部地区城乡内部机会获取一体化发展程度最高（城区和镇区机会获取一体化发展指数分别是0.2199和0.1741）；东部地区城乡内部过程投入一体化发展程度最高（城区和镇区过程投入一体化发展指数分别是0.1585和0.1556）；西部城区质量结果一体化发展程度最高（质量结果一体化发展指数为0.2539），而东部镇区质量结果一体化发展程度最高（质量结果一体化发展指数为0.3025）。二是除西部城区质量结果一体化发展指数稍低于机会获取一体化指数外，其余地区城乡内部质量结果一体化发展指数远高于其他两个维度。数值显示，小学阶段城区内部（东、中、西部城区依次为0.2747、0.5879、0.2539）和镇区内部（东、中、西部镇区依次为0.3025、0.6174、0.4078）表现为质量结果一体化发展指数较高，发展程度低，其中，镇区内部质量结果的一体化程度的差距最显著，且这种差距在中部省份尤为突出。

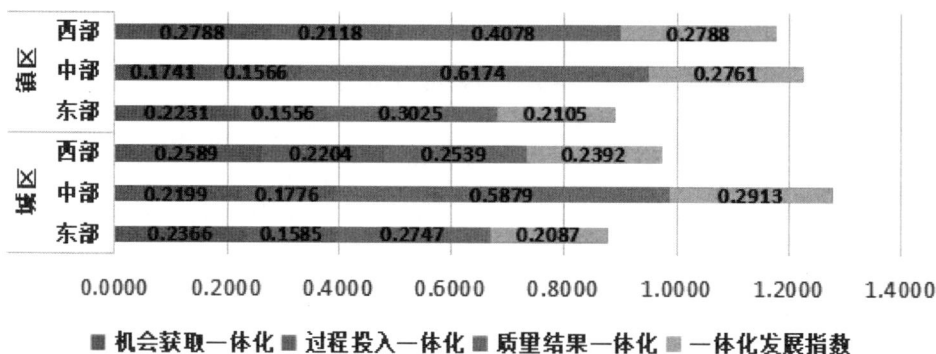

图2　小学阶段城乡一体化指数测度结果

（2）初中阶段城乡一体化发展指标测度。由图3发现：城区一体化发展差异对比，初中阶段东部城区内部的一体化发展程度高于西部，而中部地区的一体化发展程度最低，这一发现与小学阶段一致。东、中、西部三省城区初中阶段一体化发展指数依次是0.1873、0.2209和0.2178。镇区一体化发展差异对比，初中阶段三地区镇区内部一体化发展程度与城区的结论类似，一体化发展程度是东部（镇区一体化发展指数为0.1871）>西部（镇区一体化发展指数为0.2111）>中部（镇区一体化发展指数为0.2090）。一体化发展三维度内部对比，尽管不同地区城乡在教育机会获取、教育过程投入和教育质量结果一体化存在差异，但初中阶段质量结果一体化发展程度明显高于小学阶段。具体而言，城乡内部机会获取一体化发展程度最高的地区分别是中部（城区和镇区机会获取一体化发展指数分别是0.2060和0.2049），城乡内部过程投入一体化发展程度最高的地区是东部（城区和镇区过程投入一体化发展指数分别是0.1545和0.1522），东部城区内部质量结果一体化发展程度最高（质量结果一体化发展指数为0.1875），西部镇区内部质量结果一体化发展程度最高（质量结果一体化发展指数为0.1389）。

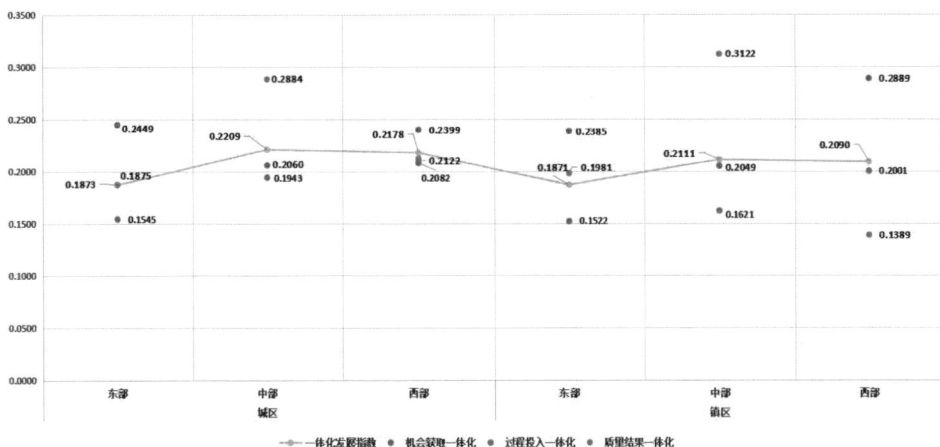

图3　初中阶段城乡一体化指数测度结果

（3）义务教育城乡一体化发展指数综合分析。图4呈现了基于城乡义务教育机会获取、过程投入和质量结果一体化数据计算结果，得出样本省义务教育城乡一体化发展指数。结果显示：各地区义务教育一体化发展存在较大差距。东、中、西部三省小学和初中阶段城乡一体化指数分别为0.1958、0.2310、0.2466和0.1853、0.2019、0.2189，反映出在教育层级上，初中阶段城乡一体化发展水平优于小学阶段；在地区差异上，义务教育城乡一体化发展程度表现为东部地区>中部地区>西部地区。不同教育阶段不同维度指标之间城乡一体化发展程度存在差异。首先，小学阶段机会获取和过程投入一体化水平相比较高，而质量结果的城乡差异大。具体而言，中部地区小学阶段城乡质量结果一体化发展指数高达0.6027、西部和东部地区分别为0.3308和0.2886，一体化发展指数值均处在较高水平，显示小学阶段该指标城乡一体化发展程度低。其次，尽管初中阶段在城乡质量结果一体化发展水平有较大提升，但中部地区的发展程度明显偏低，此外，城乡机会获取一体化发展水平也亟待提升。这为推进中部地区义务教育城乡一体化发展提供预警信号。义务教育城乡一体化发展存在地区差异，总体上看东部地区优于中西部地区，但在质量结果维度上，初中阶段西部城乡一体化发展水平最佳（三省初中阶段城乡质量结果一体化发展指数依次是0.1929、0.3003、0.1755）。必须引起重视的是中部地区（尤其是小学阶段）的城乡质量结果一体化发展水平严重滞后，小学和初中一体化指数高达0.6027和0.3003。

可见，城乡义务教育质量结果一体化发展差距大，亟需缩小城乡差距。

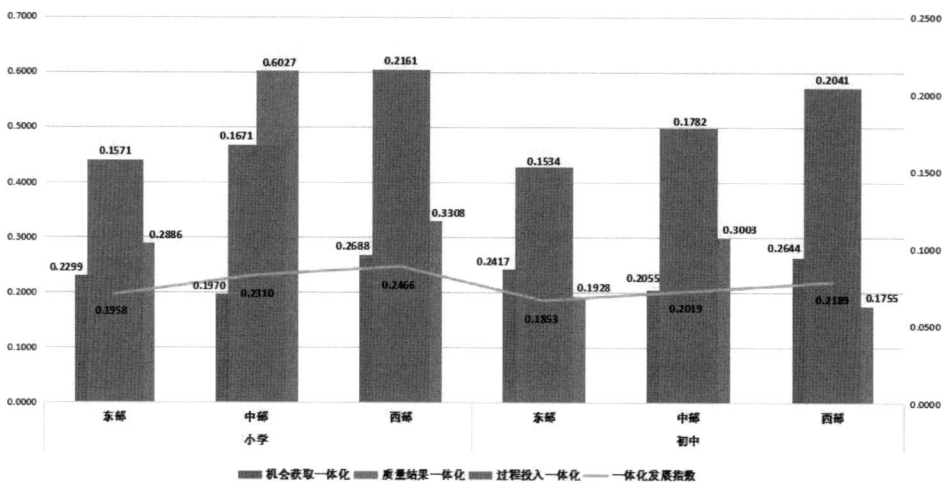

图4 义务教育城乡一体化指数综合测度结果

（三）结果讨论

（1）义务教育城乡一体化发展存在学段差异，小学阶段城乡一体化程度相比较低。我国义务教育阶段内部城乡一体化发展水平存在学段差异，表现在小学阶段城乡一体化发展水平明显低于初中阶段。一是义务教育城乡一体化发展指数值显示东中西部三省小学阶段的指数值均高于初中阶段（小学和初中城乡一体化发展指数分别为：东部0.1958、0.1853；中部0.2310、0.2019；西部0.2466、0.2189），表明小学阶段城乡一体化发展差异大。二是，城区内部义务教育一体化发展和镇区内部义务教育一体化发展的学段差异突出。数据显示，以一体化程度最高的东部为例，城区内部小学和初中一体化发展指数是0.2087、0.1873，镇区内部小学和初中一体化发展指数是0.2105和0.1871。因此，义务教育一体化发展的学段差异显著。

（2）义务教育城乡一体化发展存在地区差异，中西部塌陷现象明显。当前我国东部地区义务教育城乡一体化发展程度最高，其次是中部地区，而西部地区义务教育城乡一体化发展程度最低（东、中、西部小学城乡一体化发展指数分别是0.1958、0.2310和0.2466；东、中、西部初中城乡一体化发展指数分别是0.1853、0.2019和0.2189）。进一步分析发现，三省之间义务教育城乡一体化发展的优势和劣势存在差异，要求寻找适合各地促进义务教育城乡一体化发展的政策发力点。一是尽管东部地区义务教育城乡一体化程度最高，但在小学阶段城乡教育机会获取一体化和初中阶段城乡质量结果一体化发展仍需进一步强化。二是中部地区义务教育城乡机会获取一体化水平高，但义务教育城乡教育质量结果一体化指数高，一体化程度远低于其他地区，这是中部地区义务教育城乡一体化发展亟待解决的问题。三是尽管西部地区义务教育城乡一体化程度亟须提高，尤其是教育机会获取和教育过程投入的城乡差异显著，但初中阶段城乡教育质量结果一体化发展程度高，城乡差异小。因此，从测度结果可以看出，不同地区之间义务教育城乡一体化发展存在一定差异，应根据各省具体情况和特点有的放矢、精准施策。

（3）义务教育城乡一体化发展指标内部分化明显，质量结果差异尤其突出。从义务教育城乡一体化发展指标的内部来看，三维度之间存在明显偏差。义务教育城乡一体化发展指标测度结果显示，城乡一体化发展程度由高到低依次为过程投入一体化（小学阶段，东部 0.1571、中部 0.1671、西部 0.2161；初中阶段，东部 0.1534、中部 0.1782、西部 0.2041）、机会获取一体化（小学阶段，东部 0.2299、中部 0.1970、西部 0.2688；初中阶段，东部 0.2417、中部 0.2055、西部 0.2644）和质量结果一体化（小学阶段，东部 0.2886、中部 0.6027、西部 0.3308；初中阶段，东部 0.1928、中部 0.3003、西部 0.1755）。而一体化发展指数越大表明该地区城乡差异越大，即城乡一体化发展程度越低。从相关数据来看，义务教育城乡一体化发展中，义务教育城乡机会获取一体化和资源投入一体化水平远高于义务教育城乡质量结果一体化程度。

四、结论与建议

（一）加强义务教育城乡一体化发展的宏观政策调控和省级政府统筹

目前，国家推进义务教育城乡一体化发展主要以县域为单位，主要定位于基本实现县域义务教育城乡一体化发展。但调查发现，义务教育城乡一体化发展水平存在明显的中西部塌陷，东、中、西部小学城乡一体化发展指数分别是

0.1958、0.2310和0.2466，初中城乡一体化发展指数分别是0.1853、0.2019和0.2189，尤其是中部地区城乡教育质量结果一体化程度远低于其他地区，西部地区教育机会获取和教育过程投入的城乡差异显著。为此，中央政策应从财政及教育管理等方面，进一步加大对中西部地区城乡义务教育一体化发展的政策支持和资源供给。同时，省域内义务教育城乡一体化发展水平存在明显的地区差异，不同地市之间义务教育各学段城乡一体化发展水平存在明显差异。这固然与各地自然资源禀赋及经济社会发展水平有着密切关系，但义务教育作为国家必须保障的公益性事业，是必须优先发展的基本公共教育服务。为此，需要在落实县级政府主体责任的同时，加强省市级政府统筹，对相关地市义务教育城乡一体化发展的短板及存在的体制机制问题进行具体分析和研判，制定相应的政策和对策。尤其要在中央政策指导下，理顺省级以下财政事权和支出责任，完善省以下转移支付制度，健全持续推进基本公共服务均等化的保障制度和标准体系，加大对革命老区、民族地区、边疆地区、欠发达地区的财政支持力度，完善区域支持政策，推动建立县级财力长效保障机制[1]。"同时，健全省级政府部门协调机制，本着"顶层统筹、全域一体"的总体思路，做到"八规合一"，实现"三规协调"[2]，研究解决县域义务教育城乡一体化发展面临的体制机制性问题，并择机向市域、省域提标扩面，提升义务教育城乡一体化发展能力和总体水平，为经济社会和人的发展的城乡一体化奠定教育基础。

（二）推进义务教育城乡一体化政策重点应聚焦于过程投入城乡一体化

分析表明，在机会获取维度上，城乡校生比差异系数、投入过程一体化的城乡生均教学仪器设备值系数和质量结果一体化中的城乡每十万人口小学/初中在校生数系数值相对较高。其中，城乡每十万人口小学/初中在校生数差异系数最高，可见城乡差异显著。而在过程投入一体化维度上，各项指标得分都较低，城乡差异小。这一数据道出现阶段义务教育城乡一体化发展"让人欢喜让人忧"的整体状态，即经过多年来均衡发展的推进，城乡义务教育学校之间物质资源

---

① 习近平主持召开中央全面深化改革委员会第二十五次会议强调 加强数字政府建设 推进省以下财政体制改革[N].人民日报，2022-04-20(001).

② 庞丽娟.统筹推进城乡义务教育一体化发展[J].教育研究，2020,41(5):16-19.

投入已基本实现均衡，但随着农村教育空心化的出现，单纯的物质投入已经不能全面反映城乡教育投入的差异。现实中义务教育阶段旨在促进学生全面、个性、多样、高质量发展的教育过程投入却不甚理想。本研究表明，无论义务教育城乡一体化推进到哪个阶段，过程投入都是一个重要因素（专家给予的权重最高），它更多指向学生在教育活动过程中获得的内在关怀和公平公正对待，但当前对教育过程投入的关注更多停留在外在物质上，难以满足学生发展的内在需求。为此，应充分发挥教育资源对教育教学和学生发展的实际作用，促进学生更好参与教育活动、优化学习过程，实现德智体美劳全面发展，使义务教育城乡一体化发展从数量均衡走向比值平等，真正推进城乡义务教育一体化发展。

（三）将缩小质量结果差距作为推进义务教育城乡一体化发展的关键环节

随着城乡义务教育均衡发展和一体化发展的持续推进，城乡间教育机会获取和教育资源投入差距空间进一步缩小，转而面临教育质量的城乡差距问题。本研究表明，相较于教育机会获取和教育过程投入维度，城乡间教育质量结果维度差异最大。如何缩小教育成就差距是新发展阶段义务教育城乡一体化发展的重中之重。本研究显示，城乡间每百万人口中接受过义务教育的人口数差异尤为显著，同时，乡镇义务教育阶段升学率也低于城市。出现这一现象的原因，一方面在于农村地区未接受教育的人口体量大，另一方面是农村教育质量不足。长期以来，人们在讨论提高农村教育质量问题时，常常将物质资源投入列为首要因素，而将师生置于一种"被动"的接受角色，忘记师生作为教育教学主体是有主观意识的能动个体，忽视了师生作为教育主体对于教育过程的内在影响。这种对"物"的过度依赖和对"人"的主体性忽视，显然不利于推进义务教育城乡一体化发展。因此，应在不断深化教师育人理念、提高教师教育教学水平的同时，重视对学生主体地位和主观能动性的发挥，注重师生互动的改善与提升，以此真正提高义务教育质量，为实现义务教育质量结果的城乡一体化提供可操作化的路径方式。

第五章 基础教育现代化理论研究

筑起教育科学通向教育实践的桥梁[①]

教育科学发展到20世纪90年代，已经是枝繁叶茂、硕果累累，但同时遇到了一些始料未及的困惑。其重要的一点在于教育科学生产与应用、理论与实践之间出现了越来越严重的"瓶颈"现象，即教育科学的"春风"难度"玉门关"，难以吹进教育实践的广阔原野。

一、现状：教育理论与教育实践的严重隔膜

教育科学研究的主要目的和效能在于探索教育规律，指导和推动教育实践。因此，教育科研成果的获得不是教育科研活动的终结，还必须变成果由研究人员的占有为广大教育实践工作者占有，使教育科研成果通过各种途径社会化，直接或间接地指导教育实践。首先，这要求教育科研部门围绕教育实践进行选题论证，开展研究和实验，获得既具学术价值又有实践指导作用的科研成果。其次，教育科研成果必须通过有效的途径和方式进行传播和推广，从而介入实践。再次，教育实际工作者必须具备接受和应用教育理论和科研成果的意向和能力，必须具备成果推广应用的各种设施和条件。教育科学生产、流通和应用这三个环节构成教育科学事业的整体，其中任何一个环节的薄弱或脱钩均会造

[①] 本节原载于《教育理论与实践》1992年第2期。

成教育科学事业发展的失衡。

20世纪90年代，教育科学事业发展尤其是大量应用性科研成果的取得，为教育科学走向实践、指导实践奠定了坚实基础。更为喜人的是我国的教育科学已开始广泛地介入教育实践，理论与实际相结合已由以前的老大难问题一跃而成为教育理论和实际工作者共同关注的热点和追求的目标。理论工作者的实践观念和实际工作者的科研意识正在增强，理论和实践"两头热"的局面正在形成。然而欣喜之余未敢忘忧，在我国教育科学事业中还存在如下一些严峻问题，致使理论研究和教育实践仍难挣脱互相隔离和产销梗阻的两难境地。

一方面，无论是引进国际上的教育新理论、新思想，抑或我国教育理论家和实践家们所取得的新成果、新经验，不仅有较高的学术价值，而且对生机勃勃的教育实践有着直接广泛的应用前景和指导作用。但严峻的现实是，许多新理论、新思想、新成果、新经验只是停留于书本和文字等静止状态而被闲置、积压、湮没，没有及时活化为教育情报，通过一定渠道传播和推广到教育实践领域，只是在教育、科研圈内封闭流转，被动地等待着实际工作者来"发现"。这不仅使教育科研情报过剩，资源白白浪费，科研工作的劳动价值和社会效益未能最终实现，还使教育科研因得不到实践印证、反馈和实际工作者的密切配合，而更加疏离实践、闭户自研，所取得的成果又必然难对"销路"，实效性差。

另一方面，作为教育科研产品的主要"市场"——广大教育实践，要么是虽有改革探索的意向，却苦于没有信息资料和理论指导，对教育科研成果思之若渴却又求之不得，其改革行为表现出片面性、表面性、盲目性、重复性和非专业性，即使创造一些成功经验也难得鉴定和推广，自燃自灭，囿于一隅；要么是因循守旧，习惯于陈旧落后的教育思想、模式和方法，满足于个体经验，盲从于长官意志，而将教育科研成果置之度外，导致教育实践领域情报饥渴、营养不良、发展迟缓、低效运转。煞费苦心开展起来的科学教育，受教育者获得的尽是抽象的、一般性的术语、概念、名词和空泛、枯燥的原理条文，却并未化成教育工作者的教育思想、职业能力，也并未帮助实际工作者解决一些具体问题。相反，很多违背教育规律的做法和现象却仍然在这些受教育科学熏陶的人身上蔓延、再现。90年代教育科研与教育实践的这种隔离与脱节，既困扰着教育科学自身的发展，导致了教育科研虚假繁荣、发育不良，也大大降低了教育科学的社会效益，造成严重的智力和资源浪费，更不利于教育实践的改革和发展。可见，促进教育理论与教育实践的有效结合已成为教育科学发展和教育实践深化亟待解决的课题。

二、症结：教育科学传播推广工作的相对薄弱

造成教育科学生产与应用、理论与实践脱节和隔离，固然如很多同仁公认的，有着理论和实践两端自身的原因，但本人认为，恰恰是连接这两个端点的纽带亦即教育科学通向教育实践的桥梁——教育科学传播推广工作的相对薄弱才是上面所举现象的主要成因。

应该说，随着教育科学的繁荣和大众传播事业的发展，我国教育科学传播推广工作已取得了长足进展。各种教育专业期刊相继面世，教育理论著作争相发行；各种教育科研机构、学术团体以及各级教育行政部门竞相开展起了教育科学知识普及、成果推广、经验传播、咨询服务、参与教育决策和规划论证，部分地区开始建立起普通教育情报网络；广播、电视、录像、卫星电教等现代传播手段已开始运用于教育科学的传播事业。同时，教育科学教育也被高度重视起来，列为师范教育和师资培训的重要系科和共同必修课，教育理论的教学和培训已经大规模、多渠道地开展起来。然而，相对教育科研发展进程和教育实践的迫切需要来说，教育科学传播推广工作的发展步伐却相对落后，已经成了教育理论通向实践的"卡脖子"路段。虽然我国教育科学传播推广已成规模，但这种传播早期主要是在教育科研部门、同行之间所开展的横向的情报交流和信息互通，而沟通教育理论与教育实践这两个领域之间的纵向传播渠道狭窄、形式单一、缺乏活力、各自为战，基本上处于一种无意、无序、无力、无为的自发状态，既未形成便利多样的传播途径和模式，又缺乏传播推广的职能机构、管理体制和驱动机制。虽然教育科研部门取得不少有推广价值的科研成果，教育实践部门形成一些成功的教育经验，但由于没有专门机构和人员进行收集、筛选、论证、鉴定、加工和储存，更没有有效手段和便利途径将这些教育情报传输给最需要、最适用的部门，加之对教育科研成果的生产者是否开展传播推广及社会效益如何、教育实践部门是否实践和应用教育科研成果及其效益如何

都缺乏相应的制约机制，使得教育科学的生产与应用、理论与实践成了、互不关联的"两张皮"。

作为教育科学传播基本途径的教育科学教育虽然得到了重视并广泛开展起来，但学科地位并未真正落到实处，课时少，教学设备和手段难以配套，实践环节薄弱，教育科学在教育实践中的地位未能明确体现，使得教育理论课自身的学科性质模糊、目标不明，直接导致了教学活动的盲目、偏废、混乱和低效。更为严重的是课程结构和教学内容深受学科中心主义束缚，既脱离各级各类师范教育对象及其服务对象的具体实际，又脱离了当前教育科学发展步调和教育实践的真正需要，体系僵化凝固，内容空泛陈旧，结构冗杂繁复，千篇一律，众书一貌，既缺乏时代性、先进性，又没有针对性、实用性，共同课差不多成了各级各类师范院校的"雷同课"。另外，教育理论课教学深受"唯书、唯讲"模式桎梏，未能形成灵活多样、有章有效的教学格局，又缺乏科学的考核标准和测试手段。因此，这使得这类在师范教育中应该也能够发挥巨大作用的课程实际收效低微，且进一步加剧了理论与实践的脱节和隔膜。

教育科学传播推广工作的落后，在很长一个时期以来尚未引起人们的重视，更很少在实践中付出努力。很多科研机构习惯于闭户自研，只顾"产品"生成而不思推广应用，更不管其社会效益；很多教育行政和决策部门习惯于红头文件、行政命令而将教育科学抛之脑后；很多教育实践部门习惯于个体经验和盲目探索，而将教育科学束之高阁。教育理论教学本应该"近水楼台"，理当走在教学改革的前列，率先实践和体现教育科学，但实际上很多教育理论课教师热心于为其他学科设计教改蓝图，而视本学科教学为"雕虫小技"，难登大雅，以致在整个教育科学体系中，有关教育科学传播推广方面的理论研究和实践探索几乎成了一个盲区。然而，我们因忽视这项工作而造成的损失是严重的、客观的。

三、对策：筑起教育科学通向实践的中介桥梁

如何使教育科学之"肥"注入实践之"田"，催开教育改革的万千花朵；同时理论研究扎根教育实践的良缘沃土，汲取丰富养分，结出更丰硕、甘醇的果实？显然，在促成理论与实际双向调节，在理论与实践之间架起一座宽阔便利

的桥梁是最为急切又最为适时的一项对策。

积极开展教育科学教育，广泛普及和传播教育科学基本理论和情报信息，为教育科学走向实践铺平道路。教育科学的实践应用不能照搬，而是一个内化过程，它通过一定的中介环节才得以实现——即教育实际工作者只有系统地掌握教育科学理论，并转化为自己的教育思想和职业能力，才有可能形成接受和应用教育科研成果的意向和能力。因此，加强教育科学传播推广不能急功近利，而应从基础、从根本抓起，真正落实教育科学在师资培养和培训计划中的学科地位；大胆改革课程的结构和内容，打破学科中心主义；密切联系各级各类师范教育对象实际及其服务对象的实际，联系教育科学发展动向和教育实践需要，编写出多规格多系列的基本教材、形声教材、辅读教材，配备相应的音像资料、教学设备、考核标准和手段；建立和健全教育实践基地和实习制度；建立一个由必修课与选修课相结合、课堂教学与课外活动相结合、学校教学与教育实践相结合的崭新的教学模式。

建立教育科学、教育科研成果传播推广中心，并接通与有关教育科研部门、教育行政部门和教育实践单位的多向联系，形成情报交流和成果推广网络。这个中心既是教育科学传播推广工作规划组织、统筹管理的行政机构，也是教育科研成果、实践经验及其传播推广、实践应用的评审、鉴定的学术机构，还是教育科学传播推广和实践应用的交流联络、咨询指导、情报资料的业务机构。在网络内，教育科学传播推广的方式可以有：

（1）围绕教改、教研和科研的动态和需要，将教育理论、科研成果、实践经验和信息动态活化为教育情报，以专题文摘、文献汇集、学术动态、专题综述以及计算机检索系统等各种形式进行交流传输，为教育实际工作者学习掌握、开展教研和教改实验提供对口服务。

（2）充当教育咨询的"委托人"，积极开展教育科学的社会化服务。教育咨询是理论工作者将所储备的教育科学知识有针对性地、及时地应用于教育实践，直接参与到教育决策、教改实验以及广泛的教育实践中去，以发挥其理论指导功能的社会活动。

（3）替教育科研部门与教育行政部门、教育理论工作者与教育实际工作者牵线搭桥，为教育科学"下嫁"铺路导航。即组织教育科研、学术团体与教学行政部门、实践单位"联营"，以此来发挥科研部门智力密集和学科专业优势，同时发挥教育行政部门在科研成果传播推广过程的行政管理职能，达到互惠互利，各扬所长。

（4）建立教研、科研和教师培训三位一体新体制，推行以科研保教研、以教研促科研，通过教师培训扩大和发展科研成果的做法。

四、条件：建立教育科学传播推广的驱动机制

教育科学传播推广体系的建立势必对教育理论与实践有机结合、共同繁荣产生重要作用，但这个体系的有效实施和运转又是以理论工作者和实际工作者的双边积极性为基础的。因此，加强教育科学与教育实践的联系既要有传动装置，还要有动力系统。

（1）真正确立教育科学在实践领域中的地位，使教育实际工作者有接受和应用教育科学的积极性。首先，应使教育科学成为教育行政部门决策规划和对教育实际工作管理、指导和评估的重要依据；其次，应将教育科研成果的实践应用作为教育实际工作者工作实绩、职务晋升、专业技术职务评定的重要标准；再次，继续实行和完善《教师教材教法考试合格证书》制度，试行教师证书制度，把教师的教育科学素质作为教师资格审核的重要指标；最后，还可以对投身教研、积极应用教育科研成果的教育实际工作者实行奖励制度，以此来强化教育实际工作者的科研意识。

（2）改革教育科研体制，把教育科研成果传播推广工作作为教育科研部门的重要职责；把所取得成果能否积极主动推广以及实际效益作为评价教育科研成果的学术价值及科研绩效的重要标准。

（3）鼓励教育理论课教师积极投身本学科教学，进行教学改革，努力提高教学质量和社会效益。一方面应把教师的教学水平、教研实绩与工作考绩、职务评审等直接挂钩，作为重要指标，同时通过设立教育理论教研基金，进行本学科教学和教研成果展评，鼓励开展本学科改革实验等，使教育理论课教师既有压力，又有动力，从而全身心地投入创造性的工作中去。如此，教育科学教育的繁荣局面一定能形成。

构建教育创新体系，加速创新教育进程①

随着"以培养学生的创新精神和实践能力"这一教育工作重点的确立，素质教育在原有内涵的基础上更加凸显了创新教育的核心地位。培养创新意识、创新精神、创新能力，造就创新人才，正在成为各级各类学校深化教育改革全面推进素质教育的热点、焦点和切入点。从一定意义上讲，国家的知识创新、技术创新目标必须通过实施创新教育、培养创新人才来实现，而创新教育的实施和创新人才的培养，又必须依托基础雄厚、充满活力的教育创新体系来推动和实现。

一、教育创新是实施创新教育的内源和保障

创新教育与教育创新是教育现代化相互依存、相互促动、相辅相成的两个重要方面。创新教育是指教育者根据人的创造活动规律和人的创造素质培养规律来开发人的创造潜能，培养人的创造精神、创新能力，造就创新人才的活动。而教育创新则是着眼于创新教育的实施和创新人才的培养，对教育自身的观念、内容、方法、体制、结构、模式等进行的变革、创造和拓新。换言之，创新教育是教育功能的重新定位，旨在培养造就高素质的创新人才；教育创新乃是教育结构的改造变革，旨在建立以创新教育为核心的面向21世纪的高质量教育体系，以利于国民素质和民族创新能力的提高。忽略教育创新的创新教育只能是没有过程和条件的美妙幻想，而疏离创新教育的教育创新也只会是迷失目标方向的花样翻新。唯有将教育功能转向与结构变革并举，创新教育与教育创新联动，面向21世纪的高质量教育体系才能得以建立，创新人才培养和民族创新能力的提高才能得以实现，国家知识创新和技术创新体系才有源头活水。

具言之，首先，面向21世纪的创新教育体系通过教育创新而获得丰富的内

① 本节原载于《六安师专学报》2000年第3期。

源。从创新教育的特质看，它不是通常意义的创造教育或创造技能方法的培养，而是实现由守成性教育、维持性教育到创新性教育的转向，从注重教育的文化传递功能向注重教育的文化革新功能的转向，是带有全局性、结构性和实质性的教育革新，涉及教育目的、教育内容、教育原则和方法、教育评价标准的全面、根本的变革[①]。因而，创新教育体系的建立不是教育内容的增减，方法的改进抑或教学制度的调整，而是对现行教育结构和功能进行质的重构，建立起与之相适应的符合教育规律和时代精神的富有生机活力的教育创新体系，创新教育的实施运作才有内源、动力和保障机制。其次，我国积弊深重的传统教育樊篱须靠教育创新来冲破。相比而言，我国数千年的传统教育虽然也是一部充满探索、不断发展的历史画卷，但在教育功能定位和价值取向上更加偏重经典遗训的传递承续。传统教育的思想理论、体制结构和实践经验虽然积淀深厚、异常丰富，但不是以创新开拓为主流的。加之，近现代从西方引进的与近代工业文明相适应的班级授课制使教学过程的模式刻板僵化、整齐划一，对人的创造性和创新能力起着消极阻扼作用。诚如陶行知先生所批判的："我们在教育界做事的人，胆量太小，对于一切新理大惊小怪。如同小孩子见生人，怕和他接近。又如同小孩子遇了黑房，怕走进去。究其结果，他的一举一动，不是乞灵古人，就是仿效外国。"[②] 在中国教育史上最先倡导教育创新并身体力行且取得卓越成就的当推陶行知先生。他认为政客的教育家、书生的教育家、经验的教育家都不是要崇尚的，唯有"敢探未发明的新理""敢入未开化的边疆"，方可以算为第一流的教育家[③]。这种创造精神和开拓精神，正是陶行知教育思想和实践的真实写照，也是他给后世留下的最为宝贵的财富。在大力倡导创新教育、弘扬创新精神、造就创新人才以迎接知识经济挑战的今天，我们确应学习陶行知先生，"胆量放大，将试验精神，向那未发明的新理贯射过去，不怕辛苦，不怕疲倦，不怕障碍，不怕失败，一心要把那教育的奥妙新理，一个个的发现出来"[④]。进而对现行教育体系进行改造革新，建立与教育现代化相适应的教育创新体系。

① 肖川.创新教育:关注学生的全面发展[N].中国教育报,1999-7-3(02).
② 中国陶行知研究会.陶行知教育思想理论和实践[M].合肥:安徽教育出版社,1991:243.
③ 中国陶行知研究会.陶行知教育思想理论和实践[M].合肥:安徽教育出版社,1991:243.
④ 中国陶行知研究会.陶行知教育思想理论和实践[M].合肥:安徽教育出版社,1991:243.

二、教育创新应当成为当前教育改革的主调和强音

实施教育创新，应当在理论与实践层面正确处理好其与现时教育改革的关系。教育创新是当前日趋深化的教育改革重要组成部分，但又非一般意义上教育改革的翻版和重申。所谓教育改革，系指改变教育方针和制度或革除陈旧的教育内容、方法的一种社会活动。目的是使教育适应社会发展和人的发展的需要，以提高教育质量[1]。回顾历史发展的轨迹，起伏跌宕、席卷全球的教育改革运动开始于21世纪初叶，历经三次大的高潮。一般而言，教育改革区别于教育革命或教育革新，它主要通过以下模式来实现[2]：一是演进式。教育改革随社会发展进而随之发展演进变革。近代社会发展经历了前工业时代、工业化时代和后工业时代，教育也随之不断剥离传统，步入现代。二是钟摆式。无论是中国，还是美国、苏联，教育改革都经历过明显的两种教育模式的左右摇摆、交替、震荡和转承。每一次摆荡恢复，都使教育沿着"之"形轨迹不断攀援、掘进。由此可见，教育改革是一种泛称，包含着除旧与布新，更多地偏重改造、调整、改进、纠偏，改变教育活动中那些旧的被认为是不合理的成分，进而与社会政治、经济、科技、文化及教育自身的发展需要相适应。

再看教育创新，它是要求教育要面向现代化、面向世界、面向未来，为培养适应21世纪高素质创新人才，提高国民素质和民族创新能力，实现对其自身结构和功能的革新和变革。教育创新的基本实现形式有：（1）扬弃更新式：勇于在继承传统教育精华的基础上自我否定和超越，改变自身旧有的教育思想和体系结构，将自己有生命力的思想理论、内容和形式融入新的形式结构中去，进而推陈出新。（2）吸收转化式：在继承保留本民族、本区域或本单位优良教育传统基础上积极吸收、接纳外国、外地、外单位教育中先进的思想理论、内容、形式，跟上教育改革和发展的潮流，并逐步形成和建立符合本民族、本地区和本单位实际的先进的教育理论和实践体系。（3）开拓发现式：在理论论证、实验研究和经验总结的基础上探索和拓新，"探未发明的新理""入未开化的边

---

① 顾明远.教育大辞典(第一卷)[M].上海:上海教育出版社,1990:25.

② 袁振国.教育政策学[M].南京:江苏教育出版社,2001:152-180.

疆，发古人所未发，明他人所未明，在教育理论或实践方面，有所突破、有所发明、有所创见、有所建树。概而言之，教育创新更加注重突破、超越、拓新、创造，不能以一般意义上的教育改革来替代教育创新，也不能将教育创新与教育改革隔离或对立起来。从广义上讲，教育改革包含教育创新，教育创新是教育改革的着眼点和最高归旨；从狭义上讲，教育改革与教育创新是教育除旧与布新相反相成的两个方面，两者互为条件、互相促进。第三次全国教育工作会议上，党中央、国务院作出《中共中央 国务院关于深化教育改革全面推进素质教育的决定》，是向全党全国各族人民发出的动员令。新一轮的教育改革着眼于为实施素质教育创造条件，提高国民素质和民族创新能力，着力于转变那些妨碍学生创新精神和创新能力发展的教育观念、教育模式，特别是由教师单向灌输知识，以考试分数作为衡量教育成果的唯一标准，以及过于呆板划一的教育教学制度。为此，应着眼于知识经济挑战，着眼于21世纪经济发展和科技飞跃发展对人才素质的崭新要求，解放思想，放开手脚，打破禁区，积极开展教育创新，奏响新一轮教育改革的主调和强音。

三、构建教育创新体系的基本思路

教育创新体系是一个复杂动态的系统工程，它是一个由目标、主体、运作和环境诸要件构成的有机整体。构建教育创新体系应当从以下方面着力，从而为创新教育插上有力的翅膀。

（一）树立注重创新的教育理想

目标要件是教育创新体系的起点、动因和归旨。实施教育创新，必须对教育改革与发展的功能和价值作一种合乎教育规律、顺应时代精神的应然性的判断和取向，树立注重创新、崇尚创新，努力培养和造就更多的有道德、有知识涵养的创新型人才，着力提高国民素质和民族创新能力的教育理想和抱负。为此，应当摒弃传统的教育价值观、人才观、教师观和教育质量观，面向现代化，面向世界，面向未来，建设面向21世纪的高质量教育体系。以推崇创新、培养创新人才、提高民族素质为教育的价值追求和导向；以追求创新，具有创新意识、创新精神和创新能力的人才为培养目标和衡量标准；以注重创新、开发人的创新潜质，培养一流的创新人才作为衡量学校办学水平和教师教学水平的价值尺度。这对教育创新的过程定将产生巨大的牵引驱动作用。

（二）造就善于创新的教育主体

教育创新的主体要件是人及其构成的群体、集体和集团。《中共中央 国务院关于深化教育改革全面推进素质教育的决定》明确提出，"努力造就能够带领广大教师和教育工作者积极实施素质教育的学校领导以及管理干部队伍"，并强调"学校校长在推进素质教育中具有特殊作用，要率先转变教育观念，把领导教职工创造性地实施素质教育作为重要职责"。应当特别强调的是，教师作为教育创新最直接也最具活力和潜力的主体，应当在优化自身整体素质的基础上，积极转换角色，由单一的知识占有者、传授者转向教育规律的探索者、教育模式的创新者，积极参与教学科研，在工作中勇于探索创新，努力提高自身的创新能力和启发培养学生创新能力、造就创造型人才的能力，进而由传统的知识型、传授型教师转型为研究型、创造型教师。为此，应当积极改造目前单一封闭的教师教育体制和模式，面向21世纪教育改革和发展的需要，努力构建富有活力和实效的教师队伍，建设创新体系。需要指出的是，教育创新并不是极少数量的教育专家和教育家的专利，而是有着普遍的可行性和广泛的适用性。可以说，广大校长、教师和教研人员有着教育创新的巨大潜力和能量。关键是要激活其创新的意向，提高其创新的能力，培养其创新的人格，承认其创新的成果。只有具有创新精神和创新意识的教师，才能对学生进行启发式教育，培养学生的创新能力。同时，也应看到，教育创新也有利于教育主体自身生命的舒展，生命质量的提升和人生价值的充分实现。

此外，教育行政主管部门、教育科研机构、社会文化群团组织、家庭等在创新教育中都起着不可忽略的推助或阻滞作用，同样应当增强其创新意识，积极支持、保障、配合、督查，从而成为创新教育得力的领导者、研究者、宣传者、参与者和倡导者。

四、构建实施创新的教育体制

教育创新的要义和意旨是以创新教育为核心的面向21世纪高质量教育体系的建立和形成。这一体系的建立与形成又是通过以下形式、途径对现代教育体系进行改革、革新来实现的：（1）教育思想观念创新。现有的那些陈腐落后的教育思想观念是长期客观存在的传统教育理论、教育实践、教育制度及文化传统等在人的思想意识中的映射与积淀，具有极大的深刻性和顽固性。必须通过各种有效方式来冲破、反叛和扬弃传统教育理论、思想、经验和观念的桎梏和束缚，以"三个面向"为指导对教育的功能、价值、结构进行重新理解和把握，树立以终身化、民主化、个性化为基本理念的现代人才观、课程观、知识观、学生观、发展观和评价观。这是教育创新的理论先导和思想基础。（2）教育政策制度创新。有人说，教育是计划经济体制的最后堡垒。这话不无道理。我们应按社会主义市场经济规律和现代教育规律，结合中国国情对现行教育管理体制、投资体制、办学体制和教育评价制度、招生考试制度、人事分配制度等进行改革突破，建立一种利于创新、利于人才脱颖而出的政策、法规、体制和轨道。（3）教育实施运作创新。这是构成创新教育的具体环节和部件。如课程教材创新、教育方法模式创新、教学手段和技术创新、教育管理和组织创新、教育评价和考试创新等。（4）教育科学研究创新。通过专题研究、问题争鸣，开展教育批评、教育实验，总结教育经验，引进国外先进教育成果等多种方式，来开启教育理论与实践工作者的创造性思维，探索一系列具有创新价值和领先水平的教育理论、实践成果和成功经验，为教育创新提供理论营养和向导。

五、创设利于创新的环境氛围

无论是学生创新能力的发展，抑或教育主体创造性思维的勃发，都要在适宜的环境和氛围中实现。一是物质环境的创设。如宽裕的经费投入、充足的设备设施、先进的技术装备，都是实现教育创新不可缺少的客观条件和物质基础。二是文化环境的营造。如图书资料、信息网络、学术活动、教研组织、大众传媒、社会文化观念等，对教育创新的实现都起着依托、导向和推助作用。三是精神环境的孕育。校风校训的熏染，规章制度的激励，群体心理的期待、欣赏与接纳，社会舆论的支持，都会给教育创新提供一种适宜的土壤和气候，给教育主体的创新行为创造一种安全、自由的心理环境。

论新时代学校发展的规划与应变①

2020年注定是里程碑的一年，各项事业和工作将面临新的规划和开局。对于教育而言，2020年是《国家中长期教育改革和发展规划纲要（2010—2024）》和《国家教育事业发展"十三五"规划》的收官之年，又是"十四五"教育发展规划的谋划之年。可恰在此时，一场新冠肺炎疫情突然来袭，扰乱人们的生活和工作秩序，也给国家、地方及每个人的原定计划能否实现、如何实现，带来层层疑窦和重重挑战。很多学校及校长面对突如其来的变局，难免心存疑惑：计划赶不上变化。甚而，人们想起那句早已成为口头禅的"箴言"：一切都在变，只有"变"才是不变的。我们还需不需要教育规划，要不要制订和实施学校发展规划了呢？

事实上，这里涉及现代管理理论的一对基本矛盾：战略规划与应变管理。教育是一项指向未来的事业，十年树木、百年树人。只不过传统社会的"未来"是一个更具确定性的存在，教育更多地根据以往经验来预见并走向既定的未来，而不需要规划其未来和进行应变管理；而在今天这样一个允满不确定性的世界，面向未来变得十分困难，而又不得不对未来进行绸缪。换言之，学校发展规划并不是不可为之或者不必为之，而是要转变学校管理的思维方式，转变规划的理念、思路和模式。一方面，我们需要投入更多的精力，用更高的智慧、更大的勇气和更加科学的手段，来规划学校的发展目标和路径；另一方面，需要增强应变管理的意识和能力，以适应不确定性带来的挑战和机遇，因时而动、随机应变，使得学校发展规划更加适应纷繁变化的发展环境。两者似硬币之两面、舟船之双楫，相互辅成和共同作用，统一于学校发展实践之中，融通汇合成为校长的领导力和管理的实践智慧。

---

① 本节原载于《教育文汇》2020年第5期,原题为《论现代学校发展的规划与应变》。

一、确立性和不确定性：学校发展的两种特性与样态

差不多400年前，夸美纽斯以"一座用最巨大的技巧做成的、用最精细的根据巧妙地雕镂着的钟"①为原型，创立了现代学校制度，并以此形成现代教育的秩序原则。他认为："秩序就叫做事物的灵魂。因为一切秩序良好的东西，只要它能保持它的秩序，它就可以保持它的地位和力量；到了不能保持它的秩序的时候，它就变脆弱，就倾跌和颠覆。"②而这种秩序实质乃以自然为借鉴，合乎自然法则，比如，设计一种器械，必须由能动的部件与不动的部件组成，个个齿轮相互推动，连续运转，就像宇宙本身的构造一样。在此之下，学校的运行与发展是不需要通过人为的规划力量去改变它的方向和节奏的。按照这种设想，学校的运行与发展充满了确定性，就像把一座钟的齿轮配齐、擦净，扭紧发条，那么，它就会周而复始地"滴答、滴答"地转动、准确计时和报时了。

可是差不多是在一个世纪前，杜威强烈意识到："我们的社会生活正在经历着一个彻底的和根本的变化，如果我们的教育对于生活必须具有任何意义的话，那么它就必须经历一个相应的完的变革。这个变革并不是突然出现的，也不是凭着预想的目的在朝夕之间就能完成的。"③他认为，我们学校制度进行的种种改革都不是偶然发生的，而是出于不断发生变革的社会发展的需要。为此，他主张使每一个学校成为一种雏形的充满变革的社会生活，在这样一个"小社会"中得到引导、训练和熏陶，其获得新的经验将成为拥有一个新的"大社会"的最好保证。用今天的话来说，就是"以变应变"。

这是关于现代学校发展的两种不同理论解释——确定性与不确定性。即使发展到21世纪的今天，我们似乎还能看到大约400年前夸美纽斯描绘的学校的模样。班级、年级、学年、学期、课堂、上课、下课、考试、放假，教育的这种几百年如常的节奏，似乎成了学校的本然状态。事实上，其所反映的是夸美

---

① 夸美纽斯.大教学论[M].傅任敢,译.北京:教育科学出版社,1999:63.
② 夸美纽斯.大教学论[M].傅任敢,译.北京:教育科学出版社,1999:60.
③ 约翰·杜威.学校与社会·明日之学校[M].赵祥麟,任钟印,吴志宏,译.北京:人民教育出版社,2005:37.

纽斯以来的现代工业社会下学校的基本特性与功能，投射出典型的"制造文化"的影子。就像今天这个时代发展起来的形形色色的虚拟经济，可是"中国制造"不仅依然支撑中国经济的半壁江山，而且给整个世界作出巨大贡献一样。然而，今天的中国制造又不再是以往那种"低端、廉价、劣质"和高污染、高能耗模式了，而是长上了互联网、物联网、人工智能、大数据、云计算的现代科学技术的翅膀，正飞向"中国制造2025"，并进而走向"中国智造""中国创造"。同样的道理，今天的学校发展，也是在常规、常态中不断求变、应变，从学校办学理念、培养目标，到课程改革的不断翻新与深化，从当年的"一无两有"（学校无危房、班班有教室、人人有课桌），到今天的走班选课、慕课微课，以及智慧课堂，继而走向网络学习人人通、"泛在学习"、大资源共享的智慧学校。诚然，在现代学校，确定性与不确定性是同时在场的，而不再是"既生瑜、何生亮"了。

二、把握确定性：学校发展规划的必要与可能

确定性是世界存在以及事物发展的一个基本特性，由此才能形成哲学上"可知论"以及对真理的认识与对客观规律的掌握与运用。确定性认识到事物存在及其之间存在的必然性、稳定性关系，是事物没有发生质变之前的一种相对稳定状态。这为学校发展及其规划的制定与实施提供了必要与可能。

发展规划，缘起于苏联十月革命后根据马克思对于社会主义的设想，1928年开始实行的大规模有计划的社会主义建设运动，规划作为市场经济法则的替代物，旨在使生产资料公有制条件下的生产力发展达到最优化和一致性。这样有计划的发展必然将教育纳入其中，进而使教育为经济发展规划培养所需要的人才和劳动者。其成功实践及相关理论成果在二战后被西方国家"重新发现"，并被中欧和东欧诸多国家所采用。对于实施市场经济的西方国家而言，一直对教育规划普遍持怀疑和批评态度。但在科学技术高度发达的现代社会，教育发展与经济发展之间客观存在且日益紧密的依存性关系，催生了舒尔茨人力资本理论，由此唤起西方国家通过合理规划来促进教育发展进而更好推动经济发展的热烈响应，以实现教育的巨大经济效益。教育被作为了一种高回报率的"智

力投资"。联合国教科文组织在其1972年发表的《学会生存：教育世界的今天和明天》报告中，就郑重告诫人们，人类历史上第一次出现的三种现象值得特别注意：教育先行——教育在全世界的发展正倾向于先于经济的发展；教育预见——教育为一个尚未存在的社会培养新人；有些社会正在拒绝制度化教育所产生的成果——拒绝使用学校的毕业生。关于教育预见，该书是这样阐释的："当教育的使命是'替一个未知的世界培养未知的儿童'时，环境的压力便要求教育工作者们刻苦思考，并在这种思考中构成一幅未来的蓝图。"①半个世纪后的今天，教育仍彰显出其中的一些现象、矛盾和特征。如何把握教育先行的机遇，应对学校毕业生出口问题与挑战，我们所能做的便是其中第二条——加强教育预见！

辩证唯物主义的一个基本观点，是一切事物发展变化都有其自身规律性，规律是可以认识的，具有可知性。但其前提是需要通过大量的认识和实践、经验和教训，不断探索其必然性、确定性联系，而不是主观臆想和预知未来。所谓教育预见，正是通过不断探索和实践，洞悉未来教育与社会发展和人的发展的规律性联系、趋势性变化，自觉对教育发展目标、价值、策略和路径进行科学论证和谋划，以更好地应对未来变化，把握未来和赢得未来。此次为应对新冠疫情，教育部及各地推动"停课不停学"，虽然尚存在这样那样的问题，但能够在突如其来的变化面前没有陷入束手无策的窘境，而是实现以变应变、应变有方，正是这些年来我们在教育上预示到教育信息化的发展趋势以及泛在学习的可行性，建设形成了大规模在线学习的资源平台及丰富多样的课程教学资源，以及广大教育工作者在技术手段上的准备。

对于学校管理者而言，学校发展规划的制定与实施正是要从教育与人的发展、教育与社会发展以及教育自身发展的三大关联性中，从书本理论、从他山之石中、从自身经验和教训的反思与体悟中，不断探寻学校办学理念和方略，明确教什么、教给谁、如何教、在哪教、什么时候教、由谁来教、为谁而教，以及谁来付费，从而将人财物事以及时间、空间和信息等办学要素合理配置，聚合成教育的力量、管理的力量和发展的力量，进而把学校、学生、教师从

---

① 联合国教科文组织.学会生存：教育世界的今天和明天[M].北京：教育科学出版社，1996：36.

"现在"引领和推动到理想的合乎社会发展规律和趋势的未来。

三、应变管理：学校发展规划适应不确定性的策略

基于以上认识，无论国家还是区域教育发展，再具体到学校发展、教师发展以及学生生涯发展，都需要增强规划意识，自觉主动对未来发展进行谋划。当然，教育规划不是理性主义所追求的那样，试图按照不可抗拒的规律来设计出一个整体性的、无所不包的规划和远景，以达到既定的发展目标。因为人类理性具有相对性和有限性，社会发展充满变化和不确定性，规划必须动态地适应环境变化，并不断修改调整和完善，加强应变管理。永远变化的社会系统给松散组合的学校组织带来了许多不确定因素，教育规划必须预测这些不确定性，它是博弈的首要条件。换言之，教育发展规划是动态的、开放的，需要与应变管理衔接和配合起来。同时，当代教育发展规划已经超出最高领导层的集权行为和少数专家的精英行为，走向多主体的广泛参与。从国家到地方各级，进一步具体到学校和个体，教育发展规划以及发展规划，都不再是少数专家的精英行为，或是个别领导人拍脑袋的产物，而是发展成为由众多利益相关者广泛参与的多主体的集体智慧与共识形成过程。这将使规划更加接近现实，更加贴近利益相关者的切实利益和诉求，也能吸收更多智慧和意见，更能使规划落地落实，成为一线工作者的变革之道、应变之策。

为此，学校发展规划需要借助被反复实践证明行之有效的方法和技术，比如运用SWOT分析技术，以及政治、经济、社会、技术、环境和法律的PESTEL分析，使我们对学校自身现有的优势与劣势、外在的机遇与危机进行更加准确和更具预见的把握。诚然，对重大改革进行有效规划的关键是准确背景和选择恰当方法的能力。唯有通过深入的调查研究和比较分析，从而洞悉学校管理及学校发展过程中的背景因素及各种变量与变量之间的联系，比如生源、经费、教师队伍、教育技术、时间保障与教学质量提高之间的关系，并以此进行恰当决策和采取有效的方法措施，提高规划目标的达成度和资源的利用率。

另一方面，需要改变传统的学校规划功能定位和思维模式，加强规划实施中的应变管理，增强规划目标、任务和重点项目的开放性、变通性，推进学校

组织的学习力建设，保持对社会变革和人的发展需求变化的敏感性，以持续的应变改革促学校发展；同时，在不断变化的环境下形成对既定规划的评估反馈，并及时进行调整与适应，以保障学校发展规划的成功实施。

教师专业化发展与学校组织的功能重定[①]

在现代教育制度下，学校组织一方面在急切呼唤教师素质的提高，另一方面却又制度性地桎梏了教师的发展。古德莱德认为：没有更好的教师就不会有更好的学校，但没有教师可以在其中学习、实践和发展自身的更好的学校，也就不会有更好的教师。因此，在推动我国教师专业化发展，提升教师专业形象的进程中，亟须对现行的学校组织进行功能的重定，使学校组织成为教师专业化发展的重要基地和推动力量。

一、功能发展：学校组织在教师专业化发展中的应有作用

一般认为，学校是按照一定社会的需要，有目的、有计划、有组织地对年轻一代进行培养教育的场所。学校组织"最基本的功能目标是培养人才，就是受教育者自身的全面发展"[②]。古往今来，教师所以被赋予崇高的社会地位和职业形象，主要"因为他是某种知识和观念的工具而有价值，而他本身作为一个人必然会有的个人特质和潜在教育价值，则不是被抑制，就是被漠视"[③]。现代学校作为工业化生产和义务教育的产物，更是成为制造现代生产所需各类人才和合格劳动者的一种有效的教育装置。布迪厄认为，这样学校"成了以功绩换取社会地位的文化资本的积累"[④]。在这种"工场模式"的学校组织中，"教"成了教师的中心工作。在学校中，从课程编制、教学形式、实施程序到效果评价，无不带上浓厚的统一化、标准化和程序化色彩，形成一套以"效率"为核心的知识传递和人才培养的"流水线"。教师成了这条流水线上的技术"操作

---

① 本节原载于《教育评论》2002年第5期。

② 谢维和.教育活动的社会学分析：一种教育社会学的研究[M].北京：教育科学出版社，2000：194.

③ 陈桂生.学校教育原理[M].长沙：湖南教育出版社，2000：310.

④ 瞿葆奎.教育学文集·教育与社会发展[M].北京：人民教育出版社，1989：101.

员""工程师"。师范教育的产生虽然促进了教师的职业化，但一直习惯于把教师看作实现教育目的的手段和工具①。教师随着师范训练的终结而"定型成品"，发展也由此中断，成为依赖外在理论和技术支持而缺乏独立思考、创造活力和发展后劲的"现代教书匠"。与此同时，作为国家提供的公共产品，义务教育被纳入国家行政体系之中，教师受到来自权力机构的直接掌控。一方面，课程编制从教师身上剥离出来改由专家制订和政府控制，教师只是一个具体执行者，教学工作变得僵固化和程式化了。另一方面，在政府支持下学校建立起的科层机构，执掌着学校的行政权力。学校组织的这种科层化和官本位倾向，对教师的学术权力、教学决策和专业自主有着较严重的消极影响。

教师发展与学校组织的功能性冲突，在工业化社会一直处于潜隐的状态。直到20世纪60年代，学校在数量发展基础上如何提高人才培养的质量，成为各国教育发展和国际竞争的中心议题，教师的素质及其发展水平也相应地成为教育改革和发展的关键。1963年和1980年，世界教育年鉴先后两次将"教师和教师教育"列为主题，专题探讨"教育与教师培养"和"教师专业发展"的问题。国际组织和世界有关国家纷纷朝着教师专业化方向努力，以此为整体提高教师素质和学校组织的效能，从而提高人才培养的质量。从20世纪80年代起，教师专业化由群体的被动专业化转移到教师个体的主动专业发展新阶段。即在充分信任和尊重教师专业自主前提下，教师通过不断的专业学习、反思实践、课程开发和参与研究，来实现持续主动的专业发展，从而在真正意义上提高教师的专业化水平和专业地位。这标志着教师培养和发展不再是师范院校的专门职能。相反，教师在任职学校的专业实践及其制度化同样重要起来。教师成长的一大半时间是在学校，其专业发展只有与学校改革及教育实践紧密结合起来，才能真正得以实现。于是，教师发展与学校组织潜隐的功能性冲突愈加凸显出来。学校组织在培养人才的同时，需要拓展一种具有本体价值的崭新功能——促进教师的专业化发展。

学校是教师专业学习和自我教育的重要场所。在现实和未来的社会环境下，教师角色已经并将进一步发生深刻转变。教师越来越由一个教学者成为一个学

---

① 朱小蔓,杨一鸣.走向自我成长型教师培养的高师素质教育[J].南京师大学报(社会科学版),2002(1):61-65.

习者，由一个知识权威成为在同喻文化中与学生共同学习的人，由一种固定职能的角色成为一个需要不断进修、研究和持续发展的专业工作者。这既是教师专业化发展的重要方面，又是其实现的重要条件和保障。在这一过程中，师范院校打破原有终结性、一次性的培养模式和制度，拓展和延伸到教师职业生涯和任职学校中去，进而由单纯的职前教育机构，发展成为教师终身学习和教育的机构。这固然是重要的，但师范院校这一改革代替不了教师任职学校的职能，同时这一改革也有赖于学校组织的回应和积极配合，因为教师在职的学历和非学历进修都需要学校在观念上、制度上及经费和时间上的支持。更重要的是，以中小学为基地的校本教师培训有着不可替代的作用和优势。校本培训具有培训内容的迫切性、形式的灵活性、过程的统一性（工学一体）和效果的实效性。它适应了教师教学和学校改革的实际需要，促进了教育理论与教育实践的有效结合。尤其是自20世纪80年代以来，教师教育机构与中小学的伙伴合作，在促进教师职前与职后教育一体化的同时，也确立了学校组织在教师专业学习和自我教育中的重要地位。

学校是教师专业素质形成和发展的重要环境。教师专业化发展是教师从非专业人员转变为专业人员的成长过程。这一过程是教师专业信念、专业知识、专业技能和专业情意不断丰富完善的动态发展过程，是国家、教师教育机构、学校和教师多主体的全面努力过程，也是教师自身与其外部环境（社会、学校情境、专业团体等）的积极互动过程。无论是职前培养还是职后的发展，教师专业素质都需要在学校情境和教育实践中去理解、体验和建构，这是再完善的教师培养计划和课程方案所不能替代的。班克斯研究认为，任教学校显然是比受教学校更具重要影响的教师职业社会化机构，任教学校的校长、同事及学生都是教师职业社会化的重要影响因素，教师群体的职业文化与教师的职业社会化之间具有密切关系。2000年，英国建立了以中小学为中心的校本教师培训。在研究生教育证书课程（PGCE课程）中，学生有一半以上的时间是在中小学校进行教学实践。美国的校本教师培训虽然重心在大学，但大学与中小学合作建立起的教师专业发展学校，为师范生和在职教师的实践，及从专家那里获得实践性知识，创造了良好的条件。法国大学级教师学院（IUFM）要求师范生在两年学程里系统进行熟悉性实习、伴随实习和责任实习。其中，第二年有一半时间是教育实习和实践活动，以加强教育理论与实践的联系与结合。学校是教师专业成长和成熟的重要基地。从动态角度考察，教师专业化发展不是职前教育能够完成和终了的，而是教师个体自主努力和不断奋争的专业成长过程，伴随教师的整个职业生涯。在不同的成长和发展阶段，教师的专业结构及其影响因素各有其质的特点。诚然，教师任职学校的组织文化、校长、教研组，课堂专业生活中经历的"关键期""关键事件""关键人物"，以及教师自身的进修学习、实践反思和教学研究，都直接影响着教师专业成长和发展的方向、进程和水平。

由此可见，现代学校在培养人才，促进学生的社会化和个性化发展的同时，必须将教师的发展纳入组织目标，从而使教师在学校组织中的角色和形象由此得到根本的改变。学校组织这种功能的扩展和转型，不仅是教师专业发展的需要，同时也是学生发展以及学校自身的变革和发展所迫切要求的。

二、结构整合：促进教师专业化发展的校本模式

教师发展与学校组织功能性冲突的消解，以及学校组织对于教师专业化发展促进作用的发挥，需要通过学校组织的结构整合和改组来实现。在教育社会学视野中，学校是一种人为建构的教育环境。这种教育环境是由教师与学生、行政权力与学术权力、教学与科研、正式群体与非正式群体之间形成的二元性社会组织所营造的。这种二元结构及其互动性，正是我们分析和解释学校组织行为和各种现象的基本依据和出发点[①]。同样，学校为促进教师专业化发展而实现的功能扩展与重定，正是通过这种二元结构的改组与重构来实现的。20世纪60年代以来，学校改组一直是世界各国教师专业化和教育改革的一个重要主题。1974年，经济合作与发展组织（OECD）围绕"师范教育的连续性和教员的阶段性成长"，提出"以学校经营为中心的教员进修"，指出"现场教师要参与有关发展师范教育的决策，把它看作专门职业教育的一种新方式，要重视加强师范

---

① 谢维和.教育活动的社会学分析：一种教育社会学的研究[M].北京：教育科学出版社，2000:204.

教育与学校教育实践的协作"①。1986年，美国卡内基基金会的《国家为培养21世纪的教师作准备》提出："改组学校，为教师提供一个良好的教学环境，使学校充分享有最好地满足州和地方对儿童培养目标的要求的权力。同时学校对学生的进步负责。"②霍姆斯小组在《明天的教师》《明天之学校》提出建立教师专业发展学校，指出学校必须成为教师和大学教授共同系统钻研和改进教学实践的场所，成为更有利于教师工作和学习的场所。20世纪80年代以来，英国也提出重建学校，加强以中小学为基地的校本教师培训。英国教育和就业部要求高等教育机构与学校之间形成明确的合作关系，师资培训的经费和责任从高等教育机构转移到学校。尽管学校改组和重建运动在美英等国家尚未终结，但它无疑昭示了教师专业化发展和学校组织发展正趋向一种整合。就我国而言，也应立足历史和现实，着眼于教师专业化发展的需要，积极进行学校二元结构的重新整合。应克服现行学校组织中与教师专业化发展矛盾和冲突的因素及其关系，为教师专业化发展创造良好的组织环境、制度环境和精神环境，进而将教师专业化发展真正纳入学校组织的目标和结构中去，形成与学生及学校组织相辅相成、相互推动的发展共同体。

教师发展与学生发展的目标统合。在现行的学校组织中，教师发展与学生发展往往是相背和异质的。学生总是接受和受惠的一方，教师则作为付出、牺牲的一方。在很多情况下，学校"把学生成长与教师发展对立起来，似乎教师命中注定就只能在飘洒的粉笔灰中自我淹没……还自诩为'伟大的牺牲'"③。春蚕、红烛式的教师形象，正是教师与学生在价值实现上对立性和学校组织目标单一性的表征。尤其是在以"应试"为核心的学校组织中，教师被卷入无尽的题海大战和重复劳动之中，学校为了实现高升学率这一中心目标，而严重消蚀了教师的发展。然而，教育是一个使教育者和受教育者都获得完善的职业，而且，只有当教育者自觉地完善时，才能更有利于学生的完善与发展。为此，

---

① 筑波大学教育学研究会.现代教育学基础[M].钟启泉,译.上海:上海教育出版社,1986:457-458.

② 国家教育发展与政策研究中心.发达国家研究改革的动向与趋势(第二集):美国、苏联、日本、法国、英国1986—1988年期间教育改革文件和报告选编[M].北京:人民教育出版社,1987:266.

③ 王梅.论教师职业的内在价值[J].教育研究,2000(9):60-65.

学校应将教师专业化发展纳入学校组织的发展目标、兴校战略、政策体系和质量标准中，使教师专业化发展与学校发展整合成互为条件、良性互动的组织目标。只有当教师专业化发展充分实现，教师的专业形象得以提升，教师职业的本体价值真正确立，学校培养人才、促进学生发展这一社会职能才能充分实现，学校发展才能真正步入良性轨道。

学校管理中科层取向与专业取向的价值统整。学校管理中通常并存着科层取向和专业取向，与之相应的行政权力与学术权力的互动和配置方式，直接影响着学校组织的管理模式。我国现行学校有着较为完备的行政权力系统和科层管理体制，相比之下，与教师专业化发展相应的专业取向及学术权力系统还处于弱势。虽然学校管理中这两种价值取向并不是以对立抗衡为特征的，并且在许多方面是相辅相成的，但两者同时又存在着不可避免的矛盾和冲突。王策三先生在反思当前基础教育改革时曾指出："我国提高教师的工作难题，除了物质生活条件差，还有精神生活条件差。……普遍的情况是不同程度上，教师的教育主体性——独立性、主动性、创造性等，得不到提倡、保护和鼓励。相反，他们耳朵里经常听到的是这个'不准'、那个'不准'的声音，受到束缚、压抑。这无疑影响着他们聪明才智的提高和发挥。"[①] 为此，学校应当依据我国《教育法》《教师法》，逐步确立教师作为专业人员的自主权利和专业地位，强化管理过程中的专业取向，为教师专业化发展创造良好的价值环境和体制环境。这主要包括：充分尊重和凸显教师从事教育教学和进行教学与实验的权利，从事科学研究、学术交流活动的权利，参与学校民主管理的权利，指导学生学习和发展、评定学生品德和学业成绩的权利，参加进修和培训的权利，确立教师在学校组织中应有的专业地位。同时，中小学内部应建立以教师为主的学术性组织，发挥其在学校教学、研究和行政决策中的重要职能作用。校长则要做好行政权力与学术权力、科层取向与学术取向的协调统合，并在物质、政策制度、教师评价诸方面，对教师专业化发展给予有力的支持和促进。国家也应在法律、政策和评价制度的改革方面，为学校的校本管理创造适宜的环境。

教育教学运作体系与教师专业发展制度的良性互动。以教师专业化发展为

---

① 王策三.保证基础教育健康发展:关于由"应试教育"向素质教育转轨提法的讨论[J].北京师范大学学报(人文社科版),2001(5):59-84.

目标的学校改组，不是脱离学校教育教学而另搞一套，而是以此为核心、为背景建立起为之服务又具有自身本体意义的教师专业发展制度。我国各地学校普遍是以教学为中心建立一套教育教学的运作体系，教师在这一体系中往往是一种工具角色。即使是那些推行"科研兴校"的学校，也多是以提高学校教育教学质量、教育科研水平，突出学校办学特色、提升学校管理品位为目的。即主要是为了"兴校"、着眼于学校的发展。教师专业化发展的实现，要求学校在加强和改进教育教学运作系统的基础上，促进教学与科研的结合，建立和健全教师专业发展制度，使"科研兴校"中的"兴校"与"兴师"良性互动，学校发展与教师发展相互推动。首先，应根据学校发展和教学实际需要，针对教师专业成长的不同阶段和个体特点，建立有效的校本培训系统，并在目标计划、内容方式、组织领导、规章制度、指导队伍及效能评价诸方面进行落实。其次，应结合校本管理和校本课程开发的实际需要，充分赋予教师教学的自主权和创造空间，建立以教师为主要力量的校本研究系统。学校应为教师的反思实践、行动研究、参与开发，提供资源和制度支持，使教师的研究成果和专业知识得以显化、提升，从而在推动教育教学和学校发展的同时，促进专家型、研究型教师队伍的形成。此外，学校还应设立教师专业发展阶梯，建立导师制和督导制，发挥首席教师、特级教师、专家教师等对师范生实习和在职教师专业指导上的作用，探索发展性教师评价制度，使教师专业化发展具有广阔前景和动力机制。

学校传授型组织与学习型组织的相互推动。学校组织通过教师（个体和群体）与学生（个体和群体），在一定规章制度之下的互动和交往，进行教育教学活动，形成以"告诉"和"接受"为典型特征的传授型组织。同时，随着师生互喻文化的兴起和学习化社会的到来，教师不再是知识权威和传递者的凝固性角色，而是一个知识的学习者，一个充满可能性、发展性的角色。学校成员形成一种以"自我超越"为共同意愿的学习群体和环境。这种学习越来越从一种个体学习发展成为一种组织学习。为此，学校应当积极促进教师之间、学校正式群体（教研组等）与非正式群体、教师与学生、学校与校外机构建立一种以学习为核心的开放合作的新型关系。通过这种开放与合作，形成相互支持和共享的学习共同体，培植一种以学习、研究、互动和创新为主调的学校组织文化，使学校逐步发展成为学习型组织。这种集体意愿、组织氛围和团体动力，是我国中小学校和教师专业发展所普遍缺乏和急需加强的。

总之，教师的专业化发展并非教师个体的专业成长和发展，更不是教师自身单方面的努力能够实现的。它是包括教师主体、教师教育机构、教师任职学校、政府及社会共同努力才能推动和实现的。2000年以前，被专家推崇和使用的教职员发展模式有：个人自我指导模式、观察——评估模式、参与发展——改进过程模式、培训模式和探究模式。无论哪一种发展模式的实施，都是在学校组织的背景之下进行的，学校组织的结构和功能对教师专业化发展的作用和影响是其他方面无法替代的。20世纪90年代以来，一些有着中央控制传统的国家开始把责任移交给地方和学校，采取"以学校为中心"的教师政策。显然，在我国推进学校改革，提高学校教育质量和办学水平的过程中，应当积极地将学校发展与教师发展整合一致，确立教师专业化发展的校本模式。校本教师专业化发展的实现，在推动学校功能扩展和结构整合，进而促进教师发展的同时，也在根本上推动了学生发展及学校组织自身的变革和发展。

学校德育一致性原则悖议①

　　学生思想品德的形成、发展是学校、家庭、社会各方面影响的结果，如果各方面要求不统一，或者教育要求前后不一致，教育作用就会被抵消，甚至造成思想上的混乱，或行为上的矛盾。因此，校内全体教职工、各种学生组织以及校外教育机构、家庭、社会同学校的教育要求都要互相配合，步调一致。德育一致性原则的这种通常理解似乎成了简单常识，毋须赘述。但在实际工作中，一致性原则却困难重重，危机四伏，难以适应社会主义初级阶段思想品德教育面临的新情况、新要求，严重影响着德育的效率与效果。本人在此不揣浅陋，对通常的德育一致性原则的立论根据和理论内涵进行重新认识、分析，试图寻找造成当前德育窘迫、疲软、散乱和低效局面的深层原因以及重建德育新格局的路径。

一、学生思想品德形成影响因素分析框架

　　通常人们把个体的外部道德环境分为家庭、学校、社会三方面，其在纵向上构成人生旅程的三部曲，在横向上构成影响个体成长的三原色。德育一致性原则即要求学校教育内部各要素应相互协调、合理配置，并争取家庭教育、社会教育的支持、协助，形成教育的正向合力，这一要求自然是必要的。但如果将整个外部道德环境作这种单一的划分与界定，未免简单化、表面化了，由此建立起的德育联合阵线也必然显得笼统和空泛。

　　在教育社会学看来，思想品德作为个体学生社会化的重要内容，受外部道德环境的决定性影响，并通过自身的内部矛盾运动和社会实践逐步形成发展。

　　首先，外部道德环境作为思想品德形成发展的源泉与背景，对个体的影响有直接与间接之分。个体总是处在与他发生直接联系并起着直接决定作用的物

---

① 本节原载于《江苏教育研究》1990年第2期.

质和精神环境中，即微观环境（小气候）；而个体及所处的微观环境又包含在更为广阔的共同背景和氛围中，即一定社会条件下总的物质环境和精神环境，这是该时代社会成员思想品德形成发展的基本条件，并最终决定个体思想品德发展的性质与方向，称之宏观环境（大气候）。由于人的第二信号系统的间接性和概括性，加之信息传播的现代化，大气候对小气候的渗透在日益增强，其对个体的影响也日益广泛、深入和重要。另外，外部道德环境与个体之间的耦联、互动关系，还要求我们应以动态、发展的观点对此进行纵向的考察。

其次，外部道德环境对个体的影响在性质上有有意与无意之别。前者是有意识、主动的、占主导地位的，包括各种形态的德育活动。诚然，社会文化、伦理道德等对学生的陶冶，许多是通过无意识、无目的、潜在的方式进行的。一方面，在个体所处的环境中，总有一些自发因素如家庭结构、班级人际关系、民族习俗与传统等对个体经常地发生着潜移默化的影响，这就是环境的暗示、感染作用。另一方面，唯物辩证法认为，个体的发展是受动与能动的统一过程。外部环境只有作为活动的对象，才能显现它的意义和作用，被纳入人的主观映象，以此，作为环境影响的外部因素才能与个体发生交互作用，个体也才能在此影响下获得发展。但个体对外部道德环境的反映并非时时处处如此，很多情况下是通过无意识、无目的、潜在以及隐性的方式进行，不知不觉地接受其感染和暗示，或对其进行模仿，实现着文化心理的积淀。二者有机结合构成了个体思想品德的内在接受机制，并与外部道德环境交互作用，形成了思想品德动态发展过程的广泛领域。（见图1）

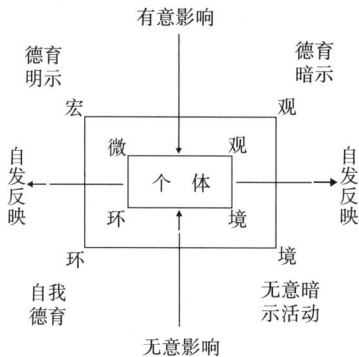

图1　个体思想品德的内在接受机制

（1）明示德育——教育者有意识地以直接、外显的方式，通过个体有意识的特定心理反应所开展的德育活动，具有导向性、可控性。（2）暗示德育——教育者有意识地以间接、内隐的方式，通过个体无意识的非特定心理反应所开展的德育活动，具有隐蔽性、潜在性。（3）自我德育——个体自觉能动地反映外部道德环境中各种自发因素并接受其影响，在自我意识基础上进行的自觉的思维转化和行为控制，从而促进自身思想品德发展的自知、自控、自我完善活动，具有自主性、独立性。（4）无意暗示活动——个体无意识地反映外部道德环境中的各种自发因素并接受其影响，是一种在"教"者无心、"学"者无意的自然状态下所发生的文化无意识活动，因不易觉察而常常被忽略、掩盖和疏漏，具有广泛性、潜在性和难以控制的特点。四者在家庭、学校、社会不同空间以不同的形式相互渗透、交织着，构合成相互联系但又形态各异的道德环境。

最后，外部道德环境结构的复杂性决定了其对个体影响在功能上的复杂性。如果假定明示德育始终能发挥正向功能，四者的功能配置起码有正、正、正、正，正、负、正、正，正、负、负、正和正、负、负、负四种态势。这充分表明德育一致性原则的理论内涵要比我们通常理解的更为广泛、复杂，其贯穿实施也更显得艰巨、重要和迫切了。一定社会要使个体养成一定的思想品德，成为合格的社会成员，就须在时间与空间的交叉点上，既开展积极有效的明示德育，又将其与相应的暗示德育、无意暗示活动的调控相结合，并积极引导个体开展自我德育，将教育与自我教育相结合，将大气候的形成与小气候的优化相结合。

二、德育一致性原则的理论缺陷反思

从上述立论分析不难发现，通常的德育一致性原则难以适应现代社会尤其是初级阶段德育发展的特点与要求，难以适应个体思想品德形成发展的特点与要求，其原因在于它的理论内涵存在如下缺陷：

（1）囿于直接环境中明示德育之间的配合与统一，而忽视与暗示德育、自我德育和对无意暗示活动的调控与协作，更无视宏观环境的作用，造成德育阵线的严重缺口，德育的显性效果与隐性效果相悖，负向效果与正向效果背离。尽管学校德育（主要是明示德育）专门实施青少年一代的思想品德教育，对个体思想品德形成、发展起着主导作用：学校内部及与其他各种明示德育如家庭、社会各方面德育力量的协调配合可凝聚成强大的正向合力，对保证德育效果非常重要，但这一德育体系只是在德育主体外显的、有意识的特定心理活动领域内进行的，营造的只是狭小的小气候；而广泛的、潜在的、无意识的非特定心理活动领域则沦为"失控区"，广阔的、有着巨大渗透力的大气候也失去应有的导向和调控。其结果，一方面是明示德育形同孤岛，独木难支，所建立起的德育联合阵线防不胜防，危机四伏，勉强取得的显性正向效果也往往被隐性的负向效果所抵毁、消耗；另一方面是大气候与小气候的反差与背离，难以为个体思想品德形成发展及小气候的优化以必要的支撑和依托，势必冲淡、分解和破坏小气候的德育功能。试问教育者们苦心筑成的这个"防护林带"怎能挡得住漫天"风沙"。

（2）学校德育对家庭、社会德育的调控，旨在配合学校，保证学校德育目标的顺利实现。这种以学校德育目标为价值取向标准的封闭保守的德育体系难以适应纷纭复杂的社会生活和多元化的道德建设的需要，使整个德育落入两难境地。诚然，学校德育有着先进性、权威性，学校德育目标代表着一定阶级、国家以及绝大多数社会成员对青少年的期望与要求。诚然，作为社会意识形态的学校德育，是由一定社会的经济基础决定的，即有什么样的经济基础，就会有与经济基础相应的学校德育。尤其在现阶段，新旧体制交替，新旧观念混杂，商品经济的冲击，信息传播的现代化，各种道德观念和现象（先进的、落后的、正确的、错误的等），纷纷涌进个体的道德生活领域，也渗入学校这块"净土"。然而我们的学校德育不是面向现实、主动适应，而是站在抵御、回避商品经济的立场上，试图保持意识形态和学生思想品德的"纯洁无邪"。当这种要求无法满足时，学校德育便觉四面楚歌。结果越是加强学校德育，就越脱离社会生活实际，而越脱离社会生活实际，成为空中楼阁，就越难得到家庭、社会教育的支持和整个大气候的依托。在这种状况下德育的正向合力如何形成？

（3）只强调外因的一致，忽视个体的主体性和立体建构，导致德育过程结构的倾斜与畸形。外部道德环境影响个体的过程，也是个体反映外部道德环境的过程，这个过程由主体与客体交互作用所构成。但现实德育却只从教育者角度单向地确立主客体关系，即在狭小范围内要求教育主体和教育要求的一致，而把本属德育过程主体的受教育者置于客体地位，作为共同施教、管制和防范的对象，因而德育主体转移或消失了。固然外因及其协调一致是重要的，外界影响不一致、对立或矛盾，对个体思想品德不无影响，但纵然外在教育要求都能协调一致了，个体能否接受和愿意接受，是否一定会对个体发挥正向功能，这显然与个体内部道德环境如原有道德经验、能力、道德态度和需要等直接相关。当外部道德环境影响不一致时，如果个体是非不明、认识模糊、抗诱惑力和道德思维能力差，就可能作出与教育者动机相悖的判断和选择；但如果是非分明，信念坚定，道德思维能力较强，个体就能择善而行，自觉抵制和消除不良影响，形成良好的思想品德。然而当我们进行无主体的德育时，又怎能养成个体接受教育的高度自觉性和自我德育的能力呢？

三、德育一致性原则的时代内涵

通常意义的德育一致性原则主要是为适应学校德育的要求而提出的，是学校德育的有限延展。随着大生产的发展，商品经济的繁荣和信息时代的到来，社会生活骤然变得多元化、开放化和动态化了，个体的外部道德环境也因此呈现空前的广阔性、复杂性和多变性，致使传统的德育一致性原则在理论和实践上显得被动、窘迫，这是必然的。因此，我们必须从社会主义初级阶段政治、经济、文化、教育发展特点和个体思想品德形成过程的规律出发，赋予德育一致性原则全新的内涵。

在横上，一致性原则将学校德育与家庭德育、社会德育构合一体，将外显的明示德育与相应的暗示德育、无意暗示活动的调控和个体的自我德育构合一体，使外部道德环境各影响因素的协作共建与启迪个体加强自身品德结构的建设并举，使提高德育的正向效果（包括显性和隐性）与降低功能内耗和负向效果并举，使小气候的优化、改进与大气候的净化、改造并举，进而形成时时可以教育（受教与施教）、处处可以教育（受教和施教）的全方位、全空间的德育体系。

在纵向上，一致性原则将外在教育影响的协调一致与个体思想品德的发展构合成动态平衡的发展过程。具体说，一致性原则要求在德育观、德育目标、内容、途径、方法诸方面既应顺应时代发展的潮流与进程，又应遵循个体思想品德发展的脉络，使德育过程从不平衡、不一致趋于平衡、一致，再从新的不平衡、不一致走向新的平衡、一致。这样使社会发展与个体发展在德育过程中得到统一。

在结构上，一致性原则强调发挥各分系统的功能，各分系统的相互关联、协调和合理配置，以提高系统结构的合理性，追求德育效果的高效和优化，形成德育的正向合力，最大限度地降低损耗。为此，我们要求德育系统综合化、网络化、一体化，以消除德育的空白点、断裂带和失控区，改变自我封闭、洁身自好的状态。

课后服务的逻辑生成、形态特质和价值定位①

课后服务作为一种新型的服务性教育活动，已经正式纳入我国义务教育公共服务范畴，成为建设高质量教育体系的重要环节②。2017年3月，教育部印发了《关于做好中小学生课后服务工作的指导意见》，首次将课后服务以国家政策文件的形式进行明确，之后的一系列政策文件进一步对此加以建设和规制。诚然，课后服务作为一种崭新的教育活动和公共服务，其最突出特性在于服务性。本节在对课后服务的逻辑生成进行厘清的基础上，通过其与一般教育活动的关系的比较，探讨课后服务的形态特质和价值定位。

一、课后服务的逻辑生成

课后服务最初产生于20世纪初欧美的一些发达国家，20世纪80年代起被正式纳入这些国家的教育发展体系，被视为一项带有公益性质的社会福利③。当前这些发达国家的课后服务已向系统化、特色化、常态化方向发展，在培养学生的各项能力以及促进学生全面发展上发挥了重要作用。相较而言，我国课后服务兴起于20世纪90年代长三角和珠三角一些地区，后在全国逐渐普及，并成为落实"双减"政策、彰显义务教育公共性与公益性的重要政策举措。其发展大致经历三个阶段：

（一）萌芽阶段

20世纪90年代，在"减负"政策推动下，一些地方中小学将放学时间提前

---

① 本节原载于《教育文汇》2023年第10期，与王苗苗合作。

② 杨清溪，邬志辉.义务教育学校课后服务落地难的堵点及其疏通对策[J].教育发展研究，2021,41(C2):42-49.

③ 都晓."双减"背景下的课后服务研究述论[J].新疆师范大学学报（哲学社会科学版），2022,43(4):50-61.

至三点半。但随着城镇化发展以及女性工作岗位增多，家庭结构发生了变化，核心家庭和双职工家庭成为主流[①]。由此形成放学后"孩子无去处、家长看护难"的"三点半难题"。在此背景下，课后服务的社会需求应运而生。此时的课后服务主要是托管服务，部分中小学校开设"托管班"，对学生进行课后看管、作业辅导以及监护。而早期的课后服务以学校为主、校外为辅，以辅导学生写作业、看管学生安全为主，家长则根据需要和条件许可进行付费以购买其服务。这个阶段课后服务具有托管性、经营性和利益性特点。

（二）膨胀与整治阶段

此后，简单的课后服务已经满足不了家长需求，"课外兴趣班""学业补习班""艺术培训班"等校外培训机构纷纷涌现。于是，由社会机构掌控的课后服务初步形成并规模化发展，其商业化和利益化的本性也逐渐显露。此后，2004年，教育部国家发展改革委财政部《关于在全国义务教育阶段学校推行"一费制"收费办法的意见》指出，"加强学校收费收入的管理，规范学校支出行为，禁止乱收乱支现象的发生"。该政策的出台冲击了校内有偿"托管班"和校外培训机构，由此导致课后服务的普惠与营利的博弈。2014年，教育部等五部门《关于2014年规范教育收费治理教育乱收费工作的实施意见》强调，各部门"集中治理中小学补课乱收费，禁止将午休管理服务费、课后看护费等作为服务性收费和代收费事项"。这些文件遏制了中小学举办的课后服务的营利倾向，对构建普惠性和公益性的课后服务有一定的作用，很多学生不再参加学校提供的有偿课后服务，而去参加校外培训机构的课后服务。总的来说，这一时期的课后服务膨胀而无序，与政府出手进行治理处于并存状态。

（三）规范管理阶段

随着校外培训机构急剧发展，校外课后服务市场陷入恶性竞争，学生课业负担不减反增，家庭教育成本也逐渐增加。2017年，教育部办公厅印发《关于做好中小学生课后服务工作的指导意见》，将课后服务监管主体落实到各级教育

[①] 经柏龙,周爽."双减"政策下我国课后服务内容的嬗变与展望[J].辽宁教育,2022(6)：5-9.

主管部门，通过"政府购买服务""财政补贴"等方式对开展课后服务的学校和教师给予适当补助，严禁课后服务"乱收费"。这在一定程度上确保了课后服务的普惠性与公益性。2018年，国务院办公厅发布《关于规范校外培训机构发展的意见》强化学校在解决"三点半难题"中的主体作用。接着，教育部办公厅等四部门印发《关于切实减轻中小学课外负担开展校外培训机构专项治理行动的通知》，进一步强调以学校为中心，将学校作为课后服务主阵地，规定课后服务费用由各主体共同分担；同时，禁止纯商业化和功利化的校外培训服务，以此减轻中小学生负担及家庭的教育成本。2019年，中共中央 国务院《关于深化教育教学改革全面提高义务教育质量的意见》要求，"各地要完善政策支持措施，不断提高课后服务水平"。2021年，中共中央办公厅 国务院办公厅印发《关于进一步减轻义务教育阶段学生作业负担和校外培训负担的意见》，就课后服务的时间保障、服务质量、服务渠道和免费线上学习服务，进行具体的政策规定。

透过以上发展历程，可以抽离出课后服务由"课后"和"服务"两个关键词组成。"课后"是指中小学生放学后的时间。"服务"一词指为集体（或别人）的利益或为某种事业而工作[1]。课后服务既属于生活服务，又属于教育活动范畴。合言之，课后服务是具有教育性的生活服务。2017年颁布的课后服务政策文件并未对课后服务的概念作出具体解释，只是对其内容、组织形式、经费来源等做出政策设计与规范。在学术界，苗建成首先对课后服务进行概念界定，认为课后服务是在遵循教育规律和学生成长规律的前提下，学校、政府等相关部门合力统筹规划各类资源和需求，调动各方面的积极性，科学合理地确定课后服的内容和形式，保障学生课后服务安全，促进学生的全面发展[2]。此后，钟慧怡和李运华认为，课后服务是由国家政策支持、政府主导、学校主办为解决中小学生课后无人看管而实行的一种福利保障性教育活动[3]。也有学者从时间、主体责任和义务、功能等方面对课后服务进行界定，认为课后服务指在学校正

---

① 中国社会科学院语言研究所词典编辑室.现代汉语词典[M].6版.北京:商务印书馆,2016:399.

② 苗建成.城区中小学开展课后服务工作的问题与对策[J].教学与管理,2018(7):31-33.

③ 钟慧怡,李运华.课后服务:课后托管的蜕变升华[J].教育观察,2018(10):23.

式课程结束起至学生离开学校这段时间内，学校在看管的基础上，开展符合学生成长需求的教育性活动；在此期间，家长也要承担相应的责任，加入课后服务，辅助开展课后服务工作。总的来说，课后服务是一种具有服务性的教育活动，是以家长和学生现实需要为出发点，以解决家长接送难题为宗旨、促进学生全面发展为根本目的，注重培养学生的兴趣爱好，满足学生的个性发展的放学后的校园教育活动。

概括而言，课后服务属于一种准基本公共教育服务。服务供给是由政府、学校和家庭三方合作，并委托学校举办的一项特殊教育服务[①]，学校是课后服务的主体，是落实课后服务的主渠道、主阵地；家长在自愿的前提下引导孩子选择性参与课后服务，并依据"谁受益、谁付费"的原则分担一定比例的课后服务运营成本；政府积极担负课后服务的供给和管理责任，包括政策制定、经费投入、质量监督，确保课后服务的普惠性和公益性；社会组织协助学校参与举办非学科类及促进学生个性发展类的课后服务，或由其开发市场性课后服务项目供学校购买和引进。这种具有合作性的课后服务模式，满足了中小学生及其家长对课后服务的多样化诉求。与义务教育的强制性、免费性、统一性特点不同，课后服务具有普惠性、公平性、自愿性等特征，属于准基本公共教育服务范畴，因实施主体不同而分属于不同的服务产品类型。其中，由学校借助公共教育设施、公共服务人员为学生提供的课后服务教育，具有公益性和公共性的特征，通过学校有偿收费、政府补贴或者购买服务的方式来确保。

二、课后服务的服务性特质

课后服务作为一种新型的教育服务活动，除具有教育性特征，其最凸显内涵就是服务性，"服务性"是其与学校一般教育活动的不同之处。

（一）服务理念的生本性

在课后服务中，学生学习是以自己兴趣爱好为主，充分发挥自己的主体性。

---

① 龙宝新."双减"政策背景下学校课后服务的定位与改进[J].北京教育学院学报,2021,35（6）:1-11.

课后服务的内容、方式、时间、过程等都要以学生的需求为出发点。国家相关政策规制的课后服务，内容和方式丰富多样，有做作业、阅读、开展体育活动和娱乐游戏、参加社团和兴趣小组等，服务过程以学生"学"为主，教师发挥辅助作用，服务时间也是根据学生实际情况而定。总的来说，课后服务是以学生的实际需求为出发点，以学生为本开展的服务性教育活动。

（二）服务物品的公益性

课后服务是为中小学生提供的具有公益性和普惠性的教育活动，属于准基本公共教育服务范畴，运营成本由政府和学生家长共同承担。政府提供服务补贴支持中小学，成为课后服务的主要提供者，学校在家长自愿的情况下向家长酌情收取服务费用，同时为教师发放适当的服务薪酬。这种独特的管理方式可以确保课后服务的公益性和普惠性。相比而言，"学校具有明显的资源优势和社会信任基础，是提供课后服务的最佳场所"[1]。同时，政府提供补贴和适当收取课后服务费用以减少学校成本，避免学校在课后服务过程中出现将课后服务作为课堂教学延伸、变为补课班等现象。

（三）服务参与的自愿性

课后服务也是一种教育，但更具有自愿性、非强制性特征。相关政策规定：中小学生是否愿意参加课后服务，要事先充分征求家长意见，主动向家长告知服务方式、服务内容、安全保障措施等，建立家长申请、班级审核、学校统一实施的工作机制。学生和家长有权自愿选择是否参加课后服务，任何学校都不能强制家长让自己的孩子参与课后服务活动。同时，学生在课后服务活动中自主选择喜欢的或者合适的活动，老师不得强迫学生选择。课后服务内容、形式和时间都是根据学生的需求设置的，所以学生参加何种课后服务活动，是学生自愿选择，学校和教师不得有强制性要求。

（四）服务内容的多样化

随着"双减"政策的实施，课后服务在需求、功能等方面不断创新发展。

---

① 邹敏.中小学生课后服务的属性及权责问题探讨[J].中国教育学刊,2020(3):32-36.

现阶段的课后服务不仅有看管、作业辅导的服务，也有促进学生全面发展的服务。在功能上，早期人们对于课后服务的认知是家长"托"，学校"管"。当前的课后服务并不是简单的"托—管"活动，而是根据学生的需求提供促进学生全面发展的教育服务活动，是学校教育工作的一部分，是教学活动的延伸，更具有"育人"功能①。概言之，课后服务的功能主要有：一是看护功能，主要是解决家长无法按时接送孩子的问题；二是教育功能，主要是在课后服务中促进学生的全面发展；三是社会功能，主要是培养学生的良好习惯，减少学生社会不良事件的发生。

（五）服务形式的个性化

课后服务与课堂教育不同，既可以根据内容和特点采用线上、线下或者线上线下相结合的形式，也可以采用"非课堂"形式，比如自我探索活动、自我安排活动等形式；还可以采用"非班级"形式，比如兴趣小组、合作小组、社团等形式。当然，课后服务的内容也随着形式的变化逐渐多元化和灵动化。以往校内课后服务绝大多数是以教师看管，学生写作业为主。随着政策文件对课后服务内容和形式提出了规范要求，很多学校开始融入素质教育内容，将体育、科技、民族传统等引入其中，课后服务从以往的"管"转向了"管+教"的模式。

三、课后服务的价值定位

课后服务是由政府支持、学校主办、社会参与，为满足社会转型背景下中小学生课后照顾和教育需求而开展的一项福利性教育活动②。但如果处理不好其内在和外在的各种关系，也可能产生价值错位和缺位。为此，需要在理论上和政策上对课后服务的价值进行合理定位。

---

① 经柏龙,周爽."双减"政策下我国课后服务内容的嬗变与展望[J].辽宁教育,2022(6)：5-9.

② 罗生全,卞含嫣.中小学生课后服务的价值取向及学校责权优化[J].中国德育,2021(18)：24-30.

（一）减轻家长负担，促进人力资源开发的社会价值

教育部办公厅《关于做好中小学生课后服务工作的指导意见》指出："开展课后服务是促进学生健康成长、帮助家长解决按时接送学生困难的重要举措。"课后服务的开展一方面由学校为未能按时离校的学生提供延时看管，有效解决"三点半难题"，另一方面，减轻家长辅导孩子的教育负担。中小学生自控能力比较差，离开学校后需要家长监督学习、辅导写作业，但家长可能会因为时间或能力有限等无法承担孩子监督和辅导任务。课后服务中学生遇到的问题由老师进行专业指导，高效率解决学生学习困难，有效提高学生学习效率，为其他个性化发展留出充足的时间。此外，也降低了家长的家庭教育成本，满足家长在知识教育、心理教育、安全保障等方面的服务需求，而无需额外花费金钱为孩子报校外辅导机构，进而减轻家长的养育负担，特别是减轻家长对学生的智力教育以及心理教育负担，降低家庭教育成本，提高年轻人的生育与抚养意愿，促进人口高质量发展。

（二）落实"双减"政策，促进学生个性发展的育人价值

育人价值是所有教育活动最本质的价值体现[①]。课后服务对象是学生，开展课后服务的出发点和落脚点是减负提质，促进学生安全和快乐成长。从现实情况看，"三点半难题"衍生"校内减负，校外增负"。学生不仅要完成学校安排的学业任务，还要参加校外培训机构的各种课程，完成额外的学业任务。教育"减负"是减少学生重复的学习内容，减少机械性的家庭作业，开展多样化、自主化、个性化、差别化的教育活动[②]。课后服务不仅强化了学校作为教育主阵地的作用，让学生能够回归校园，最重要的是减少学生课外培训带来的学业压力，贯彻落实了"双减"政策。同时，学生根据自己的兴趣选择适合自己的服务活动，促进自己的个性化发展，允许学生根据自身学习进度、学习能力和学习需

---

① 刘宇佳.课后服务的性质与课后服务的改进：基于我国小学"三点半难题"解决的思考[J].当代教育论坛,2020(1):45-51.

② 刘慧琴.课后服务治理的理论逻辑、现实境遇与实践路径[J].河北师范大学学报(教育科学版),2022,24(1):77-85.

要，自主选择服务内容，助力学生个性化和多元化发展。

（三）促进教育公平，优化教育发展生态的治理价值

教育公平包括机会公平和权利公平，课后服务除了为学生提供丰富的学习内容，还为学生的发展提供的了更多的机会和时间，开展普惠、公平、专业的课后教育活动。校内课后服务为学生提供有效的个别化辅导，维护学生发展权益，减少校外培训带来的教育不公平、不均衡现象，保障教育公平。一是促进机会公平，不论家庭情况如何，每个学生都有机会选择参与课后服务，为促进教育公平创造条件；二是促进权利公平，学生有自主参加和选择的权利，缩小因各种原因导致学生之间的发展差距，进而缩小因家庭经济差异带给学生的课后生活安排差距，将为处于弱势群体的学生提供高质量的教育服务，促进其在课后时间的健康成长，缩小与其他学生的差距①。此外，课后服务还提升学校的教育服务能力和管理水平，激发学校和教师工作活力，制定和实施更优质的和受学生欢迎的课后服务项目，更新育人理念，改进教育教学方式，促进教师专业发展，创新办学模式和育人特色。

---

① 顾艳丽，罗生全.中小学课后服务政策的价值分析[J].教育科学研究,2018(9):34-38.

主要参考文献

1.著作类

［1］ 联合国教科文组织.学会生存：教育世界的今天和明天［M］.北京：教育科学出版社，1996.

［2］ 联合国教科文组织.教育：财富蕴藏其中［M］.北京：教育科学出版社，1996.

［3］ 李文良.中国政府职能转变问题报告［M］.北京：中国发展出版社，2003.

［4］ 刘复兴.教育政策的价值分析［M］.北京：教育科学出版社，2003.

［5］ 赵中建.教育的使命：面向二十一世纪的教育宣言和行动纲领［M］.北京：教育科学出版社，1996.

［6］ 顾明远.教育大辞典（第一卷）［M］.上海：上海教育出版社，1990.

［7］ 经济合作与发展组织.重新定义第三级教育［M］.谢维和，等编译.北京：高等教育出版社，2002.

［8］ 谢维和.教育活动的社会学分析：一种教育社会学的研究［M］.北京：教育科学出版社，2000.

［9］ 经济合作与发展组织.重新定义第三级教育［M］.谢维和，等编译.北京：高等教育出版社，2002.

［10］ 赵中建.教育的使命：面向二十一世纪的教育宣言和行动纲领［M］.北京：教育科学出版社，1996.

［11］ 吴志宏.教育行政学［M］.北京：人民教育出版社，2000.

［12］ 约翰·杜威.民主主义与教育［M］.王承绪，译.北京：人民教育出版社，1990.

［13］康永久.教育制度的生成与变革：新制度教育学论纲［M］.北京：教育科学出版社，2003.

［14］马克思，恩格斯.马克思恩格斯全集：第一卷［M］.北京：人民出版社，1995.

［15］刘复兴.教育政策的价值分析［M］.北京：教育科学出版社，2003.

［16］高兆明.制度公正论［M］.上海：上海文艺出版社，2001.

［17］康永久.教育制度的生成与变革：新制度教育学论纲［M］.北京：教育科学出版社，2003.

［18］樊纲.经济人生［M］.广州：广东经济出版社，1999.

［19］袁振国.教育政策学［M］.南京：江苏教育出版社，2001.

［20］胡平平，张守祥.农村义务教育投入保障机制及管理体制问题研究［M］.北京：科学出版社，2007.

［21］谢维和.教育活动的社会学分析：一种教育社会学的研究［M］.2版（修订本）.北京：教育科学出版社，2007.

［22］张珏，张振助.中国义务教育公平推进实证研究［M］.北京：教育科学出版社，2011.

［23］胡平平，张守祥.农村义务教育投入保障机制及管理体制问题研究［M］.北京：科学出版社，2007.

2.期刊类

［1］彭泽平.培养公民还是人才：对我国基础教育培养目标定位的思考［J］.教育理论与实践，2002（7）：12-16.

［2］汤可发，葛友华，程邦尧，等.试论高中教育综合化［J］.教育发展研究，2001（2）：20-24.

［3］李春黎.美国《初等和中等教育法案》的历史演变与分析［J］.外国中小学教育，2006（1）：20-24.

［4］董业军，陈国良.我国初等教育生均经费地区差异实证分析［J］.教育发展研究，2004（9）：1.

［5］阮成武.基础教育改革如何在基本制度上突破［J］.中国教育学刊，

2009（12）：7-10.

[6] 谢维和.简论基础教育的价值和学校的责任 [J].教育研究，1997（5）：50.

[7] 谢维和.素质教育的两种取向及其选择 [J].中国教师，2006（1）：5-6.

[8] 王建民，狄增如."顶层设计"的内涵、逻辑与方法 [J].改革，2013（8）：139-146.

[9] 阮成武.我国"泛基础教育"制度剖析 [J].教育发展研究，2009（8）：44-47.

[10] 劳凯声.面临挑战的教育公益性 [J].教育研究，2003（2）：8-9.

[11] 余雅风.法律变迁与教育的公共性实现 [J].教育学报，2005（2）：54.

[12] INBAR DE，HADDAD WD，DEMSKY T，et al.教育政策基础 [M].史明洁，许竞，尚超，等译.北京：教育科学出版社，2003：35.

[13] 高如峰.中国农村义务教育财政体制的实证分析 [J].教育研究，2004（5）：3-10.

后　记

　　本丛书的整理出版，有着几个方面缘由。首先，是完成安徽师范大学出版社交给我的一项任务，为母校安徽师范大学百年庆典准备一批学术作品。同时，也是在同事和弟子们鼓动下为自己从教40周年和跨入耳顺之年留下一份学术纪念。书中的字里行间印着自己学术探索和成长的行走足迹。

　　1983年，邓小平提出"教育要面向现代化，面向世界，面向未来"。那年，我在母校也是我现在的工作单位安徽师范大学读大学三年级。那时的人们，充满着对"四化"蓝图的畅想与信心，无论是校园广播里还是在学生宿舍的洗漱间里，到处都飞扬着《在希望的田野上》的欢快旋律。我们这些学教育学的同学，常常躺在宿舍的床铺上争论着教育的学术问题：有的坚持常春元教授在"教育原理"课上讲的教育是上层建筑的观点，有的同意于光远先生在文章中提出的教育具有生产力属性的观点，还有的同学则觉得给我们上公共课的刘楚明老师提出教育既是上层建筑又是生产力的观点更有道理。在那个经济拮据的年代，我们大多数同学都订阅了《教育研究》杂志，条件稍好的同学还订阅了多份杂志，追踪教育学术刊物各种充满学术论争的观点和歧见。这对我们这些刚刚跨入教育学的青年学子来说，是多么好的学术启蒙和引领！

　　我的教育研究之路特别是对教育现代化的研究，起步和基点都是始自我所从事的教育工作——师范教育及其服务对象——基础教育。回顾起来，我对教育现代化的研究大致上是从"小"到"大"，从"点"和"线"再到"面"和"体"，又是由"实"而"理"跃升的。对我的学术视野扩展和路线延伸起重要引领和提升作用的，是2001年在北京师范大学做访问学者期间，谢维和先生在指导我开展教师教育研究——随着教育现代化的推进如何将小学教师培养带入高等教育，以及随着教育现代化带来的教师专业化如何实现教师形象的提升与统整。同时，他基于教育社会学基本理论和方法形成的基础教育和高等教育的研究思路和论见，也深深启示了我。他告诫我，做教育研究一定要有国家视野、恢宏之气。此后，我的研究开始突围。这个"围"就是自己学术视野的局限。我尝试着将自己的研究问题引入教育现代化的历史进程和国际视野中，纳入更加全局和宏大的学术语境来思考和生发。

对我的学术突围发挥同样引领作用的，是2008年进入安徽师范大学政法学院攻读马克思主义基本原理博士学位，导师蒋玉珉教授，以及陶富源教授、王先俊教授等，他们从经济学、哲学、中共党史和新中国史等多个学科视角给我带来新的学术启示。特别是让我开始用马克思主义社会发展思想和人学思想，开展教育改革发展中利益协调及其制度创新问题的研究，并以此作为底层逻辑开展教育现代化的理论研究和政策研究。在此，我要向我的先生们致以诚挚敬意和感恩！

当然，对我的研究起到直接支撑和推动作用的，是我所在的工作单位特别是回到母校工作以来，在朱家存教授、周兴国教授的带领以及我本人的参与下，教育科学学院在学科和学位点建设进程中，我们的团队主要聚焦教育现代化进程中的教育公平问题、教师队伍建设问题，并将这些问题延伸到学前教育、义务教育、高中教育、职业教育和高等教育各个阶段和领域，形成教育现代化相关的基本理论研究、政策分析研究和技术应用研究。本书的一些成果正是团队成员参与、支持和合作所取得的。在这期间，学校领导要我牵头开展高等教育研究所和教师教育协同创新中心的创建工作，推助我由此开展相关问题的研究。这也使我关于教育现代化研究延伸到教育的更多更新的领域，在此过程中，我是一个参与者，但更多是一个受益者。

在最近20年的学术探索中，我的研究直接或间接地指向教育现代化。虽然很多研究的动因和语境并非直接指向这一宏大主题，但事实上，都是将教育现代化或作为背景，或作为目标，或作为论域展开的。在这一过程中，渐次形成一批以教育现代化的中国进路为中心论题的研究成果。比如，《学有所教：建立现代国民教育体系的新目标》（2008），《中国教师现代化的路径选择》（2011），《中国基本实现教育现代化的路径选择》（2012），《论中国特色教育现代化路向、路基与路径》（2012），《中国式现代化的教育定位与布局》（2023），《中国式教育现代化：道路与进路的辅成》（2023），等。本书收录的其他相关成果则是这一研究主题的不同形式和展开、延伸、深化。从社会发展和时代背景上看，这些关于教育现代化的研究成果，都是在国家推动教育现代化迈出重大新步伐的关键节点开展和取得的。这些研究也得到学术界和上级部门的关注和首肯。2021年，我以"教育现代化"为方向申报的国家重大人才工程项目特聘教授岗位得到批准。2022年，在学校和上级行政部门支持下，由我领衔组建的"安徽省教育治理现代化研究团队"，入选安徽省高校优秀科研创新团队，得以将教育现代化作为主题的学术研究进一步深入和体系化开展。我高兴地看到，一批中青年学者加入其中并迅速成长。这是教育现代化之需，也是教育现代化带来的学术际遇。在此，向支持这一研究的上级领导、我所供职的安徽师范大学的领导和教育科学学院同仁致以诚挚的感谢！

本丛书的出版，要感谢安徽师范大学出版社张奇才社长和戴兆国总编辑的大力支持，特别是编辑吴毛顺、孔令清，他们为本书出版付出了艰辛劳动。作为一名教师，所取得的研究成果总是离不开与学生们的教学相长。在日常教学和研究生指导过程中，学生们提出的问题或是帮助他们解决学术问题的过程，也是激发我不断思考和学术探究的过程。本丛书一部分成果正是我与博士和硕士研究生共同研究所取得的。还有，他们长期以来在各个岗位特别是在教育战线取得的出色成就和所做出的默默奉献，无疑是对为师者最好的勉励和慰藉。在此，也向他们表示感谢。

本丛书的大部分篇幅都曾在各类学术期刊发表并转载，得到编辑和审稿专家的大力支持和宝贵指导，在撰写过程中参考和借鉴了国内外学者的研究文献。这在书中都有标注并列入了参考文献。在此，谨向以上专家和同行表示衷心感谢。

从教40周年和耳顺之年的学术回顾，自然要感谢我的父母和家人。2015年，我在《教师职业的理性与诗意》一书扉页写下"谨以此书献给我的父亲和母亲，是他们教导我在人生的田地间不辍耕耘，播种并收获爱与善良。"现在，我只能以这套丛书告慰他们了。我的夫人张勤知女士数十年如一日，支持我的工作及人生的关键选择，给我提供生活上的照顾和事业上的协助。孩子从上学、工作到建立小家庭，直至取得国际领先的技术成果，靠的是自己的努力和小俩口的相互扶持。这些都使我有更多的闲暇和专注，潜心于学术工作。在此，我也要向我的家人们表示由衷感谢！

最后由衷说一句，本丛书关于中国式教育现代化进路的研究，只是对这一宏大学术话题和时代课题的一点点粗浅体会和心得，衷心希望得到大家的帮助和指教。

阮成武

2024 年初夏夜